二十世纪名人自述系列

梅兰芳自述

梅兰芳 著
文明国 编

时代出版传媒股份有限公司
安徽文艺出版社

图书在版编目（CIP）数据

梅兰芳自述 / 梅兰芳著；文明国编 . – 合肥：安徽文艺
出版社，2013.8

（二十世纪名人自述系列）

ISBN 978-7-5396-4543-8

Ⅰ . ①梅… Ⅱ . ①梅… ②文… Ⅲ . ①梅兰芳(1894 ~ 1961)
自传 Ⅳ . ①K825.78

中国版本图书馆 CIP 数据核字 (2013) 第 101785 号

出 版 人：朱寒冬　　　　　　责任编辑：宋潇婧　李　芳

特约编辑：韩美玲　　　　　　封面设计：汪耍军　闻　艺

出版发行：时代出版传媒股份有限公司　　www.press-mart.com
　　　　　安徽文艺出版社　　www.awpub.com

地　　址：合肥市翡翠路1118号　邮政编码：230071

营 销 部：(0551)63533889

印　　制：北京鑫瑞兴印刷有限公司

开本：710×1000　1/16　　印张：19　　字数：320千字

版次：2014年1月第1版　　2014年1月第1次印刷

定价：38.00元

目　录

第一编　生平自述

第二编　人物与交游

第三编 谈戏说艺

目
录

梅兰芳
自述

第一编
生平自述

开蒙老师吴菱仙①

　　我家在庚子年，已经把李铁拐斜街的老屋卖掉了，搬到百顺胡同居住。隔壁住的是杨小楼、徐宝芳两家（宝芳是徐兰沅的父亲，兰沅是梅先生的姨夫）。后来又搬入徐、杨两家的前院，跟他们同住了好几年。附近有一个私塾，我就在那里读书。后来这个私塾搬到万佛寺湾，我也跟着去继续攻读。

　　杨老板（小楼）那时已经很有名气了。但是他每天总是黎明即起，不间断地要到一个会馆里的戏台上练武功，吊嗓子。他出门的时间跟我上学的时间差不多，常常抱着送我到书馆。我有时候跨在他的肩上，他口里还讲民间故事给我听，买糖葫芦给我吃，逗我笑乐。隔了十多年，我居然能够和杨大叔同台唱戏，在后台扮戏的时候，我们常常谈起旧事，相视而笑。

　　九岁那年，我到姐夫朱小芬（即朱斌仙之父）家里学戏。同学有表兄王蕙芳和小芬的弟弟幼芬。吴菱仙是我们开蒙的教

　　① 本文节选自《舞台生活四十年》（中国戏剧出版社，一九八七年）。

第一编　生平自述

师。我第一出戏学的是《战蒲关》。

吴菱仙先生是时小福先生的弟子。时老先生的学生都以仙字排行。吴老先生教我的时候，已经五十岁左右。我那时住在朱家。一早起来，五点钟就带我到城根空旷的地方，遛弯喊嗓。吃过午饭另外请的一位吊嗓子的先生就来了，吊完嗓子再练身段，学唱腔，晚上念本子。一整天除了吃饭、睡觉以外，都有工作。

吴先生教唱的步骤，是先教唱词，词儿背熟，再教唱腔。他坐在椅子上，我站在桌子旁边。他手里拿着一块长形的木质"戒方"，这是预备拍板用的，也是拿来打学生的，但是他并没有打过我。他的教授法是这样的：桌上摆着一摞有"康熙通宝"四个字的白铜大制钱（当时的币制是银本位的，铜钱是辅币。有大钱、小钱的区别，兑价亦不同。这类精制的康熙钱在市上已经少见，大家留为玩物，近于古董性质）。譬如今天学《三娘教子》里"王春娥坐草堂自思自叹"一段，规定学二十或三十遍，唱一遍拿一个制钱放到一只漆盘内，到了十遍，再把钱送回原处，再翻头。有时候我学到六七遍，实际上已经会了，他还是往下数；有时候我倦了，嘴里哼着，眼睛却不听指挥，慢慢闭拢来，想要打盹，他总是轻轻推我一下，我立刻如梦方醒，挣扎精神，继续学习。他这样对待学生，在当时可算是开通之极；要是换了别位教师，戒方可能就落在我的头上了。

吴先生认为每一段唱，必须练到几十遍，才有坚固的基础。如果学得不地道，浮光掠影，似是而非，日子一长，不但会走样，并且也容易遗忘。

关于青衣的初步基本动作，如走脚步、开门、关门、手势、指法、抖袖、整鬓、提鞋、叫头、哭头、跑圆场、气椅这些身段，必须经过长时期的练习，才能准确。

跟着又学了一些都是正工的青衣戏，如《二进宫》、《桑园会》、《三娘教子》、《彩楼配》、《三击掌》、《探窑》、《二度梅》、《别宫》、《祭江》、《孝义节》、《祭塔》、《孝感天》、《宇宙锋》、《打金枝》等。另外配角戏，如《桑园寄子》、《浣纱记》、《朱砂痣》、《岳家庄》、《九更天》、《搜孤救孤》……共约三十几出戏。在十八岁以前，我专唱这一类青衣戏，宗的是时小福，老先生的一派。

吴先生对我的教授法，是特别认真而严格的。跟对待别的学生不同，他把大部分精力都集中在我身上，好像他对我有一种特别的希望，要把我教育成名，完成他的心愿。我后学戏而先出台，蕙芳、幼芬先学戏而后出台，这原因是我的环境不如他们。家庭方面，已经没有力量替我延聘专任教师，只能附属到朱家学习。吴先生同情我的身世，知道我家道中落，每况愈下，要靠拿戏份来维持生活。他很负责地教导我，所以我的进步比他们快一点，我的出台也比他们早一点。

我能够有这一点成就，还是靠了先祖一生疏财仗义，忠厚待人。吴先生对我的一番热忱，就是因为他和先祖的感情好，追念故人，才对我另眼看待。

吴先生在先祖领导的四喜班里，工作过多年。他常把先祖的逸闻轶事讲给我听。他说："你祖父待本班里的人，实在太好。逢年逢节，根据每个人的生活情形，随时加以适当的照顾。我有一次家里遭到意外的事，让他知道了，他远远地扔过一个小纸团儿，口里说着：'菱仙，给你个槟榔吃！'等我接到手里，打开来看，原来是一张银票。"

　　当时的科班制度，每人都有固定的戏份，像这样的赠予，是例外的，因为各人的家庭环境、经济状况不同，所以随时斟酌实际情况，用这种手法来加以照顾。吴先生还说，当每个人拿到这类赠予的款项的时候，往往正是他最迫切需要这笔钱的时候。

学花旦戏①

　　这时候除了吴先生教授青衣之外，我的姑丈秦稚芬和我伯母的弟弟胡二庚（胡喜禄的侄儿，是唱丑角的），常来带着教我们花旦戏。就这样一面学习，一面表演，双管齐下，同时并进，我的演技倒是进步得相当快。

　　在我们学戏以前，青衣、花旦两工，界限是划分得相当严格的。

　　花旦的重点在表情、身段、科诨。服装色彩也趋向于夸张、绚烂。这种角色在旧戏里代表着活泼、浪漫的女性。花旦的台步、动作与青衣是有显著的区别的，同时在嗓音、唱腔方面的要求倒并不太高。科班里的教师随时体察每一个学艺者的天赋，来支配他的工作。譬如面部肌肉运动不够灵活，内行称为"整脸子"。体格、线条臃肿不灵，眼神运用也不活泼，这都不利于演唱花旦。

---

　　① 本文节选自《舞台生活四十年》（中国戏剧出版社，一九八七年）。

　　青衣专重唱工，对于表情、身段是不甚讲究的，面部表情大多是冷若冰霜。出场时必须采取抱肚子身段，一手下垂，一手置于腹部，稳步前进，不许倾斜。这种角色在旧剧里代表着严肃、稳重，是典型的正派女性。因此，这一类人物出现在舞台上，观众对他的要求，只是唱工，而并不注意他的动作、表情，形成了重听而不重看的习惯。

　　那时观众上戏馆，都称听戏，如果说是看戏，就会有人讥笑他是外行了。有些观众，遇到台上大段唱工，索性闭上眼睛，手里拍着板眼，细细咀嚼演员的一腔一调，一字一音。听到高兴的时候，提起了嗓子，用大声喝一个彩，来表示他的满意。戏剧圈里至今还流传有两句俚语："唱戏的是疯子，听戏的是傻子。"这两句话非常恰当地描写出当时戏院里的情形。

　　青衣这样的表演形式保持得相当长久。一直到前清末年才起了变化。首先突破这一藩篱的是王瑶卿先生。他注意到表情与动作，演技方面才有了新的发展。可惜王大爷正当壮年，就"塌中"了。我是向他请教而按着他的路子来完成他的未竟之功的。

学昆曲①

梨园子弟学戏的步骤，在这几十年当中，变化是相当大的。大概在咸丰年间，他们先要学会昆曲，然后再动皮黄。同、光年间已经是昆、乱并学。到了光绪庚子以后，大家就专学皮黄，即使也有学昆曲的，那都是出自个人的爱好，仿佛大学里的选课似的了。我祖父在杨三喜那里，学的都是昆戏，如《思凡》、《刺虎》、《折柳》、《剔目》、《赠剑》、《絮阁》、《小宴》等。

等他转到罗巧福的门下才开始学《彩楼配》、《二进宫》这一类的皮黄戏。后来他又兼学花旦，如《得意缘》《乌龙院》《双沙河》、《变羊记》、《思志诚》等戏。他最著名的戏是《雁门关》的萧太后，《盘丝洞》的蜘蛛精。在他掌管四喜班的时代，又排了许多新戏。综观他一生扮演过的角色，是相当复杂的。那时徽班的规矩，青衣、花旦，不许兼唱，界限划分得比后来更严；我祖父就打破了这种褊狭的规定。当时还有人对他加以讽

---

① 本文节选自《舞台生活四十年》（中国戏剧出版社，一九八七年）。

刺，说他这是违法乱例呢。

为什么从前学戏，要从昆曲入手呢？这有两种缘故：（一）昆曲的历史是最悠远的。在皮黄没有创制以前，早就在北京城里流行了。观众看惯了它，一下子还变不过来。（二）昆曲的身段、表情、曲调非常严格。这种基本技术的底子打好了，再学皮黄就省事多了。因为皮黄里有许多玩意儿就是打昆曲里吸收过来的。我知道跟我祖父同时期的有两位昆曲专家——杨鸣玉和朱莲芬。等到他们的晚年，已经是皮黄极盛的时期，可是他们每次出演，仍旧演唱昆曲。观众也并不对他们冷淡，尤其是杨鸣玉更受台下观众的欢迎。

在我先祖学戏时代，戏剧界的子弟最初学艺都要从昆曲入手。馆子里经常表演的，大部分也还是昆曲。我家从先祖起，都讲究唱昆曲。尤其是先伯会的曲子更多。所以我从小在家里就耳濡目染，也喜欢哼几句，如《惊变》里的"天淡云闲……"《游园》里的"袅晴丝……"我在十一岁上第一次出台，串演的就是昆曲。可是对于唱的门道，一点都不在行。到了民国二三年上，北京戏剧界对昆曲一道，已经由全盛时期渐渐衰落到不可想象的地步。台上除了几出武戏之外，很少看到昆曲了。我因为受到先伯的熏陶，眼看着昆曲有江河日下的颓势，觉得是我们戏剧界的一个绝大的损失。我想唱几出昆曲，提倡一下，或者会引起观众的注意和兴趣。那么其他的演员们也会响应了，大家都起来研究它。要晓得，昆曲里的身段是前辈们耗费了许多心血创造出来的，再经过后几代的艺人们逐步加以改善，才留下来这许多的艺术精华。这对于京剧演员，实在是有绝大借镜的价值的。

我一口气学会了三十几出昆曲，就在民国四年开始演唱了。大部分是由乔蕙兰老先生教的。像属于闺门旦唱的《游园惊梦》这一类的戏，也是入手的时候必须学习的。乔先生是苏州人，在清廷供奉里是有名的昆旦。他虽然久居北京，他的形状与举止，一望便知是一个南方人。说起话来，是那么宛转随和，从来没有看见他疾言厉色地对付过学生。他耐心教导，真称得起是一位循循善诱的老教师。

我学会了《游园惊梦》，又请陈老夫子给我排练。想在做工方面补充些身段。陈老夫子把他学的那些宝贵的老玩意儿很细心地教给我，例如"好姐姐"曲子里"生生燕语……呖呖莺声"的身段，是要把扇子打开，拿在手里摇摆着跟丫环春香并了肩走云步的。在这上面一句"那牡丹虽好"，是要用手拍扇子来做的。陈老夫子教到身段，也是不怕麻烦，一遍一遍地给我说。步位是非常准确，一点都不会走样的。他跟我一样也不是一个富有天才聪明伶俐的学艺者。他的成名，完全是靠了苦学苦练的。

学跷工和武工①

前辈们的功夫真是结实，文的武的，哪一样不练。像《思凡下山》、《活捉三郎》、《访鼠测字》这三出戏的身段，戏是文丑应工，要没有很深的武工底子，是无法表演的。

再拿老生来说，当年孙菊仙、谭鑫培、汪桂芬三位老先生，同享盛名，他们的唱法，至今还流传着成为三大派别。可是讲到身段，一般舆论，津津乐道的，那就只有谭老先生了。原因是这三位里面，惟有谭老先生，早年是唱武生的，武工很深。到了晚年在《定军山》、《战太平》这一类开打戏里，要用把子，本来就是他的看家本领，当然表演得比别人更好看。就连文戏里，他有些难能可贵的身段，也都靠幼年武工底子才能这样出色当行的。可见我们这一行，真不简单，文、武、昆、乱哪一门都够你学上一辈子。要成为一个好演员，除了经过长期的锻炼，还要本身天赋条件样样及格。譬如眼睛呆板无神，嗓子不

① 本文节选自《舞台生活四十年》（中国戏剧出版社，一九八七年）。

搭调，这些天生缺憾，都是人工所无法补救的。

还有练武工的，腿腕的骨骼部位，都有关系。有些体格不利于练武，勉强学习，往往造成意外损伤，抱恨终身。

天赋方面具备了各种优美的条件，还要有名师指授，虚心接受批评，再拿本身在舞台上多少年的实际经验，融会贯通以后，才能成为一个十全十美的名演员。

我记得幼年练工，是用一张长板凳，上面放着一块长方砖，我踩着跷，站在这块砖上，要站一炷香的时间，起初站上去，战战兢兢，异常痛楚，没有多大工夫就支持不住，只好跳下来。但是日子一长，腰腿有了劲，渐渐站稳了。

冬天在冰地里，踩着跷，打把子，跑圆场，起先一不留神就摔跤。可是踩着跷在冰上跑惯了，不踩跷到了台上就觉得轻松容易，凡事必须先难后易，方能苦尽甘来。

我练跷工的时候，常常会脚上起泡，当时颇以为苦，觉得我的老师，不应该把这种严厉的课程加到一个十几岁的小孩子身上。在这种强制执行的状态之下，心中未免有些反感。但是到了今天，我已经是将近六十岁的人，还能够演《醉酒》、《穆柯寨》、《虹霓关》一类的刀马旦戏，就不能不想到当年教师对我严格执行这种基本训练的好处。

现在对于跷工存废，曾经引起各种不同的看法，激烈的辩论。这一问题，像这样多方面的辩论、研究，将来是可得到一个适当结论的。我这里不过就本身的经验，忠实地叙述我学习的过程，指出幼年练习跷工，对我的腰腿是有益处的，并不是对跷工存废问题有什么成见。再说我家从先祖起就首倡花旦不踩跷，改穿彩鞋。我父亲演花旦戏，也不踩跷。到了我这一辈，虽然练习过二三年的跷工,我在台上可始终没有踩跷表演过的。

我演戏的路子,还是继承祖父传统的方向。他是先从昆曲入手,后学皮黄的青衣、花旦,在他的时代里学戏的范围要算宽的了。我是由皮黄青衣入手,然后陆续学会了昆曲的正旦、闺门旦、贴旦、皮黄里的刀马旦、花旦,后来又演时装、古装戏。总括起来说,自从出台以后,就兼学旦角的各种部门。我跟祖父不同之点是我不演花旦的玩笑戏,我祖父不常演刀马旦的武工戏。这里面的原因,是他的体格太胖,不能在武工上发展。我的性格,自己感觉到不适宜于表演玩笑、泼辣一派的戏。

我的武工大部分是茹莱卿先生教的。像我们唱旦角的学打把子,比起武行来,是省事不少了。他先教我打"小五套",这是打把子的基本功夫。这里面包含了五种套子:(一)灯笼炮,(二)二龙头,(三)九转枪,(四)十六枪,(五)甩枪。打的方法都从"幺二三"起手,接着也不外乎你打过来,我挡过去,分着上下左右四个方向对打的姿势。名目繁多,我也不细说了。这五种套子都不是在台上应用的活,可是你非打它入门不可。学会了这些,再学别的套子就容易了。第二步就练"快枪"和"对枪"。这都是台上最常用的玩意儿。这两种枪的打法不同,用意也两样。"快枪"打完了是要分胜败的,"对枪"是不分的。譬如《葭萌关》里马超遇见了张飞,他们都是大将,武艺精强,分不出高下,那就要用"对枪"了。我演的戏如《虹霓关》的东方氏与王伯当,《穆柯寨》的穆桂英与杨宗保,也是"对枪"。反正台上两个演员对打,只要锣鼓转慢了,双方都冲着前台亮住相,伸出大拇指,表示对方的武艺不弱,在我们内行的术语,叫做"夸将",打完了双收下场,这就是"对枪"。如果打完"对枪",

还要分胜败，那就得再转"快枪"，这都是一定的规矩。我还学会了"对剑"，打法又不同了。后来我演的新戏如《木兰从军》的"鞭卦子"，《霸王别姬》的舞剑，甚至于反串的武生戏，都是在茹莱卿先生替我吊完嗓子以后给我排练的。

茹先生是得的杨家的嫡传，也擅长短打。中年常跟俞老先生配戏。四十岁以后他又拜我伯父为师，改学文场。我从离开喜连成不久，就请他替我操琴。我们俩合作多年。我初次赴日表演，还是他同去给我拉的。一直到晚年，他的精力实在不济了，香港派人来约我去唱，他怕出远门，才改由徐兰沅姨父代他工作下去的。我记得我祖母八十寿辰，在织云公所会串，他还唱了一出《蜈蚣岭》。那时他已经是快六十岁的人，久不登台，可是看了他矫健的身手，就能知道他的幼工是真结实的。

他的儿子锡九、孙子富兰、曾孙元俊，都演武生。富兰是坐科出身，武工极有根底，不愧家学渊源；可惜一双深度近视眼，一年深一年，限制了他在舞台上的发展。近年息影，专拿授徒来发挥他的技艺，我今年就请他替葆玖排练武工，第一出戏教的是《雅观楼》。

今天戏剧界专演一工而延续到四世的，就我想得起的，只有三家。茹家从茹先生到元俊，是四代武生；谭家从谭老先生到元寿（富英的儿子，也唱老生）是四代老生；我家从先祖到葆玖是四代旦角。其他如杨家，从我外祖到盛春（盛春的父亲长喜也唱武生），那只有三代武生了。我祖母的娘家从陈金爵先生以下四代，都以昆曲擅长，也是难得的。

从路三宝学《醉酒》①

《贵妃醉酒》列入刀马旦一工。这出戏是极繁重的歌舞剧，如衔杯、卧鱼种种身段，如果腰腿没有武工底子，是难以出色的。所以一向由刀马旦兼演。从前有月月红、余玉琴、路三宝几位老前辈都擅长此戏。他们都有自己特殊的地方。我是学的路三宝先生的一派。最初我常常看他演这出戏，非常喜欢，后来就请他亲自教给我。

路先生教我练衔杯、卧鱼以及酒醉后的台步、执扇子的姿势、看雁时的云步、抖袖的各种程式、未醉之前的身段与酒后改穿宫装的步法。他的教授法细致极了，也认真极了。我在苏联表演期间，对《醉酒》的演出得到的评论，是说我描摹一个贵妇人的醉态，在身段和表情上有三个层次，始则掩袖而饮，继而不掩袖而饮，终则随便而饮。这是相当深刻而了解的看法。还有一位专家对我说："一个喝醉酒的人实际上是呕吐狼藉、

---

① 本文节选自《舞台生活四十年》（中国戏剧出版社，一九八七年）。

东倒西歪、令人厌恶而不美观的；舞台上的醉人就不能做得让人讨厌。应该着重姿态的曼妙、歌舞的合拍，使观众能够得到美感。"这些话说得太对了，跟我们所讲究的舞台上要顾到"美"的条件，不是一样的意思吗？

这出戏里的三次饮酒，含有三种内心的变化，所以演员的表情与姿态，需要分三个阶段：（一）听说唐明皇驾转西宫，无人同饮，感觉内心苦闷，又怕宫人窃笑，所以要强自作态，维持尊严。（二）酒下愁肠，又想起了唐明皇、梅妃，妒意横生，举杯时微露怨恨的情绪。（三）酒已过量，不能自制，才面含笑容，举杯一饮而尽。此后即入初醉状态中，进一层描绘醉人醉态。这出《醉酒》，顾名思义，就晓得"醉"字是全剧的关键。但是必须演得恰如其分，不能过火。要顾到这是宫廷里一个贵妇人感到生活上单调苦闷，想拿酒来解愁，她那种醉态，并不等于荡妇淫娃的借酒发疯。这样才能够掌握住整个剧情，成为一出美妙的古典歌舞剧。

这出戏里有三次"卧鱼"身段。我们知道前辈们只蹲下去，没有嗅花的身段。我学会以后，也是依样画葫芦地照着做。每演一次，我总觉得这种舞蹈身段是可贵的，但是问题来了，做它干什么呢？跟剧情又有什么关系呢？大家只知道老师怎么教，就怎么做，我真是莫名其妙地做了好多年。有一次无意中把我藏在心里老不合适的一个闷葫芦打了开来。我记得住在香港的时候，公寓房子前面有一块草地，种了不少洋花，十分美丽。有一天我看得可爱，随便俯身下去嗅了一下，让旁边一位老朋友看见了，跟我开玩笑地说："你这样子倒很像在做卧鱼的身段。"这一句不关紧要的话语，我可有了用途了。当时我就理解出这三个卧鱼身段，是可以做成嗅花的意思的。因为头里高、裴二人搬了几盆花到台口，正好做我嗅花的伏笔。所以抗战胜利之初，我在上海再演《醉酒》，就改成现在的样子了。

这里不过是拿《醉酒》举一个例。其实每一个戏剧工作者，对于他所演的人物，都应该深深地琢磨体验到这剧中人的性格与身份，加以细密的分析，从内心里表达出来。同时观摩他人的优点，要从大处着眼，撷取菁华。不可拘泥于一腔一调，一举一动的但求形似，而忽略了艺术上灵活运用的意义。

看戏观摩　转益多师①

　　我在艺术上的进步与深入，很得力于看戏。我搭喜连成班的时候，每天总是不等开锣就到，一直看到散戏才走。当中除了自己表演以外，始终在下场门的场面上、胡琴座的后面，坐着看，越看越有兴趣，舍不得离开一步。这种习惯延续得很久。以后改搭别的班子，也是如此。

　　我在学艺时代，生活方面经过了长期的管制。饮食睡眠，都极有规律。甚至于出门散步，探访亲友，都不能乱走，并且还有人跟着，不能自由活动。看戏本来是业务上的学习，这一来倒变成了我课余最主要的娱乐，也由此吸收了许多宝贵的经验。日子久了，在演技方面，不自觉地会逐渐提高。慢慢地我在台上，一招一式，一哭一笑，都能信手拈来，自然就会合拍。这种一面学习，一面观摩的方法，是每一个艺人求得深造的基本条件。所以后来我总是告诉我的学生要多看戏，并且看的范

---

① 本文节选自《舞台生活四十年》（中国戏剧出版社，一九八七年）。

围要愈广愈好。譬如学旦角的，不一定专看本工戏，其他各行角色都要看。同时批评优劣，采取他人的长处，这样才能使自己的技能丰富起来。

我在幼年时代，曾经看过很多有名的老前辈的表演。

我初看谭老板（鑫培）的戏，就有一种特殊的感想。当时扮老生的演员，都是身体魁梧，嗓音洪亮的。唯有他的扮相，是那样的瘦削，嗓音是那样的细腻悠扬，一望而知是个好演员的风度。有一次他跟金秀山合演《捉放曹》。曹操拔剑杀家的一场，就说他那双眼睛，真是目光炯炯，早就把全场观众的精神掌握住了。从此一路精彩下去，唱到《宿店》的大段二黄，越唱越高，真像"深山鹤唳，月出云中"。陈宫的一腔悔恨怨愤，都从唱词音节和面部表情深深地表达出来。满园子静到一点声音都没有，台下的观众，有的闭目凝神细听，有的目不转睛地看，心灵上都到了净化的境地。我那时虽然还只有一个小学生的程度，不能完全领略他的高度的艺术，只就表面看得懂的部分来讲，已经觉得精神上有说不出来的轻松愉快了。

还有几位陪着谭老板唱的老前辈，如黄润甫、金秀山……也都是我最喜欢听的。

黄润甫的为人最为风趣，在后台的人缘也最好。大家称他为"三大爷"。观众又都叫他"黄三"。这位老先生对于业务的认真，表演的深刻，功夫的结实，我是佩服极了。他无论扮什么角色，即使是最不重要的，也一定聚精会神，一丝不苟地表演着。观众对他的印象非常好，总是报以热烈掌声。假使有一天，台下没有反应，他卸装以后，就会懊丧到连饭都不想吃。当时的观众又都叫他"活曹操"。这种考语，他是当之无愧的。他演反派角色，着重的是性格的刻画。他决不像一般的演员，把曹操形容得那么肤浅浮躁。我看见他陪谭老板演过《捉放曹》、《战宛城》、《阳平关》三出戏里的曹操，就是用不同的手法来表演的。他描摹《捉放曹》的曹操是一个不择手段、宁我负人的不得志的奸雄；《战宛城》的曹操，就做出了他在战胜之后沉湎酒色的放纵神态，可是这却绝不是一个下流的登徒子模样；到了《阳平关》，就俨然是三分鼎足、大气磅礴的魏王气概了。

金秀山先生的嗓音沉郁厚重，是"铜锤"风格。如《草桥关》、《二进宫》等剧，我都看过。后来他又兼演架子花脸，跟谭老板合作多年，谭老先生对他非常倚重。一个极不重要的角色，经他一唱就马上引起了观众的重视，真是一个富有天才的优秀演员。我同他合演过《长坂坡》，他扮曹操；《岳家庄》，他扮牛皋；《雁门关》与《穆柯寨》，他都扮孟良。

我和杨小楼先生同班合作，前后有两次。第一次是一九一六年冬末幼芬组织桐馨社，杨先生被邀参加；我从上海回来，幼芬就约我也参加。我第二次与杨先生合作是在一九二一年，当时我与杨先生都已组班，在一九二〇年冬天，双方经过协商合组一个班，取名崇林社（杨字梅字都从木，所以想出这个班名）。这个崇林社在一九二一年过年的时候就在煤市街南口的文明茶园开演，演了一个时期又挪到东安市场吉祥茶园。还是像前次一样轮流唱大轴，谁唱大轴谁的戏就重一些，演压轴就轻一些，譬如杨老板的《安天会》，我和凤二爷的《汾河湾》，当然就是《安天会》唱大轴；我演《天女散花》，他的《武文华》，当然就是我的大轴，而凤二爷的老生戏就要搁在倒第三了。当时戏班一个白天戏总是九出戏，有短些的戏可以十一出，戏长一些最少也得七出戏，所以倒第三的戏码也不会使人觉得靠前。那时候我二十八岁，年轻力壮，从不觉得累，除了自己唱戏之外，听戏的瘾还非常大。我如果在压轴唱，就唱完赶紧卸装，在台帘空隙的地方听杨老板的戏。另外我每天上馆子也比较早，有时还赶上看朱桂芳的中轴子武戏或裘桂仙的花脸戏等等。

杨老板的艺术，在我们戏剧界里的确可以算是一位出类拔萃、数一数二的典型人物。他在天赋上先就具有两种优美的条件：（一）他有一条好嗓子；（二）长得是个好个子。武生这一行，由于从小苦练武工的关系，他们的嗓子就大半受了影响，只有杨是例外。他的武工这么结实，还能够保持了一条又亮又脆的嗓子，而且有一种声如裂帛的炸音，是谁也学不了的。加上他的嘴里有劲，咬字准确而清楚，遇到剧情紧张的时候，凭他念的几句道白，就能把剧中人的满腔悲愤尽量表达出来。观众说他扮谁像谁，这里面虽然还有别的条件，但是他那传神的嗓子，却占着很重要的分量。所以他不但能抓得住观众，就是跟他同台表演的演员，也会受到他那种声音和神态的陶铸，不得不振作起来。我们俩同场的机会不算少，我就有这种感觉。要我举例的话，我们后来常常合演《霸王别姬》，总该算是最恰当的例子了。

他演《长坂坡》，观众都称他是活赵云。杨老板的好处是扮相魁梧而手脚灵便，不论长靠短打，一招一式，全都边式好看。你瞧他的身段，动作并不太多，讲究要有"脆劲"，谁看了，都觉得痛快过瘾。所以他的成功，绝不是偶然的。

杨老板有了这样的天赋，更加上幼年的苦练，又赶上京戏正在全盛时代，生旦净末丑，哪一行的前辈们都有他们的绝活，就怕你不肯认真学习。要是肯学的话，每天见闻所及，就全是艺术的精华。

我从前还看过孙菊仙老先生演的《浣纱记》。这戏里的伍子胥，头戴高方巾，身穿蓝褶子，是老生扮相，老生应行，因此一般演员都按老生表演，和祢衡、陈宫没有多大差别。孙老先生塑造的伍子胥形象却不是这样，他一出场就把马鞭子扬得高高的，身上的架子，脚下的台步，都放大了老生的动作，加上他那种高亢宏大的嗓子，英武愤激的神态，气派真不小，使人一望而知是那位临潼斗宝的英雄人物。这种塑造人物的方法，对我后来处理《挂帅》第二场穆桂英是起着借镜作用的。所不同的地方，他只是放大动作，而文戏的锣鼓节奏没有变动，我则采用了武戏的锣鼓套子，进一步要具体地做出临阵交锋的姿势，换句话说，文戏打扮，武戏节奏，比他更为费事。

我的老伙伴李春林先生对我说，这场戏的穆桂英，又是青衣，又是刀马旦，京戏里从来没有过，您安身段，千万注意别"拉山膀"。他的意思是怕我安的身段和服装扮相不调和，这种想法很高明。李先生大我两岁，他过去常陪着杨小楼、余叔岩先生等演戏，见的多，知道的多，有丰富的实践经验，给我把场多年，他在后台常提醒我，哪里身段重复了，哪里部位不够准确，哪里表演不够明显，哪地方多啦，哪地方少啦。三十年来，我得到他的帮助非常之大。我常对青年演员们说：多向老前辈请教，要请他们不客气地指出缺点来，能教的请他们教一教，不能教的请他们谈谈表演经验也是好的。因为我就是从这条道路走过来的。

我家学戏的传统，从我祖父起，就主张多方面地向前辈们领教。拿我来说，除了开蒙老师吴菱仙以外，请教过的老前辈，那可多了。让我大略地举几位。

京戏方面，我伯父教的是《武家坡》《大登殿》和《玉堂春》。

陈老夫子在昆、乱两方面都指点过我。昆曲如《游园惊梦》、《思凡》、《断桥》……对我说过好些身段，都是很名贵的老玩意儿。京戏方面青衣的唱腔，也常教我。

《虹霓关》是王瑶卿先生教的。《醉酒》是路三宝先生教的。茹莱卿先生教我武工。

钱金福先生教过我《镇潭州》的杨再兴、《三江口》的周瑜。这两出戏学会以后也就只在我的一位老朋友家里堂会上唱过一次，戏馆里我是没有贴过的。《镇潭州》是跟杨老板（小楼）唱的，《三江口》是跟钱先生唱的。其余带一点武的戏，钱老先生指点的也不少。

李寿山大家又管他叫大李七。他跟陈老夫子、钱老先生都是三庆班的学生。初唱昆旦，后改花脸。教过我昆曲的《风筝误》、《金山寺》、《断桥》和吹腔《昭君出塞》。

专教昆曲的还有乔蕙兰、谢昆泉、陈嘉梁三位。乔先生是唱昆旦的，晚年他就不常出演了。谢先生是我从苏州请来的昆曲教师。陈先生是陈金爵的孙子，也是我祖母的内侄。他家四代擅长昆曲，我在早期唱的昆曲，都是他给我吹笛的。

我在"九·一八"以后移居上海，又与丁兰荪、俞振飞、许伯遒三位研究过昆曲的身段和唱法。

上面举的几位都是直接教过我的。还有许多爱好戏剧又能批判艺术好坏的外界朋友，他们在台下听戏，也都聚精会神地在找我的缺点，发现了就随时提出来纠正我。因为我在台上表演是看不见自己的表情和动作的，这些热心朋友就同一面镜子、一盏明灯一样，永远在照着我。

从前有一位老先生讲过这样的一个比喻。他说："唱戏的好比美术家，看戏的如同鉴赏家。一座雕刻作品跟一幅画，它的好坏，是要靠大家来鉴定，才能追求出它真正的评价来的。"

我的姨夫徐兰沅告诉过我一副对子，共计二十二个字。里面只用了八个单字，就能把表演的技术，描写出许多层次来。我觉得这副对子做得好，就把它记住了："看我非我，我看我，我也非我；装谁像谁，谁装谁，谁就像谁。"我听完了，好费脑筋地思索了一下，才想出这副对子的确是用字简练，含意微妙。

从来舞台上演员的命运，都是由观众决定的。艺术的进步，一半也靠他们的批评和鼓励，一半靠自己的专心研究，才能成为一个好角，这是不能侥幸取巧的。王大爷（瑶卿）有两句话说得非常透彻。他说："一种是成好角，一种是当好角。"成好角是打开锣戏唱起，一直唱到大轴子，他的地位是由观众的评判造成的。当好角是自己组班唱大轴，自己想造成好角的地位。这两种性质不一样，发生的后果也不同。前面一种是根基稳固，循序渐进，立于不败之地。后面一种是尝试性质，如果不能一鸣惊人的话，那就许一蹶不振了。

开始了舞台生活①

我第一次出台是十一岁，光绪甲辰年七月七日。广和楼贴演《天河配》，我在戏里串演昆曲《长生殿》"鹊桥密誓"里的织女。这是应时的灯彩戏。吴菱仙先生抱着我上椅子，登鹊桥，前面布了一个桥景的砌末，桥上插着许多喜鹊，喜鹊里面点着蜡烛。我站在上面，一边唱着，心里感到非常兴奋。

到我十四岁那年，我正式搭喜连成班（后改名富连成，是叶春善首创的科班），每天在广和楼、广德楼这些园子里轮流演出。我所演的大半是青衣戏。在每出戏里，有时演主角，也演配角。早晚仍在朱家学戏。

我在喜连成搭班的时候，经常跟我的幼年伙伴合演。其中大部分是喜字辈的学生。搭班的如麒麟童、小益芳、贯大元、小穆子都是很受观众欢迎的。

麒麟童是周信芳的艺名，我们年龄相同，都是属马的。在

---

① 本文节选自《舞台生活四十年》（中国戏剧出版社，一九八七年）。

喜连成的性质也相同，都是搭班学习，所以非常亲密。我们合作过的戏有《战蒲关》，他饰刘忠，金丝红饰王霸，我饰徐艳贞；《九更天》，他饰马义，我饰马女。他那时就以衰派老生戏见长。从喜连成搭班起，直到最近，还常常同台合演的只有他一人了。我们这一对四十多年的老伙伴，有时说起旧事，都不禁有同辈凋零，前尘若梦之感。

喜连成贴演《二进宫》一剧，是金丝红的杨波，小穆子的徐延昭，我的李艳妃。在当时有相当的叫座力的，不过金丝红的嗓音常哑，一个月里倒有半个月不能工作，后来贯大元参加进来，也唱杨波。

小益芳是林树森的艺名，我同他唱过《浣纱记》。以后他就南下到上海搭班。我到上海演唱，又常常同台表演。他饰《抗金兵》里面的韩世忠一角，声调高亢，工架稳练，最为出色当行。

律喜云是喜连成的学生，小生律佩芳是他的哥哥。他和我感情最好。他学的是青衣兼花旦，我们合演的机会最多，如《五花洞》、《孝感天》、《二度梅》等。两个人遇到有病，或是嗓音失调时，就互相替代。可惜他很早就死了，我至今还时常怀念着这位少年同伴呢！

那时各园子都是白天演戏。我每天吃过午饭，就由跟包宋顺陪我坐了自备的骡车上馆子。我总是坐在车厢里面。他在外跨沿。因为他年迈耳聋，所以大家都叫他"聋子"。他跟了我有几十年。后来我要到美国表演，他还不肯离开我，一定要跟着我去。经我再三婉言解释，他才接受了我的劝告。等我回国，他就死了。

北京各种行业，每年照例要唱一次"行戏"。大的如粮行、药行、绸缎行……小的如木匠行、剃头行、成衣行……都有"行戏"。大概从元宵节后就要忙起，一直要到四月二十八日才完。这一百天当中，是川流不息地分别举行的。"行戏"的性质，无非是劳动者忙了一年，借这个名义，大家凑些份子，娱乐一天，举行的地点，除了有些行业有固定的会馆外，大半是假座精忠庙、浙慈会馆、南药王庙、正乙祠、小油馆……这些地方。

"行戏"不带灯，总在十点开锣，下午五点打住。例外的只有药行，日夜两场戏，规模最大。"行戏"的观众，对于艺术欣赏的水准并不低。他们经常在馆子听戏，每出戏的情节内容和演员唱的好坏，本来就是相当熟悉在行的。我在"行戏"里，总唱《祭江》《祭塔》一类单人的唱工戏。因为分包关系，非把时间拉长不可，各人只能派单出的戏。

分包赶戏的滋味，我在幼年是尝够的了。譬如馆子的营业戏、"行戏"、"带灯堂会"（带灯堂会是说日夜两场戏），这三种碰巧凑在一起，那天就可能要赶好几个地方。预先有人把钟点排好，不要说吃饭，就连路上这一会儿工夫，也都要很精密地计算在内，才能免得误场。不过人在这当中可就赶得够受的了。那时萧长华先生是喜连成的教师，关于计划分包戏码，都由他统筹支配，有时他看我实在太辛苦了，就设法派我轻一点的戏，钟点够了，就让我少唱一处。这位老先生对后辈的爱护是值得提出来的。

我赶完台上的戏，回家还要学戏。我有许多老戏，都是在那时候学的。每年平均计算起来，我演出的日子将近三百天。这里面除了斋戒、忌辰、封箱的日子以外，是寒暑不辍，每日必唱的。这可以说是在我的舞台生活里最紧张的一个阶段。

我记得第一次出台，拿到很微薄的点心钱，回家来双手捧给我的母亲。我们母子俩都兴奋极了。我母亲的意思，好像是说这个儿子已经能够赚钱了。我那时才是十四岁的孩子，觉得不管赚钱多少，我总能够带钱回来给她使用，在一个孩子的心理上，是够多么值得安慰的一件事！可怜的是转过年来的七月十八日，她就撇下了我这个孤儿，病死在那所简陋的房子里了。

第一次到上海　首演《穆柯寨》[①]

　　我第一次到上海表演，是我一生在戏剧方面发展的一个重要关键。

　　在民国二年的秋天，上海丹桂第一台的许少卿到北京来邀角。约好凤二爷（王凤卿）和我两个人。凤二爷的头牌，我的二牌。凤二爷的包银是每月三千二百元，我只有一千八百元。老实说，那时许少卿对我的艺术的估价，是并不太高的。后来凤二爷告诉我，我的包银他最先只肯出一千四百元，凤二爷认为这数目太少，再三替我要求加到一千八百元。他先还是踌躇不定，最后凤二爷跟他说："你如果舍不得出到这个价钱，那就在我的包银里面，匀给他四百元。"他听了觉得情面难却，才答应了这个数目。

　　我那年已经是二十岁的人了，还没有离开过北京城。一个人出远门，家里很不放心，商议下来，请我伯母陪着我去。茹

---

①　本文节选自《舞台生活四十年》（中国戏剧出版社，一九八七年）。

莱卿先生替我操琴，也是少不了他的。另外带了替我梳头化妆的韩师父（即韩佩亭）、跟包的"聋子"（宋顺）和大李（先替梅雨田拉车的），由许少卿陪我们坐车南下。

到了上海北火车站，丹桂第一台方面派人在车站接候，我们坐了戏馆预备好的马车，一直到了望平街平安里许少卿的家里。这是一所三楼三底两夹厢的上海式楼房。凤二爷住楼上的客堂楼，我住楼下厢房，许少卿自己住在我的对面厢房里。他的一部分家眷搬到别处，匀出房子来让我们住下。

那时拜客的风气，还没有普遍流行。社会上的所谓"闻人"和"大亨"也没有后来那么多。凤二爷只陪我到几家报馆去拜访过主持《时报》的狄平子、《申报》的史量才、《新闻报》的汪汉溪。我们还认识了许多文艺界的朋友，如吴昌硕、况夔笙、朱古微、赵竹君……昆曲的前辈，如俞粟庐、徐凌云……也都常同席见面。另外有两家老票房——"久记"和"雅歌集"，我们也拜访过。

我们在戏馆快要打炮之前，有一位金融界的杨荫荪，托人来找凤二爷，要我们在他结婚的堂会里面，唱一出《武家坡》。杨家请来接洽的人是我们的老朋友，情不可却，就答应下来。

戏馆经理许少卿听到了这个消息，马上就来阻止我们。他提出的理由是：新到的角儿，在戏馆还没有打炮之前，不能到别处去唱堂会，万一唱砸了，他的损失太大，所以竭力反对，态度非常坚决。同时我们已经答应了杨家，也不肯失信于人，一定要唱。因此，双方的意见大不一致，就闹成僵局了。

最后杨家托人向许少卿表示，如果新来的角儿因为在这次堂会里唱砸了，影响到戏馆的生意，他可以想一个补救办法：

由有经济力量的工商界中的朋友和当时看客的所谓"公馆派"的一部分人联合包上一个星期的场子，保证他不会亏本，并且答应在堂会里就用丹桂第一台的班底，拿这个来敷衍许少卿，才勉强得到了他的同意。

经过这一段的波折，我感觉戏馆老板对于我们的艺术是太不信任了。凤二爷是已经在艺术上有了地位和声誉的，我是一个还没有得到观众批准的后生小辈。这一次的堂会，似乎对我的前途关系太大。唱砸了回到北京，很可能就无声无息地消沉下去了。我听见也看见过许多这样阴暗的例子。老实说吧，头一天晚上，我的确睡得不踏实。

第二天我一起床就跟凤二爷说："今儿晚上是我们跟上海观众第一次相见，应该聚精会神地把这出戏唱好了，让一般公正的听众们来评价，也可以让藐视我们的戏馆老板知道我们的玩意儿。"

"没错儿，"凤二爷笑着说，"老弟，不用害怕，也不要矜持，一定可以成功的。"他这样说来壮我的胆。

杨家看到许少卿这样从中阻挠和我们不肯失败而坚持要唱的情形，对我们当然满意极了。就决定把我们的戏码排在最后一出，事先又在口头上向亲友们竭力宣传。

堂会的地点是在张家花园。杨家在上海的交游很广，那天男女贺客也不少。男的穿着袍子马褂，女的穿着披风红裙，头上戴满了珠花和红绒喜花，充溢着洋洋喜气。

《武家坡》是我在北京唱熟了的戏，就是跟凤二爷也合作过许多次。所以出演以前，我能沉得住气，并不慌张。等到一掀台帘，台下就来了一个满堂彩。我唱的那段西皮慢板跟对口的快板都有彩声。就连做工方面，他们看得也很细致，出窑进窑的身段，都有人叫好。我看他们对于我这个生疏角儿，倒好像很注意似的。凤二爷的唱腔，不用说了，更受台下的欢迎。

《武家坡》总算很圆满地唱完了。那时上海的报纸上剧评的风气，还没有普遍展开。这许多观众的口头宣传，是有他们的力量的。我后来在馆子里露演的成绩，多少是受这一次堂会的影响的。

那时丹桂第一台在四马路大新街口。头三天的打炮戏码是这样拟定的：第一日《彩楼配》、《朱砂痣》；第二日《玉堂春》、《取成都》；第三日《武家坡》。

我的戏码排在倒第二，大约十点来钟上场。一会儿场上打着小锣，检场的替我掀开了我在上海第一次出场的台帘。只觉得眼前一亮，你猜怎么回事儿？原来当时的戏馆老板，也跟现在一样，想尽方法，引起观众注意这新到的角色。在台前装了一排电灯，等我出场，就全部开亮了。这在今天我们看了，不算什么；要搁在三十七年前，就连上海也刚用电灯没有几年的时候，这一小排电灯亮了，在吸引观众注意的一方面，是多少可以起一点作用的。

我初次踏上这陌生的戏馆的台毯，看到这种半圆形的新式舞台，跟那种照例有两根柱子挡住观众视线的旧式四方形的戏台一比，新的是光明舒敞，好的条件太多了，旧的又哪里能跟它相提并论呢？这使我在精神上得到了无限的愉快和兴奋。

我打完引子，坐下来吟定场诗，道白，接着唱完八句慢板。等上了彩楼，唱到二六里面的"也有那士农工商站立在两旁"的垛句，这在当时的唱腔里面算是比较新颖的一句。观众叫完了好，都在静听，似乎很能接受我在台上的艺术。

其实，那时我的技术，哪里够得上说是成熟，全靠着年富力强、有扮相、有嗓子、有底气、不躲懒，这几点都是我早期在舞台上奋斗的资本。做工方面，也不过指指戳戳，随手比势，没有什么特点。倒是表情部分，我从小就比较能够领会一点。不论哪一出戏，我唱到就喜欢追究剧中人的性格和身份，尽量想法把它表现出来。这是我个性上对这一方面的偏好。

唱完三天打炮戏之后，许少卿预备了很丰盛的菜和各种点心，请我们到客厅去吃顿宵夜。我们从他那掩盖不住的笑容和一连串的恭维话里面看出他已经有了赚钱的把握和信心了。他举起一小杯白兰地，打着本地话很得意地冲着我们说：

"无啥话头。我的运气来了。要靠你们的福，过一个舒服年哉。"我望着他微笑，没有作声。凤二爷想起他不许我们先唱杨家堂会的旧事，就这样问他：

"许老板，我们没有给你唱砸了吧？"

许老板扭怩不安地赔着笑脸说："哪里的话，你们的玩意儿我早就知道是好的。不过我们开戏馆的银东，花了这些钱，辛辛苦苦从北京邀来的名角，如果先在别处露了面，恐怕大家看见过就不新鲜了。这是开戏馆的一种噱头。"

凤二爷把话头引到我的身上。他说：

"许老板，上海滩上的角儿都讲究'压台'。我们都是初到上海的，你何妨让我这位老弟也有一个机会来压一次台？"

许少卿赶快接着说："只要你王老板肯让码，我一定遵命，一定遵命。"

"不成问题，"凤二爷说，"我们是自己人，怎么办都行。

主意还要你老板自己拿。我不过提议而已。"

凤二爷等许少卿回房以后，走到我住的厢房里，就拉住我的手说："老弟，我们约定以后永远合作下去。"我听了觉得非常感动。真的从那次到上海演出以后，我们继续不断地合作了二十几年。一直到"九·一八"事变后，我移家上海居住，才分开手的。

凤二爷对许少卿提议，让我也有压台的机会，这是他想捧捧我。我除了接受他的美意之外，并没有考虑到这件事情的实现。等我们唱过了一个星期，许少卿真的根据凤二爷的提议来跟我商量，要让我唱一次所谓压台戏。这不是一件很简单的事，我拿什么戏来压台，可以使观众听了满意，这真成为一个值得研究的课题了。

拿我单唱的戏来说，根据这几天的经验，头三天里面，《玉堂春》就比《彩楼配》要受欢迎。我的后四天戏码，是《雁门关》、《女起解》、《御碑亭》（礼拜天日戏）、《宇宙锋》、二本《虹霓关》。台下对这几出戏的看法，要算二本《虹霓关》比较最欢迎。从这里很容易看得出观众的眼光，对于青衣那些《落花园》、《三击掌》、《母女会》……专重唱工，又是老腔老调的戏，仿佛觉得不够劲了。他们爱看的是唱做并重，而且要新颖生动一路的玩意儿。《玉堂春》的新腔比较多些，二本《虹霓关》的身段和表情比较生动些，也就比较能满足他们的要求。我是青衣的底子，会的戏虽然不少，大半是这类抱肚子傻唱的老戏。拿这些戏来压台，恐怕是压不住的。

我有几位老朋友，冯先生（幼伟）、李先生（释戡）是从北京来看我的。舒先生（石父）、许先生（伯明）是本来就在上海的。这里面我跟冯先生认识得最早，在我十四岁那年，就遇见了他。他是一个热诚爽朗的人，尤其对我的帮助是尽了他最大的努力的。他不断地教育我，督促我，鼓励我，支持我，直到今天还是这样，可以说是四十年如一日的。所以我在一生的事业当中，受他的影响很大，得他的帮助也最多。

那天他们听到许少卿要我压一次台的消息，也都认为专重唱工的老戏，是不能胜任的，一致主张我学几出刀马旦的戏。因为刀马旦的扮相身段都比较生动好看。那时唱正工青衣的，除了王大爷之外，还很少有人兼唱这类刀马旦的。我就这样接受了他们的意思，决定先学《穆柯寨》。

我的武工本来就是茹先生教的，现在要唱《穆柯寨》，那不用说了，就请他给我排练。他对我说："这类刀马旦的戏，因为武工要有根底，眼神也很重要，你要会使眼神才行。"我们赶着排了好几天，在唱到第十三天上，就是十一月十六日的晚上，我才开始贴演《穆柯寨》，这是我第一次在上海压台的纪念日。

这出戏的穆桂英，出场就有一个亮相，跟着上高台，很有气派。下面"打雁"一场，是要跑圆场的，身段上都比较容易找俏头。那天观众瞧我这个抱肚子的青衣居然也唱刀马旦戏，大概觉得新鲜别致，就不断用彩声来鼓励我。

唱完了戏，我的几位老朋友走进了我的扮戏房，就很不客气地指出了我有一个缺点。他们这样告诉我：

"这出戏你刚学会了就上演，能有这样的成绩，也难为你了。台下观众对你的感情，真不能算错。可是今天你在台上常常要把头低下来，这可大大地减弱了穆桂英的风度，因为低头的缘故，就不免有点哈腰曲背的样子。这是我们看了以后不能不来纠正你的，你应该注意把它改过来才好。"

"我虽然练过好几年武工，"我这样答复他们，"但是从来没有扎过靠。谁知道今天紧紧地扎上这一身靠，背上的四面靠旗相当沉重，我又是破题儿第一遭尝试，因此自己不知不觉地就会把头低下去了，让你们看了好像我有哈腰曲背的样子。再说低了头眼睛就跟着往下看，眼神也一定要受影响。我在台上也有点感到这个毛病，不过全神贯注在唱念、表情和做工方面，就顾不到别的方面了。现在毛病找着就好办，下次再唱这出戏，我当然要注意来改的，同时也请你们帮着我来治这个毛病。"

他们商量完了，就这样说："以后再演的时候，我们坐在正中的包厢里，看见你再低头，我们就用轻轻的拍掌为号，拿这个来暗中提醒你的注意。"

第二次贴演《穆柯寨》，我在台上果然又犯了这个老毛病。我听到对面包厢里的拍掌声，知道这并不是观众看得满意的表示，而是几位评判员发出来的信号。我立刻把头抬了起来。这一出戏唱到完，一直接到过三五次这样的暗示。在他们两边的看客们，还以为他们是看得高兴，所以手舞足蹈地有点得意忘形哩。其实是穆桂英特地请来治病的大夫，在那里对症下药呢。

穆桂英是一个山寨大王的女儿。她有天真而善良的性格，是应该描摹出她的那一种娇憨的形态来的，可是又要做得大方，如果过火一点，就使人感到肉麻了。尤其她的嘴里那一口京白，应该说得口齿清楚、语气熟练，每一个字都得送入观众的耳朵里，才能把这生动的剧情完全衬托出来。幸亏我从王大爷那里学会了念京白的门道，后来在这一方面又下过一番功夫，所以像《抢挑穆天王》里面说亲一场的大段道白，我的老朋友听了，都还满意。

唱过《穆柯寨》以后，我又打算学头本《虹霓关》的东方氏。我以前只唱二本《虹霓关》的丫环。如果连着头、二本一起唱，不更显得热闹了吗？我承认先扮头本《虹霓关》的东方氏，接着改扮二本的丫环，是打我行出来的。当时还有人问过我为什么这样唱，这是因为我的个性，对二本里的东方氏这一类的角色太不相近，演了也准不会像样的缘故。

祖母的训诫[①]

　　我第一次到上海演出，演期本来规定一个月为限。唱到二十几天上，馆子的营业不见衰落。许少卿就又来跟我们开谈判了。他说："生意很好，希望再续半期，帮帮我的忙。"我开始并没有答应他。我觉得初出码头的艺人应该见好就收，再唱下去，不敢说准有把握。凤二爷的看法，再唱十几天是不成问题的。于是我们就继续了半期。

　　我们由许少卿招待着踏上了北归的火车。我们上了车，忙着整理卧铺，安排行李，大乱了一阵，都倦极了，就东倒西歪地睡了下去。可是我倒睡不着了，对着包房里那一盏黯淡而带深黄色的灯光，开始回忆到这次在上海耳闻目见的种种演出中间的甘苦况味。新式舞台的装置，灯光的配合，改良化装方法，添置的行头，自己学习的刀马旦，看人家排的戏，一幕一幕地都在我的脑海里转。这样翻来覆去地想得很久，不晓得在什么

────────

① 本文节选自《舞台生活四十年》（中国戏剧出版社，一九八七年）。

时候才迷迷糊糊地睡去。

一个没有出过远门的青年，离家日子久了，在归途中快要到家的时候，他的心情会感到格外的不安的。老拿着行车一览表，按着站头，用递减法来计算前面的路程。古人说"归心似箭"，不是身历其境的人，是不会体会出这句的真切的。从天津车站开出，大家心里更觉得紧张，都静静地坐着，不大开口讲话了。等到远远望见北京的城墙，车上旅客纷纷地站起来，忙着收拾零星物件。再一回头，已经进入东车站。我家有人来接，下了车，把行李票交给跟包，我先陪我伯母坐上家里的车，回到鞭子巷三条的故居。

回到离开了两个月的家，我真正体会到了"祖母倚间，稚子候门"的况味。他们看见我回来了，那种高兴与痛快，实在是难以形容的。我一进门，先到上房祖母住的屋里向她请安。这位慈祥温厚的老人，看见我就说："孩子，你辛苦了。"她伸出手来，抓住我的膀子，叫我站正了，借着窗上射进来的光线，朝我的脸上细细端详了一下，说："脸上倒瞧不出怎么瘦。"我说："奶奶，我给您带了许多南边的土产，火腿、龙井……等行李打开了，我拿来孝敬您。"

"不忙，"我祖母说，"快回房休息去吧。你媳妇她会料理你，洗洗脸，掸掸土，换换衣服，歇会儿，回头来陪着我吃饭。"我诺诺连声地答应着，又陪她说了几句话，才慢慢地退到门边，轻轻打开棉帘子，走出了屋子，回到我的卧房。

我洗完脸，喝了一杯茶，就又匆匆地跑到养鸽子棚边，见到这些跟我暂别重逢的小朋友们，是分外的亲切。大李又来叫我吃饭了。

当年伯父在世，有时把饭开到他的房里去吃。等他过世，一直就都聚在我祖母房里吃饭了。那天围着桌子陪我祖母坐在一起吃饭的有两位姑母，一位嫁给秦稚芬，一位嫁给王怀卿（就是王蕙芳的父亲，唱武生的），还有嫁到朱家的姐姐（她是梅雨田的第二个女儿，嫁给朱小芬——朱霞芬的儿子）和那个未出阁的妹子（也都是梅雨田的女儿，后来一个嫁给徐碧云，一个嫁给王蕙芳），加上伯母和我们夫妇，一共八个人，挤满了这间并不宽大而且杂物摆得很多的屋里，格外显得黑压压转不过身来。

我靠着祖母一边坐，大家都问我上海的风俗景物，我不住嘴地讲给她们听。生长在那种朴素而单纯的北京城里的人，听到这种洋场十里的奢靡繁华，真是闻所未闻，好比看了一出《梦游上海》的新戏（《梦游上海》是玉成班排的新戏，内容肤浅不足观）。

祖母对我说："咱们这一行，就是凭自己的能耐挣钱，一样可以成家立业。看着别人有钱有势，吃穿享用，可千万别眼红。常言说得好，'勤俭才能兴家'，你爷爷一辈子帮别人的忙，照应同行，给咱们这行争了气。可是自己非常俭朴，从不浪费有用的金钱。你要学你爷爷的会花钱，也要学他省钱的俭德。我们这一行的人成了角儿，钱来得太容易，就胡花乱用，糟蹋身体。等到渐渐衰落下去，难免挨冻挨饿。像上海那种繁华地方，我听见有许多角儿，都毁在那里。你第一次去就唱红了，以后短不了有人来约你，你可得自己有把握，别沾染上一套吃喝嫖赌的习气，这是你一辈子的事，千万要记住我今天的几句话。我老了，仿佛一根蜡烛，剩了一点蜡头儿，知道还能过几年。趁我现在还硬朗，见到的地方就得说给你听。"

　　我听到她老人家的教训，心里感动得几乎流下泪来。这几句话我很深刻地印在脑子里，到今天还一直拿它当作立身处世的指南针。

时装新戏的初试①

　　一九一三年我从上海回来以后，就有了一点新的理解，觉得我们唱的老戏，都是取材于古代的史实。虽然有些戏的内容是有教育意义的，观众看了，也能多少起一点作用。可是，如果直接采取现代的时事，编写新剧，看的人岂不更亲切有味？收效或许比老戏更大。这一种新思潮在我的脑子里转了半年。慢慢的戏馆方面也知道我有这个企图，就在那年七月里，翊文社的管事，带了几个本子来跟我商量，要排一出时装新戏。这里面有一出《孽海波澜》，是根据北京本地的实事新闻编写的。

《孽海波澜》

　　《孽海波澜》的故事是叙说一个开妓院的恶霸叫张傻子，

---

　　① 本文节选自《舞台生活四十年》(中国戏剧出版社，一九八七年)。

第一编　生平自述

逼良为娼，虐待妓女，主编《京话日报》的彭翼仲把张傻子的罪恶在报上揭发出来，引起了社会上的公愤，由协巡营帮统杨钦三讯究结果，制裁了张傻子，同时采纳了彭翼仲的建议，仿照上海的成例，设立济良所，收容妓女，教她们读书识字，学习手工。最后这班被拐骗的妓女，由她们的家属到济良所领回，骨肉得以团聚。

我看完了这个剧本，觉得内容有点意义。先请几位老朋友帮我细细地审查了一下，当天晚上就展开了讨论。有的不主张我扮一个时装的妓女，可是大多数都认为那些被拐骗了去受苦受难的女人不幸的生活和那班恶霸的凶暴，都是社会上的现实，应该把它表演出来，好提醒大家的注意。朋友们一致鼓励，加上我自己又急于要想实现新计划，也就不顾一切困难选定了这个剧本，拿它来做我演时装戏的最初试验。

这样地设计和排练了几个月，到了十月中旬，才正式在翊文社把它分为头二本两天演完。地点是鲜鱼口的天乐园。

这出《孽海波澜》是我演时装戏最初的尝试。凡是在草创时代，各方面的条件，总不如理想中那样美满。它的叫座能力，是基于两种因素：（一）新戏是拿当地的实事作背景，剧情曲折，观众容易明白。（二）一般老观众听惯我的老戏，忽然看我时装打扮，耳目为之一新，多少带有好奇的成分的。并不能因为戏馆子上座，就可以把这个初步的试验认为是我成功的作品。所以我继续排出了《邓霞姑》、《一缕麻》……以后，就不常演《孽海波澜》了。

等到第二次在上海演出后回京，我就更深切地了解了戏剧前途的趋势是跟着观众的需要和时代而变化的。我不愿意还是站在这个旧的圈子里边不动，再受它的拘束。我要走向新的道路上去寻求发展。我也知道这是一个大胆的尝试，可是我已经下了决心放手去做，它的成功与失败就都不成为我那时脑子里所要考虑的问题了。

从民国四年的四月到民国五年的九月，我都搭在双庆社，一面排演了各种形式的新戏，一面又演出了好几出昆曲戏。可以说是我在业务上一个最紧张的时期。让我先把这许多演出的戏，按着服装上的差异，分成四类来讲，比较可以清楚一点。

第一类仍旧是穿着老戏服装的新戏，如《牢狱鸳鸯》；第二类是穿时装的新戏，如《宦海潮》、《邓霞姑》、《一缕麻》；第三类是我创制的古装戏，如《嫦娥奔月》、《黛玉葬花》、《千金一笑》；第四类是昆曲，如《孽海记》的《思凡》，《牡丹亭》的《春香闹学》，《西厢记》的《佳期拷红》，《风筝误》的《惊丑》、《前亲》、《逼婚》、《后亲》，看了这张戏目，就能够想象出我这十八个月当中的工作概况了。

时装新戏能够描写现实题材，但是旧社会里的形形色色可以描写的地方很多，一出戏里是包括不尽的。每一出戏只能针对着社会某些方面的黑暗，加以揭露。我在民国三年演的《孽海波澜》，是暴露娼寮的黑暗和妓女的受压迫。民国四年排的《宦海潮》，是反映官场的阴谋险诈、人面兽心。《邓霞姑》是叙述旧社会里女子为了婚姻问题跟恶势力做艰苦斗争的故事。《一缕麻》是说明盲目式的婚姻必定有它的悲惨后果的。这都是当时编演者的用意。

《一缕麻》

有一天，吴震修先生对我说："《时报》馆编的一本《小说时报》，是一种月刊性质的杂志。我在这里面发现一篇包天笑的短篇小说，名叫《一缕麻》，是叙述一桩指腹为婚的故事，它的后果真悲惨到不堪设想了。男女婚姻是一辈子的事，应当由当事人自己选择对象，才是最妥善的办法。中国从前的旧式婚姻全凭'父母之命，媒妁之言'，已经是不合理了。讲到指腹为婚，就更是荒谬绝伦。一对未来的夫妻还没有生下来，就先替他们订了婚，做父母的逞一时的高兴，轻举妄动，没想到就断送了自己儿女的一生幸福。现在到了民国，风气虽然开通了一些，但是这类摸彩式的婚姻，社会上还是层见叠出，不以为怪的。应该把这《一缕麻》的悲痛结局表演出来，警告这班残忍无知的爹娘。"说着他就打开一个小纸包取出这本杂志，递给我说："你先带回去看一遍，我们再来研究。"

我带回家来，费了一夜工夫，把它看完了，也觉得确有警世的价值，就决定编成一本时装新戏。先请齐如山先生起草打提纲。他是个急性子，说干就干，第二天已经把提纲架子搭好，拿来让大家斟酌修改。他后来陆续替我编的剧本很多，这出《一缕麻》是他替我起草打提纲的第一炮，也是我们集体编制新戏的第一出。

《一缕麻》故事的大要如下：

林知府的女儿许给钱道台的儿子，是指腹为婚，等他们长大成年，敢情钱家的儿子是一个傻子。林小姐那时已经在学堂念书，知识渐渐开通，从她的丫环口中得到这个消息，心里老是郁郁不欢。她有个表兄方居正，学问不错，他们时常互相研究，十分投契。有一天方居正因为快要出国留学，来到林家辞行，看见表妹那种愁闷的样子，就很诚恳地劝她；这反而勾起她的心事，痛哭了一场，被她的父亲看见，还讽刺了女儿几句。

林小姐的母亲故去，照当时的习惯，未过门的女婿是应该到女家去吊祭这位死去的丈母娘的，他在灵堂上祭的时候，闹了许多笑话。

过了一个时期，钱家挑好日子迎娶林小姐。花轿到门，林小姐不肯上轿，跑到母亲灵前，把她满肚子的委屈诉说一番。经不起她的父亲声泪俱下地也把他的苦衷告诉她，她终于牺牲了自己的幸福，嫁到钱家去了。婚礼完毕，新娘就得了严重的白喉症。大家知道这种传染病的危险性，不敢接近她。这位新郎虽然是个傻子，心眼倒不错，始终在房里伺候他的那位刚过门而未同衾的妻子。经过医药上治疗得法，她的病渐渐好了。可是傻姑爷真的传染上了白喉症，并且很快地就死了。等到林小姐病魔退去，清醒过来，看见头上有一缕麻线，问起情由，才晓得她的丈夫因为日夜伺候自己的病已经传染白喉而死。她在抱恨、绝望之余，无意生存，也跟着就一死了之。

包先生在小说里写的林小姐，是为她死去的丈夫守节的。事实上在旧社会里女子再醮，要算是奇耻大辱。尤其在这班官宦门第的人家，更是要维持他们的虚面子，林小姐根本是不能再嫁的，可是编入戏里，如果这样收场没有交代，就显得松懈了。我们觉得女子守节的归宿，也还是残酷的，所以把它改成林小姐受了这种矛盾而复杂的环境的打击，感到身世凄凉，前途茫茫，毫无生趣，就用剪刀刺破喉管，自尽而亡。拿这个来刺激观众，一来全剧可以收得紧张一些，二来更强调了指腹为婚的恶果，或者更容易引起社会上警惕的作用。

思想认识随着时代而进步，假如我在后来处理这类题材，剧情方面是会有很大改进的，那时候由于社会条件和思想的局限，只能从朴素的正义感出发给封建礼教一点讽刺罢了。

我扮的林小姐名叫林纫芬，不肯上轿，先对着母亲的遗像，唱了几句二黄。贾洪林扮的林知府出场，把一层层的意思连说带做，简直生动极了。第一层，他用一套三从四德的老话压过来，一个懂得新知识的女子是听不进去的。第二层，只好骗她说新郎的才貌都不错，不要听了旁人的闲话，误了自己的姻缘。说到这里，林纫芬忍不住了，反抗地说："事到如今，还要来骗我！姑爷是个傻子，家里谁都看见过了，就瞒住我一个人。爹爹，你好狠的心肠，想尽法子要把我骗上了轿，送出大门。嫁出的女儿泼出的水，死活由我去受罪，不顾女儿一生的幸福，难道一点父女之情都没有吗？"这一套走不通。第三层，他就拿出父女的情感打动她，也不行，刚才还用话骗她，自然这是不能发生效力的。下面他又逼紧了两层，我老是不说话。这时候外面催着上轿，台上的父女二人已成僵局，情势是紧张万分了。最后他说："就算我做父亲的不好，把你许配了一个傻子。可是这门亲是你的母亲她，她，她给定下了的。如今你若是执意不肯上轿，叫为父的为难，倒也罢了，连累你那死去的母亲被人议论，你是于心何忍。你若再不上轿，我也没有脸见人，只能找个深山古庙去躲着，了此余生算了。好女儿，你要仔细地想一想！啊……"他说到这里，竟是声泪俱下，非常沉痛。林纫芬这才决定牺牲自己，上轿去了。由于贾洪林先生的演技逼真，连我这假扮的林小姐听了也感动得心酸难忍。台下的观众，那就更不用说了，一个个掏出手绢儿来擦眼泪。因为前面的场子，看不出他们父女间有什么恶感，相反的，林如智还很疼爱这个独养女儿。就是这一件亲事，是她的父母一时糊涂，竟做出"指腹为婚"的把戏，铸成这样的大错，弄得进退两难，勉强做成，后果是可想而知的。观众明白当时社会上的风气，退婚有关两家的面子，是不容易做到的，才流下了这同情的眼泪。

我们编演《一缕麻》的用意是要提醒观众，对于儿女婚姻大事，做父母的不能当作儿戏替他们乱作主张。下错一着棋子，满盘就都输了，后悔也来不及了。

北京演过了，又到天津上演，还曾经对一桩婚姻纠纷起过很大的影响。情况是这样的，有住在天津的万、易两家，都是在当时社会上有地位的人。万宗石和易举轩还是通家世好，万家的女儿许给易家的儿子，这也是很寻常的事。谁知道易家的儿子后来得了神经病。有人主张退婚，但是旧礼教的束缚，却使这两家都没有勇气打破这旧社会里那种顽固的风气。有几位热心的朋友看出这门亲事不退，万家的女儿准要牺牲一生的幸福，就从中想尽方法，劝他们解除婚约。朋友奔走的结果，并没有收效，就定了几个座位，请他们来看《一缕麻》，双方的家长带了万小姐都来看戏。万小姐看完回家就大哭一场。她的父亲被她感动了，情愿冒这大不韪，托人出来跟易家交涉退婚。易家当然没有话讲，就协议取消了这个婚约。这两家都是跟我熟识的，我起先也不晓得有这回事。有一次，在朋友的聚餐会上，碰见了万先生，他才原原本本地告诉了我。

我来总结一下。我演出的时装戏，要算《一缕麻》比较好一点，因为这已经是我们演出的第四出新戏了。大家对这种新玩意儿熟练得多，尤其是贾洪林、程继仙（扮演傻姑爷）、路三宝（扮演林家姨奶奶）这三位成熟了的演员，在这出新戏里的演技，有特殊的成就，所以观众对他们的印象都很好。

《童女斩蛇》

一九一八年春天，我演出了《童女斩蛇》，用意是为破除迷信。

一九一七年秋天，天津发大水，市区可以陆地行舟，有些低洼的地方，从楼窗里出来就能上船，灾情十分严重，居民的损失是无法估计的。靠近天津的一个村子，有些投机取巧的人就造谣说，那次水灾是得罪了"金龙大王"，他们以奉祀金龙大王为名，设局骗人，并且说信奉大王，不但能够免受水灾，还能治病。治病的方法，无非是服用签上和坛上的仙方，许多"善男信女"烧香许愿，问病求方，耗财误事，上当不少。《童女斩蛇》的作者主要是针对这一事实来编写的。

"金龙四大王"的神话，当年在山东、河南的黄河附近传播很广。办理河工的大小官员，为了祈祷安澜，每年要唱戏给"金龙四大王"听，大王居然还能点戏。从前北京西郊潭柘寺很早就有蛇的故事传说。潭柘寺在西山，是辽代的建筑，元明清三朝继续增修，复道飞阁，殿宇宽敞，茂林修竹，曲水流觞，是一处足以流连的胜境。春夏之际，草木繁盛，流泉绕径，庙的附近又没有居民，这样一个环境，常有蛇出没，本不足为奇，可是这个庙几百年来就有"大青、二青"的传说,这就给庙内一部分不守清规的住持创造了骗人的条件。

有一年七月里,我游西山潭柘寺,住了几天。那天,雨后初晴,长松落翠,满地细细的流泉奔向低处,正当心旷神怡的时候,忽然住持和尚来了,我和他寒暄了几句,就对他说,今天打算进城。他说:"您难得到佛地,我很短礼,因为下院(潭柘寺的下院是城内翊教寺)有佛事,今天才回来,现在陪您到大殿上随喜随喜。"我们一边说,一边走,过了几重院落,走进大殿,正是他们做功课的时候,许多和尚跪着,钟儿磬儿都在响着。我顺着东边想绕到后门出去,走近墙角边,住持指着一个小龛说:"您是福大命大的人,真是造化不小,您看二青爷正在这儿哪,没有佛缘的人是见不着的。"我抬眼看时,只见佛龛上盘着一条草绿色的小蛇,龛内有小小的朱漆金字牌位,上面刻着"大青爷二青爷之神位"。前面有几件小巧精致的供器,他正预备介绍"大青、二青"的历史,见我没有追问,就陪我走出大殿,到"玉兰院"的楼下。院里摆着一张楠木古书案,墙上挂着三个大字"狮子吼"的横批,四壁还挂着几幅字画。他请我在一把圈椅内坐下,铺排(庙内的仆人)端上茶来。这时,他从楠木案上拿过一张八寸照片给我看,他说:"您瞧!这是那一次二青爷降坛传谕:某月某日要大显法身。我们就在那天找照相馆的人给二青爷照了这个法像,您别瞧刚才法身那么小,它是能屈能伸,说大就大。"

我细看这张照片,照的是潭柘寺的大殿,殿前站着很多和尚,大殿脊围绕着三匝比殿柱要粗几倍的湿湿乎乎的一条大蛇。我几乎忍不住要笑出来。拿它来蒙骗一般善男信女,当然是很有功效的。像我们会照相的人，一眼就能看穿，这是在底片上捣的鬼。我随口敷衍了几句，他见我话不投机，也就不再宣传二青爷的"圣迹"了。

临走时，除了照例给铺排的小费外，还要在他们的缘簿上写一笔相当数目的香资，比大都市里旅馆费用要大得多。其实，庙里并不依靠这种收入。从前大庙里的当家方丈，几乎都是大地主，拿潭柘寺说，就有三百六十个庄子，他们的收入是可想而知了。从老辈口头，前人笔记里，还可以看出当年北京城大庙里的方丈，结交权势，生活奢华，所以有"在京和尚出京官"的说法。当然，有学问、守清规的高僧也还不少，有的还能画能书，卓然成家，像明末清初的石涛、石溪和尚就是鲜明的例子，所以不能一概而论。

据朋友说，潭柘寺下院塑教寺里一个偏殿内也供着大青、二青的牌位，他们也曾经弄条小蛇蒙人。有一时期香火极盛，求嗣问病的络绎不绝。但不可能总找到青蛇，于是红蛇、灰蛇、花蛇都进了神龛，他们美其名曰"今天二青爷换了袍啦"。

这些耳闻目睹的怪现象积累在我的脑子里，就打算找题材排一出破除迷信的戏，可巧那时北京的通俗教育研究会编印了一些剧本，有话剧也有京剧，我挑选了《童女斩蛇》。剧本内容是通过这个故事来暴露三姑六婆的恶毒，揭发算命相面的黑幕，讽刺官吏的贪污颟顸，表现童女的勇敢智慧，是一出带有喜剧性的讽刺剧。

故事是这样的：福建庸岭下出了一条大蛇，有人造谣说是"金龙大王"下凡，每年八月，将乐县令募童女祭蛇，前后已有九女葬送蛇穴。这一年又到祭蛇时候，老百姓李诞的女儿寄娥挺身应募，身怀匕首，机智地斩了蛇，把设局骗人的何仙姑扭送到官，为地方除害。

这个故事出在晋朝干宝所著《搜神记》，大意是说：童女带了一把宝剑，一只咋蛇犬，斩蛇除害。越王听说小女孩这样聪明英勇，就聘她为王妃。

剧作者没有采用"王妃"的结局，这大概因为辛亥革命后，已经推翻帝制的缘故；也没有用"咋蛇犬"，则显然是由于在舞台上不好处理。这样，故事与《搜神记》原作已无多大关系。剧本没有点出什么时代，念白又都是通俗的京话，我觉得出场人物有知县、衙役、道婆以及算命看相的江湖术士等，如果按一般戏装来演，不能突出形象，所以决定用清代装束。这样，知县可以戴红缨帽，穿袍褂，衙役、地保也有固定的服装，既与知县的台词"在省城里候补吃苦时候……"能够适应，同时也把时代规定在前清末年。其余角色包括我个人的穿戴衣饰，都是民国初年流行的时装。当时，一般老百姓穿的衣服和清末是差不多的，因此，看上去都还调和统一。

一九一八年二月二日，在吉祥戏园演出了时装新戏《童女斩蛇》。初次上演，就受到观众欢迎，不少老朋友认为这个戏不仅拆穿了天津村子里"金龙大王"的骗局，也反映出晚清时期，官吏贪污昏庸，衙役狐假虎威，乡民愚昧盲从的社会风貌，对世道人心有益。一位有文学修养的老太太曾对我谈起：李寄娥的名字，并没有人知道，可是看了《童女斩蛇》后，觉得这个小姑娘的人品，就像人人都熟悉的孝女曹娥抱父尸、缇萦上书救父、木兰代父从军一类故事那样深入人心。

《童女斩蛇》是我排演时装戏的最后一个，以后就向古装歌舞剧发展，不再排演时装戏，因为我觉得年龄一天天增加，时装戏里的少妇少女对我来说，已经不顶合适了。同时，我也感到京剧表现现代生活，由于内容与形式的矛盾，在艺术处理上受到局限。拿我前后演出的五个时装戏来说，虽然舆论不错，能够叫座，我们在这方面也摸索出一些经验，但有些问题却没有得到好好解决。首先是音乐与动作的矛盾。京剧的组织，角色登场，穿扮夸张，长胡子、厚底靴、勾脸谱、吊眉眼、贴片子、长水袖、宽大的服装……一举一动，都要跟着音乐节奏，作出舞蹈化身段，从规定的程序中表现剧中人的生活。时装戏一切都缩小了，于是缓慢的唱腔就不好安排，很自然地变成话多唱少。一些成套的锣鼓点、曲牌，使用起来，也显得生硬，甚至起"叫头"的锣鼓点都用不上，在大段对白进行中，有时只能停止打击乐。而演员离开音乐，手、眼、身、法、步和语气都要自己控制节奏，创造角色时，必须从现实生活中吸取各种类型人物的习惯语言、动作，加工组织成"有规则的自由动作"，才能保持京剧的风格。这些问题，都是值得不懈地向前探索深思的。

还有，京剧的主要曲调是二黄、西皮，板式从快板到慢板。在某些情景中，必须用慢板来表达剧中人的情绪，动作就要与唱腔吻合一致。旦角——青衣进行大段慢板唱腔时，外部动作讲究简练稳重，内心活动则根据唱词中角色的思想感情，层次分明地表现出来。这是考验演员的火候、修养的地方，没有深厚的功底、名师指导和自己的领悟，是很难达到稳而不板、静中有动的境界的，这里，台步和腰腿肩肘的劲头是极其重要的关键。

时装戏里安插慢板，是最伤脑筋的事。像我这样一个有嗓子能唱的演员，假使编演新戏而没有一段过瘾的唱工，京剧的观众是不满意的。有时为了适应观众的需要，就只能想尽方法，把它加进去。例如我演《邓霞姑》里女主角邓霞姑，在她装疯时说："你们听我学一段梅兰芳的《宇宙锋》好不好？"台下齐声喝彩，表示欢迎。然后我叫起板来唱反二黄。现在想起来这种为了剧场效果而采取近乎"噱头"的手段，在艺术处理上不是高明的办法，可是在这出戏里，除此之外，别的场子，根本按不上缓慢的腔调。而当初看过《邓霞姑》的老观众，至今谈起这个戏，总会提到这段反二黄，可见一大段唱工给人的印象是相当深刻的。

当年有人把针对社会现象的时装戏比作应时的菜肴、果品，有人就认为这种戏很快就会过时的，犯不着花很多的力气，这就错啦。按节令上市的菜肴、果品，必定要让顾客吃得鲜美可口。那么，时装戏也要花更多的劳动来争取时间，满足观众的要求。

最近，一位老观众对我说："我当年看过《童女斩蛇》，具体情况已记不清楚，但有一个印象非常深刻，觉得您在舞台上演寄娥，比扮演其他角色，好像矮了一截，也小了不少。这是什么缘故？"我告诉他：第一是化装。大辫子、刘海的特征，和眉、眼的勾勒画法，都能够从外形上显示出寄娥是一个十二三岁的小姑娘。第二是动作。前辈名演员曾创造出一套表现男孩女孩的程序，我演过《闹学》里的"花面丫头十三四"的春香，起初乔蕙兰先生给我排身段，他是擅演杜丽娘类型的闺门旦，我觉得不合适，后来李寿山先生给我排春香的身段，出场时一个亮相，就抓住了女孩子的特征，我跟他学会了贴旦的基本动作，有这方面的经验。虽然演时装戏，不能搬套某一出戏的身段，但有了准确的范本，是可以融会贯通，推陈出新的。由于化装、动作的配合得当，你们就觉得我比平时矮小了，这并不是变戏法。一个演员只要经过名师传授，掌握了塑造各种类型人物的基本功，是必然会达到这种效果的。杨小楼那么高大的个子，他演《八大锤》的陆文龙，就觉得他像个十几岁的大孩子，侯俊山（老十三旦）、王长林两位七十左右的老先生，在一次堂会里合演《小放牛》，给我的印象，还是一对跳跳蹦蹦、无拘无束的小姑娘和小小子。

上面所指的基本功，不是演员们日常必须练习的压腿、下腰……而是把手、眼、身、法、步如何贯串起来，与内心成为一致，可以由内到外，由外到内，随心所欲，指挥如意，达到和谐顺适的境地。

在我的舞台生活中间，表演时装戏的时间最短，因此对它的钻研的工夫也不够深入。拿我个人一点粗浅的经验来看，古典歌舞剧是建筑在歌舞上面的。一切动作和歌唱，都要配合场面上的节奏而形成它自己的一种规律。前辈老艺人创造这许多优美的舞蹈，都是根据现实生活中的动作，把它进行提炼、夸张才构成的歌舞艺术。所以古典歌舞剧的演员肩负着双重任务，除了很切合剧情地扮演那个剧中人之外，还有把优美的舞蹈加以体现的重要责任。

时装戏表演的是现代故事，演员在台上的动作，应该尽量接近我们日常生活里的形态，这就不可能像歌舞剧那样处处地把它舞蹈化了。在这个条件下，京戏演员从小练成功的和经常在台上用的那些舞蹈动作，全都学非所用，大有"英雄无用武之地"之势。有些演员正需要对传统的演技做更深的钻研锻炼，可以说还没有到达成熟的时期，偶然陪我表演几次《邓霞姑》和《一缕麻》，就要他们演得很深刻，事实上的确是相当困难的。我后来不多排时装戏，这也是其中原因之一。

解放后，戏曲表演现代生活，有了提高发展，虽然在内容与形式的矛盾上，还没有彻底解决。仅就我看到的京剧《白毛女》、《绿原红旗》、郿鄠戏《梁秋燕》、豫剧《袁天成革命》……有的巧妙地运用了传统程序，有的在传统基础上创造了新的动作，确已大大提高了一步。有些地方剧种，由于形式上更适宜于表现现代生活，已经有了更好更多的保留节目，这些现象是可喜的。

我认为，中国有那么多剧种，积累的遗产是丰富多彩的，但长于此，绌于彼，各有不同，应该按照自己的风格，保持自己的特点，各抒所长地担负起历史任务，努力向前发展！

古装戏的尝试①

　　古装戏是我创制的新作品，现在各剧科的演员们在舞台上
都常有这种打扮，观众对它好像已经司空见惯，不以为奇了。
可是在我当年初创的时候，却也不例外地耗尽了许多人的心血，
一改再改，才有后来这一点小小的成就。

《嫦娥奔月》

　　民国四年的旧历七月七，我唱完了《天河配》，又跟几位
熟朋友讨论关于我的演技和业务。这一天即景生情地就谈到了
应节戏。

　　李释戡先生说："戏班里五月五是演《五毒传》、《白蛇传》、
《混元盒》等戏，七月七日是演《天河配》，七月十五日是演《盂
兰会》，八月十五日是演《天香庆节》，俗名都叫作应节戏，这

---

　　① 本文节选自《舞台生活四十年》（中国戏剧出版社，一九八七年）。

里面《白蛇传》和《天河配》是南北普遍流行的。《天香庆节》就徒有戏名，没看见过人演唱的了。我们有一个现成而又理想的嫦娥在此，大可以拿来编一出中秋佳节的应节新戏。"

大家听了一致赞同。我不是说过齐如山先生是个急性子吗？他就马上接着说："我们要干就得认真地干。今天是七月七，说话就要到中秋了。在这四十天里面，我们一定要把它完成。我预备回去就打提纲。我们编这个戏的目的是为了应节。剧中的主角是嫦娥，这今天都可以确定了，不过嫦娥的资料太少，题材方面请大家多提意见才好。"

李先生说："书上的嫦娥故事，最早只有《淮南子》和《搜神记》里有'羿请不死之药于西王母，嫦娥窃之以奔月'这两句神话的记载。我们不妨让嫦娥当作后羿的妻子，偷吃了她丈夫的灵药，等后羿向她索讨葫芦里的仙丹，她拿不出来，后羿发怒要打她，她就逃入月宫。重点在后面嫦娥要有两个歌舞的场子，再加些兔儿爷、兔儿奶奶的科诨的穿插，我想这出戏是可能把它搞得相当生动有趣的。"

第二天齐先生已经草草打出一个很简单的提纲。由李先生担任编写剧本。大家再细细地把它斟酌修改，戏名决定就用《嫦娥奔月》。这样忙了几天，居然把剧本算是写好了。跟着就轮到嫦娥的打扮，又成为我们当时研究的课题了。我的看法，观众理想中的嫦娥，一定是个很美丽的仙女。过去也没有人排演过嫦娥的戏，我们这次把她搬上了舞台，对她的扮相，如果在奔入月宫以后还是用老戏里的服装，处理得不太合适的话，观众看了仿佛不够他们理想中的美丽，他们都会感觉到你扮得不像嫦娥，那么这出戏就要大大地减色了。所以我主张应该别开生面，从画里去找材料。这条路子，我们戏剧界还没有人走过。我下了决心，大着胆子，要来尝试一下。在这原则确定以后，我的那些热心朋友，一个个分头替我或借或买地收集了许多古画。根据画中仕女的装束，做我们创制古装戏的蓝本。

嫦娥的扮相设计完成以后，应该装扮起来，试演一番，这也是在草创的过程中应有的手续。我们就选定了冯幼伟先生的家里试演。他住在煤渣胡同，是一所四合院，倒座五间，隔成两大间。我们就在三间打通的那个客厅里面，拿两张大的八仙桌子，并拢了放在最里面靠墙的一边，这就算是我们临时搭的戏台了。他们全都坐在靠门的一边，算是临时的看客。屋里的电灯都关了，只剩下里间靠近这小戏台的电灯是开得很亮的。我们把这间客厅草草地变换了一下，也居然像个小戏馆子。而且灯光的配置，像这种"台上要亮，池座要暗"的方法倒很合现代化的灯光设备。在当时各戏馆里，还没有采用这样的布置呢。人家看了，都高兴得笑了起来。

我穿了第三次改成功的新行头，走上了这小戏台，把我跟齐先生研究好了的许多种舞蹈姿势，一种种地做给他们看。今天的看客成心是来挑眼的，有不合适的地方，马上就会走到台口来纠正。同时舒石父先生手里还拿着一把别针，发现我的衣服，哪儿嫌得太宽，或者裙子的尺寸太长，就走过来在我的身上一个个地别满了别针，简直跟做西服的裁缝给我试样子的情形差不了许多。行头的颜色方面，吴震修先生的意思，认为不宜太深，尤其不能在上面绣花，应该用素花和浅淡的颜色，才合嫦娥的性格。我这次就是照这样做的。

这几位热心朋友，那一阵早晚见面讨论的，全是嫦娥问题。

这样足足忙了一个多月，看看中秋到了，还不敢拿出来见人。又继续研究了一个多月，报上一再把消息登载出来，好些朋友也知道有这件事，都盼望"嫦娥"早日出现。就在旧历九月二十三日的白天，吉祥园果然贴出了我的《嫦娥奔月》。这一天午饭刚刚吃完，馆子的座儿已经满了。这班观众里面，有的是毫无成见专为赶这新鲜场面来的。有些关心我的朋友，他们没有看见我的新扮相，心里多少替我担上几分忧，怕我一会儿不定变成一个什么古怪的模样了。有些守旧派的观众，根本不赞成任何演员有改革的举动，他们也坐在台下等着看笑话。只有我们集体创造的几位朋友，前台、后台、灯光、布景，样样都赶着帮我布置，兴奋得几乎忘记了他们自己的忙乱和疲劳。每个人都怀着一腔愉快的心情，脸上挂着微微的笑容，等着看我从月宫里变出一个舞台上从来没有看到过的画中美人来。

当时一班守旧的观众，看到有人想打破成规，另辟新的途径，总是不赞成的。他们批评我在新戏里常用老戏的身段，不能算是创作。我记得他们还用过这样两句对得很工整的四六体的老文章："嫦娥花镰，抡如虹霓之枪；虞姬宝剑，舞同叔宝之锏。"来形容我的《奔月》和《别姬》，他们的言外之意，就是说我偷用了老身段，这实在一点也没有说错。嫦娥的"花镰舞"，我的确是运用了《虹霓关》的东方氏和王伯当对枪的身段，加以新的组织的。艺术的本身，不会永远站着不动，总是像后浪推前浪似的一个劲儿往前赶的，不过后人的改革和创作，都应该先汲取前辈留给我们的艺术精粹，再配合了自己的功夫和经验，循序进展，这才是改革艺术的一条康庄大道。如果只是靠着自己一点小聪明劲儿，没有什么根据，凭空臆造，原意是想改善，结果恐怕反而离开了艺术。我这四十年来，哪一天不是想在艺术上有所改进呢？而且又何尝不希望一下子就能改得尽善尽美呢？可是事实与经验告诉了我，这里面是天然存在着它的步骤的。就拿古装戏来说，我初演《嫦娥奔月》，跟后排的《天女散花》比较起来，似乎已经是从单纯而进入复杂的境地了。难道说我是成心要先求简单后改复杂的吗？在我初创古装戏的时候，也是用尽了我的智慧能力，把全副精力一齐搬出来认真干的。只是因为经验与学历都不够丰富，所以充其量只能做到那个地步。

第十三场嫦娥与众仙姑在广寒宫里饮宴，庆贺中秋佳节。这是全剧最末一场。饮罢，众仙姑散去，嫦娥更衣，加上了一件软绸的帔，胸前还佩了一块玉。她看到下界众生，双双成对，庆贺团圆，感到比她独处寒宫，清清冷冷，是胜强百倍，不觉动了凡心，深悔当年不该偷窃灵药。这底下有一段"袖舞"，唱的是南梆子："碧玉阶前莲步移，水晶帘下看端的，人间夫妇多和美，鲜瓜旨酒庆佳期。一家儿对饮谈衷曲，一家儿携手步迟迟。一家儿并坐秋闺里，一家儿同进绣罗帏。想嫦娥闭在寒宫内，清清冷冷有谁知。"唱完了再念两句"当年深悔偷灵药，碧海青天夜夜心"，下场。至此全剧告终。这儿的身段，跟前面采花一场的性质完全不同。胡琴拉过门的时候，动作不多。一切袖舞的姿态都直接放在唱腔里边，把一家家欢乐的情形，一句句地描摹出来。唱做发生了紧密的联系。这是我从昆曲方面得到的好处。

红楼戏

我从《奔月》排出之后，舆论上一致鼓励我再接再厉，多排几出古装戏。我那几位集体合作的热心朋友少不了又要帮我动脑筋了。

有一位朋友对我有这样的建议："你们已经创造了嫦娥的形象，何不排演红楼的戏呢？"我们听了觉得有理，开始就研究这个问题。说也奇怪，在这许多小说中间，甚至于有些不合理的情节都编成了戏，唯独对这一部现实主义的著名小说，却从来没有人拿它编戏。这真是令人百思不得其解的一件事。

又有一位熟悉戏剧掌故的朋友，听见我想排红楼戏，就来告诉我说："有一本书叫《菊部群英》，专记清同、光之间许多名角演唱过的剧目。在令祖的剧目里面有一出《红楼梦》，是扮的史湘云。这戏的情节内容，书上也没有加以说明。"我的几位朋友帮着我把我祖父留下来的几箱子戏本子彻底整理了一下，并没有找着这个《红楼梦》的本子。他们对我说："乾隆年间蒋心余也作过《红楼梦》的曲子，文字虽妙，不过按上宫谱不很叶律，所以没有人唱过他作的曲子。我们要编的是戏，更不必在这里面取材了。"

关于我祖父唱过的《红楼梦》剧本，我后来也曾经跟傅惜华先生讨论过。他是最喜欢收藏曲本和小说的。他说："《红楼梦》传奇，就我所知道的有三种。一部是荆石山民做的《红楼梦散套》。他把书上的每一桩故事，单独谱成散出，当中并不联系。他已经打好工尺，会唱昆曲的，拿起来就能唱了。还有两种《红楼梦》传奇，一部是嘉庆年间仲云涧做的，一部是道光年间陈钟麟做的。这两部都是头尾贯串，包括了全部故事的，可只有曲文，并无宫谱。令祖演的《红楼梦》恐怕就是《散套》里的一出。"

我先计划想按李毓如、余玉琴、迟钧卿……排的《儿女英雄传》的路子也排一出连台整本的《红楼梦》，可是事实上存在着两种困难：（一）那时各戏班的组织，也还是包括了生旦净末丑各行的角色。花脸一行在红楼戏里，很少有机会安插进去，相反的旦角的一行要用的角色倒又太多了。不能为我排一出新戏，让别的几行角色闲着不唱，又要添约了许多位旦角参加演出。这是关于演员支配上的困难。（二）《红楼梦》在旧小说里是一部名著，对于书中人物的刻画也极细致生动，可是故事的描写，偏重家常琐碎，儿女私情，编起戏来，场子过于冷清，不像《水浒》、《三国》的人物复杂，故事热闹，戏剧性也比较浓厚。大家又经过几度考虑，就打消排演全本的企图，先拿一桩故事单排一出小戏，这才决定了试排《黛玉葬花》。

《红楼梦》原本在二十三与二十七两回里都提到黛玉的花冢。我的朋友都认为过去陈子芳编演的，跟昆曲本子上写的《黛玉葬花》，大半是拿二十七回"埋香冢黛玉泣残红"做题材的。全剧只有三个人，没有别的穿插，场子相当冷清。我们何妨另辟途径，改用二十三回"西厢记妙词通戏语，牡丹亭艳曲警芳心"的故事来编呢？这里面可以利用梨香院听昆曲的场面，比较多一点穿插。再讲到黛玉葬花的事实，本来见于二十三回。二十七回里边，只不过是黛玉对着花冢伤感而已。

《红楼梦》是一部伟大的现实主义杰作，反映了封建时代一个官僚地主的大家族，由极盛渐趋灭亡的历史。多少年已经成为广大人民热爱熟知的作品。观众里面有不少人是熟读《红楼梦》的，如果演员不能把剧中人物的性格和内心活动作适当的描写，他们是不会满意的。

这出《葬花》是我排《红楼梦》的第一炮。观众过去从来没看见过舞台上的林黛玉和贾宝玉。都想来看一下，因此叫座能力相当够理想的。一出戏是否受观众欢迎，只要看它在每一期里面演出的次数，就可以知道台下的反应了吧？我在民国五年的冬季，应许少卿的邀请，第三次到上海来，在天蟾舞台唱了四十几天。《奔月》演过七次，《葬花》演了五次。这两出戏演出的次数，要占到那一期全部的四分之一，而且每次都卖满堂。许少卿承认这两出戏上给他赚了不少的钱，每天总是露出一副笑脸来陪我谈话。有些在旁边看了眼红而妒忌他的，还跟他开过这样一个玩笑呢。天蟾舞台的经理室挂了一张许少卿的十二英寸的大照片，有人在那张照片上面的两个太阳穴的部位上面画出了两条线。左边写着《嫦娥奔月》，右边写着《黛玉葬花》，挖苦他的脑子里只记得这两出戏。其实上海的观众，也还不是为了古装的扮相和红楼新戏两种新鲜玩意儿才哄起来的吗？我自己每演《葬花》，总感觉戏是编得够细致的，可惜场子太瘟了。

我是在北京排《葬花》，上海也有一位排《葬花》的，就是欧阳予倩先生了。我们两个人一南一北，对排红楼戏，十分有趣。旁人看了，还以为我们在比赛呢。实际上他排的红楼戏数量要比我多得多。我一共只排了三出——《黛玉葬花》、《千金一笑》、《俊袭人》。还有一出是根据六十三回《寿怡红群芳开夜宴》，编好了始终没有上演。他演过的红楼戏，我晓得的已经有九出了：《黛玉葬花》、《晴雯补裘》、《鸳鸯剪发》、《鸳鸯剑》（是尤三姐的故事，后来荀慧生演的《红楼二尤》就把它包括进去了）、《王熙凤大闹宁国府》、《宝蟾送酒》、《馒头庵》、《黛玉焚稿》、《摔玉请罪》。

民国八年到十一年，这中间我到过三次南通演出。第一次是民国八年的冬季。张謇先生派人接我们住在南通博物馆里的壕南别业。有一位南北闻名的昆曲专家俞粟庐先生也在座的。这时正是我学唱昆曲最起劲的时代，遇到了他就不肯轻易放过，举出几个问题，请他指教。他都有圆满的解答。后来他听过我唱的曲子，认为我的嗓子很宽，可以唱昆曲的正旦。他让我学《烂柯山》的《痴梦》、《慈悲愿》的《认子》、《琵琶记》的《南浦》。我回北京就先向谢昆泉学会了《痴梦》。又在上海跟俞振飞、许伯道排熟了《认子》。

第二天我们先去参观伶工学校。校长欧阳先生领着我们到课堂、校舍、操场……各处去看。在那时的南方，这个科班的设置是开风气之先，唯一的一个训练戏剧人才的学校。看完了伶工学校，欧阳先生又陪我们到更俗剧场去参观。前台经理薛秉初招待我们先到了一间客厅待茶。我刚跨进去，抬头就看见高悬着一块横匾，是"梅欧阁"三个大字。笔法遒劲，气势雄健，一望而知是学的翁松禅老人，这就是张謇先生的手笔，旁边还挂了一副对子："南派北派会通处，宛陵庐陵今古人"，也是张老先生自撰自书的。他是借用梅圣俞（宛陵）、欧阳修（庐陵）两位古人的籍贯来暗切我和欧阳先生的姓的。薛经理指着横匾对我们说："这间屋子四先生说是为纪念你们两位的艺术而设的。"我听完了，顿时觉得惶恐万状。我那时年纪还轻，艺术上有什么成就可以值得纪念呢。这是他有意用这种方法来鼓励后辈，要我们为艺术而奋斗。我这三十年来始终站在自己的岗位上认真苦干，受我的几位老朋友的影响是很大的。

《天女散花》

《天女散花》的编演，是偶尔在一位朋友家里看到一幅《散花图》，见天女的样子风带飘逸，体态轻灵，画得生动美妙，我正在凝神欣赏，旁边有位朋友说："你何妨继《奔月》之后，再排一出《天女散花》呢？"我笑着回答说："是啊！我正在打主意哩！"因为这样的题材很适宜编一出歌舞剧。回过头来，我就问主人："能不能把这张画借给我看几天？"主人说："可以是可以，但是有一个条件，如果你排好了，唱的时候，要留几个好座儿，请我听戏才行。"我说："那是没有问题的。"

回来以后，我就端详这张《散花图》，主要的目的是想从天女的风带上创造出一种舞蹈。我根据图里面天女身上的许多条风带，照样做了许多绸带子，试验起来。哪知道舞的时候，绸带子太多，左绕右绊，总是不大应手，试来试去，最后用两条带子来一试，果然切合实际，而且也并不妨碍美观，绸带舞的问题就这样作了决定。

这出戏的名字就用《天花散花》四个字。经过了八个月的筹备才告完成。剧本是取材于佛教里的《维摩诘经》。故事非常简单，就是"维摩示疾，如来命天女至病室散花，以验结习"。

这出戏的重点完全在舞蹈，而主要的舞蹈工具就是这两

第一编 生平自述

根带子。绸带尺寸的长短有两种,《云路》里所用的与《散花》是不同的。《云路》里用的每根大约有一丈七八尺长,一尺一二寸宽,尾端作燕尾式。每一根用两种不同颜色的极薄的印度绸拼缝起来,比如说一边是粉红与湖色,一边是浅黄与藕荷;《散花》里用的比较短窄一点,八九尺长,六七寸宽,每一边各用一种不同的颜色,就不用再拼了。这是因为《散花》场在云台上地方窄小,同时还多了一个花奴在旁边,所以不能不变更一下。这几根绸带我用时常常变换颜色。这种印度绸非常稀薄,用过几回之后,沾上手上的汗水,再用就不大合适了,因此我也经常换新的来用。

这种空手舞绸带子的功夫,劲头儿完全在整个手臂和手腕子上,尤其腕子要灵活。因为绸子这样东西软而且轻,劲头儿要用得巧而有力,才能随心所欲,并不是要用多大傻气力。对于绸子本身的性质应该先要懂得,使什么样的劲头儿才可以抖出去多远,或是绕几个绸花,或是扣上去经多少时候才落下来,把这种劲节儿拿准了,手劲练得熟巧了,那才可以配合舞蹈的身段步法快慢疾徐进退自如,同时还必须和唱腔、音乐的节奏相合。

我在一九一七年十二月一日在吉祥园初次演出《散花》。自从那次以后,就时常不断地表演,堂会戏有时也唱这出。一九一九年我第一次出国到日本,就是日本东京帝国剧场的主持人大仓喜八郎到北京来看了我演的《天女散花》后,才动念邀我去的。

这出戏唱来唱去,就渐渐地越来越熟练了,身段舞蹈有些地方不免就随意增减,从心所欲起来。我记得有一次在文明园唱这出，许多老朋友都在前台看戏。那天在《散花》一场的舞蹈里面，我自己临时加了一些身段动作，风带也舞得比往常花哨熟练。唱完之后，我正在卸装，有几位老朋友都进来了，我带着一点得意的神情问他们："今天怎么样，还好吗？"有一位朋友皱着眉头摇着头朝我说："今天唱得不大好，两段昆曲里的绸子舞，动作太多了，叫人看得眼花缭乱，分不出段落、层次，损伤了艺术性。照这样唱下去，极容易走到油滑一条路上去。这是要不得的，赶快得想法子纠正过来才好。"还有几位朋友在旁边接口说："这话说得很对，你最好能把身段同绸子舞安排准了，那就不至于有这种情形了。"我听了之后，觉得他们的话确有道理，从此就把身段和绸子舞，在每一个动作方面都把它固定起来。例如散花时的（锦庭乐）的牌子，我和姚玉芙把工尺背得烂熟，某个身段、某个地方是在哪个工尺里面，某一把花撒在哪一板里面，成为一种"定型"的舞蹈。以后一直就照这样有规律地唱下去了。

一九二○年，我又去上海天蟾舞台演出，也演出了《天女散花》。这次到了上海，这出戏演过三场以后，有一天盖五爷（盖叫天）到后台来同我说："我有几句话，您不要见怪。您前几次来到上海，我对于您的玩意儿，不客气地说，并不佩服。这次我一连看了三天《天女散花》，由身段同耍带子上，三天唱的都是一式一样，又稳又准，我这才看出您是有功夫的。"

我当时说："您过奖了，还要请您多多指教。"

他说："这出戏里，采用了《乾元山》《蜈蚣岭》的身段，没有武功底子的人，那是唱不好的。"

我说："在您面前，简直是班门弄斧呵。"

他正色地说道："这出戏现在只有你我能唱，别人是找不着这种窍门的，因为绸子不比别的东西，手臂手腕没有熟练的巧劲是耍不好的。"

这几句话说得非常恳切。盖五爷是个直性人，一向是有什么说什么，从不口是心非，人前一套，背后一套。他的功夫，就全靠苦练，一副兵器往往是五年十年寒暑不间断地练下去。

当时有人这样对我说："杨小楼的戏，是'武戏文唱'，像你这出《天女散花》是'文戏武唱'，可以称得起异曲同工。"

现在把我体会的"武戏文唱"和"文戏武唱"的道理在这里谈一谈。

先说"武戏文唱"的含意。武戏虽然以武打当作戏的主要内容，但是武打这一种技术和舞台上其他动作一样，都是表演手段之一，它们都必须和生活内容、思想内容结合起来，不是单纯卖弄武工。凡是唱武戏能达到这个标准，或是朝着这条道路发展的，我们称为"武戏文唱"。杨小楼先生武功练得最到家，腰腿的柔软，翻扑的矫健，都到了惊人的程度。他到了舞台上，不但不忽略表情，而是突出地表现每一个剧中的人物性格，所以他是"武戏文唱"的典型例子。有些演员和观众误解了这四个字，以为把武戏唱得稀松，甚而至于偷工减料，叫做"武戏文唱"，那是不对的。

至于"文戏武唱"，是说《天女散花》本是一出正旦的戏，并没有武打，但大部分歌舞是表现天女御风而行和散花的形象，我感觉到水袖的功能已不能够突出地达到这样目的，于是在《云路》、《散花》两场取消水袖，改用风带，随着舞蹈工具的变动，势必采用武戏中一些基本演技把风带抖起来。但使用这些技术的用意并不是向观众卖弄花巧，而是因为一个在云端散花的天女必须有凌空的感觉，风带就是为了衬托天女凌空的姿态，这个凌空的感觉越强烈，天女的形象就越生动。所以使用"三倒手"、"鹞子翻身"、"跨虎"等武戏里的身段，使风带随着身体上下旋转，翻花飞舞，就是为了这个目的。在《云路》、《散花》两场，身上的劲头和演武戏时是一样的，所以这出戏可以叫做"文戏武唱"。

"武戏文唱"这句话，怎么来的呢？大概是因为武生大多数不擅长唱念和做派，并且自幼锻炼武功又必须经过一个异常艰苦的阶段，在舞台上要集中地表演武打技术，体力的消耗是相当大的，同时练武功的人嗓子会练"横"了，或者变成左嗓子，所以观众对于武生的要求，是武功的勇猛、矫健，至于唱念和面部表情差一些，认为是一般的缺点，可以原谅的。对于唱文戏的演员如果唱念不到家，身上没有戏，观众就认为是严重的缺点了。因此，一旦在舞台上出现了不但能打而且能唱能念能做的武生，他演的一些戏，人们就称为"武戏文唱"。这个"文"字含有赞扬的意义。杨小楼先生是"武戏文唱"的典型，我第一次听到这个名词，就是观众对他的评价。杨先生武功根底非常结实，他继承了前辈们的精湛艺术又向前发展提高。他从苦干、实干入手，终于达到巧干的境地。他在运用武打技术之外更着重在刻画人物，他成功地创造了正面人物如林冲、孙悟空、赵云，反面人物如黄天霸等许多生动的形象，但这些还不足以说明杨先生"武戏文唱"的特点，因为这些戏里在武打之外就安排了唱念做工，可以发挥创造。有些武戏虽由武生应工，根本并没有武打场面，例如《连环套》。杨先生刻画黄天霸那样一个外表漂亮、本质卑鄙、具有几副面孔的反面人物，都是通过唱念做工来表现的。但这出戏基本上是文戏，还不能概括"武戏文唱"。我认为杨先生"武戏文唱"最可贵的是他在纯武功表演中能够贯穿着角色的思想感情、人物性格特点，例如《贾家楼》里面唐弼这个角色，除了出场有几句定场白之外，全是武打场面，卸了靠以后开打的（一封书）和《艳阳楼》的把子一样也是（一封书），虽然唐弼不开脸，穿红龙箭衣，高登穿白箭衣，勾油白脸，扮相是有区别的，但这两个角色用的兵器都是大刀和枪，打的套子也都是（一封书），在表演方面，基本上是相同的。在别人演这两个角色时，往往只看见武技的表演，看不出人物的性格；而杨先生在开打时候的神气动作，却使观众清楚地看出唐弼是一个年过半百的藩镇大员，而高登就是一个有权势的恶少，二者绝不雷同。这样，才可以叫做"武戏文唱"。演员要朝着这种表演水平迈进，首先应该认识角色的性格特点，和丰富自己的艺术修养，来选择怎样运用表演手段。

我曾经看见过有些演员一边打着"把子"，一边挤眉弄眼，以及无原则的笑容满面或者愁眉苦脸。这种演法是不符合京剧的表演规律的。这些演员的动机，可能是想要做对，但这和"武戏文唱"是背道而驰的，应该反对的。

《霸王别姬》

我与杨小楼先生第二次合作是在一九二一年。那年下半年，我们开始排演一出新编的戏《霸王别姬》。

杨先生演过霸王这个角色，那是一九一八年四月初，杨先生、钱金福先生、尚小云、高庆奎在桐馨社编演了《楚汉争》一二三四本，分两天演。我记得杨先生在剧中演项羽，过场太多，有时上来唱几句散板就下去了，使得英雄无用武之地，虽然十面埋伏有些场子是火炽精彩的，但一些敷衍故事的场子，占用了相当长的时间，就显得太瘟了。

　　我们新编这出戏定名为《霸王别姬》，由齐如山写剧本初稿，是以明代沈采所编的《千金记》传奇为依据。他另外也参考了《楚汉争》的本子，初稿拿出来时场子还是很多，分头二本两天演完。吴震修先生说："如果分两天演，怕站不住，杨、梅二位也耗费精力。我认为必须改成一天完。我没写过戏，来试试看，给我两天工夫，我在家琢磨琢磨，后天一准交卷。"

　　《霸王别姬》头二本的总讲，由初稿二十多场删成不满二十场，以霸王打阵和虞姬舞剑为重点场子。转瞬已是旧历腊月底，二十六七演了封箱戏。到了正月十九，我们第一次在第一舞台演出了《霸王别姬》。

　　在排演《霸王别姬》之前，我曾经请了一位武术教师教我太极拳和太极剑，另外还从凤二爷学过《群英会》的舞剑和《卖马》的耍锏，所以《别姬》这套舞剑里面也有这些东西。戏曲里的舞剑，是从古人生活中沿袭下来的一种表演性质的器舞，所以虞姬在舞剑之前对霸王说："大王慷慨悲歌令人泪下，待妾身歌舞一回，聊以解忧如何。"这说明了在剧情中它就是表演性质的，所以里面武术的东西我用的比重很少，主要是京戏舞蹈的东西。关于舞剑与音乐的配合，我认为采用（夜深沉）曲牌是非常恰当的，这个曲牌来源于昆腔《思凡》里（风吹荷叶煞）中几句唱词作为头子。

第二天晚上，我和玉芙，还有冯（幼伟）、齐（如山）、吴（震修）三位，五个人一起到笤帚胡同去看杨先生。冯先生说："戏唱得很饱满，很过瘾，听戏的也都说好，排场火爆，大家都卖力气，我想您太累了吧！"杨先生说："不累！不累！您三位看着哪点不合适，我们俩好改呀！"吴先生接着说："项羽念'力拔山兮……'是《史记》上的原文，这首歌很著名，您坐在桌子里边念好像使不上劲，您可以在这上面打打主意。"杨先生轻轻拍着手说："好！好！我懂得您的意思，是叫我安点儿身段是不是？这好办，容我工夫想想，等我琢磨好了，兰芳到我这儿来对对，下次再唱就离位来点儿身段。"这天大家聊到深夜才散。

据刘砚芳先生说："从第二天起，我们老爷子就认真地想，嘴里哼哼着'力拔山兮……'，手里比划着。我说：'这点身段还能把您难住？'老爷子瞪了我一眼说：'你懂什么？这是一首诗。坐在里场椅，无缘无故我出不去，不出去怎么安身段？现在就是想个主意出去，这一关过了，身段好办。'老爷子吃完饭，该沏茶的时候了，掀开盖碗，里头有一点茶根，就站起来顺手一泼，我看他端着盖碗愣了愣神，就笑着说：'喷！对啦，有了！'原来他老人家已经想出点子来啦，就是项羽把酒一泼，趁势出来。"

过了几天笤帚胡同打电话叫我去一趟，我晚上就去了。一见面杨先生就说："回头咱们站站地方啊。"我说："大叔您安了身段啦？"杨先生说："其实就是想个法儿出里场椅，不能硬山榈檩地出去是不是？"我说："您有身段，我也得有点陪衬哪。"杨先生说："你念大王请，（三枪），喝酒，我喝完酒把酒杯往桌上顿一下，念'咳'跟着我就站起来把酒一泼，杯子往后一扔，就势出了位，你随着一惊，也就站起来。我念'想俺项羽啊！'唱'力拔山兮……'咱们俩来个'四门斗'不就行了吗？"当时我们来了几遍，"力拔山兮"，他在"大边"里首按剑举拳，我到"小边"台口亮相；"气盖世"，他上步到"大边"台口拉山膀亮相，我到"小边"里首亮高相；"时不利兮，骓不逝"，双边门，"骓不逝兮"，各在自己的一边勒马："可奈何"二人同时向外摊手；"虞兮虞兮"他抓住我的手腕。我说："咱们就先这样来，唱完了再研究。"

过了几天我们白天在吉祥演出，又贴《霸王别姬》，场子比上次又有减少，大约从韩信坐帐到乌江自刎共有十四五场，打的还是不少。杨先生也觉得打的太多，反而落到一般武戏的旧套，这出戏的打应该是功架大方，点到为止，摆摆像，所以也逐渐减了不少。这出戏在北京每年义务戏总要演几次，最后是一九三六年的秋天我从上海回来，又合演了三次，到这个时期我们已减到十二场，解放后减到八场。

我心目中的谭鑫培、杨小楼二位大师，是对我影响最深最大的。虽然我是旦行，他们是生行，可是我从他们二位身上学到的东西最多最主要。在我的心目中谭鑫培、杨小楼的艺术境界，我自己没有恰当的话来说，我借用张彦远《历代名画记》里面的话，我觉得更恰当些。他说："顾恺之之迹，紧劲连绵循环超忽，调格逸易，风趋电疾，意在笔先，画尽意在。"谭、杨二位的戏确实到了这个份儿，我认为谭、杨的表演显示着中国戏曲表演体系。谭鑫培、杨小楼的名字就代表着中国戏曲。

　　杨先生不仅是艺术大师，而且是爱国的志士。在卢沟桥炮声未响之前，北京、天津虽然尚未沦陷，可是冀东二十四县已经是日本军阀所组织的汉奸政权，近在咫尺的通县就是伪冀东政府的所在地，一九三六年的春天，伪冀东长官殷汝耕在通县过生日，举办盛大的堂会，到北京约角。当时我在上海，不在北京，最大的目标当然是杨小楼。当时约角的人以为北京到通县乘汽车不到一小时，再加上给加倍的包银约杨老板一定没有问题，谁知竟碰了钉子，约角疑心是嫌包银少就向管事的提出要多大价钱都可以，但终于没答应。一九三六年，我回京的那一次，我们见面时曾谈到，我说："您现在不上通州给汉奸唱戏还可以做到，将来北京也变了色怎么办！您不如趁早也往南挪一挪。"杨先生说："很难说躲到哪儿去好，如果北京也怎么样的话，就不唱了，我这么大岁数，装病也能装个七年八年还不就混到死了。"一九三七年，日本侵略军占领北京，他从此就不再演出了。一九三八年（戊寅年正月十六日），他因病逝世，享年六十一岁，可称一代完人。

养鸽[①]

　　我幼年的身体并不结实，眼睛微带近视。姑母说我眼皮下垂是实在的。有时迎风还要流泪，眼珠转动也不灵活。演员们的眼睛，在五官当中，占着极重要的地位。观众常有这样的批评，说谁的脸上有表情，谁的脸上不会做戏，这中间的区别，就在眼睛的好坏。因为脸上只有一双眼睛是活动的，能够传神的。所以许多名演员，都有一对神光四射、精气内涵的好眼睛。当时关心我的亲戚朋友，对我这双眼睛非常顾虑，恐怕影响到前途的发展，我自己也常发愁。想不到因为喜欢养鸽子，会把我的眼睛的毛病治好了，真是出乎意料的一件事。

　　我在十七岁的时候，偶然养了几对鸽子，起初也是好玩，拿着当一种业余游戏。后来对这渐渐发生兴趣，每天就抽出一部分时间来照料鸽子。再过一个时期，兴趣更浓了，竟至乐此不疲地成为日常生活中必要的工作了。

---

　　①　本文节选自《舞台生活四十年》（中国戏剧出版社，一九八七年）。

养鸽子等于训练一个空军部队，没有组织的能力，是养不好的。我训练他们的方法，是把鸽子买来，两个翅膀用线缝住，使它们仅能上房，不能高飞。为的是先让它们认识房子的部位方向。等过了一个时期，大约一星期到十天，先拆去一个翅膀上的线，再过几天，两翅全拆，就可以练习起飞了。

指挥的工具，是用一根长竹竿。上面挂着红绸，是叫它起飞的信号，绿绸是叫它下降的标志。先要练一部分的基本熟鸽子，能够飞得很高很远地回来。这一队熟鸽子里面，每次加入一两个生鸽子，一起练习。遇到别家的鸽子群，混合到一起的时候，就要看各人训练的技巧手法了。也许我们的生鸽子被别家裹了去，也许我们的熟鸽子把别家的裹回来了。这是一种飞禽在天空斗争的游戏。鸽子的身上都有标记，各家可以交换，也同战场上交换俘虏一样的。有时候发生了误会，双方不能谅解，甚至于还会闹出用弹弓打伤对方的鸽子来表示报复泄愤的事。

鸽子的种类太多了，有能持久高飞的，越飞越远，从北京可以放到通州、天津、保定府来回送信，这是属于军队里的信鸽一类。有一类能在黑夜起飞的叫做夜游鸽。还有一种鸽子，会在天空表演翻筋斗的技术，有的翻一两个，有的能够一连串地翻到许多个。这种样子，在下面的人望上去，就跟飞机在空中表演翻筋斗一样。另有一种专门讲究它的体格、羽毛、色彩的，五光十色，是非常的美观。有些专做贩卖鸽子的，他们还会把普通的鸽子，用各种方法配合成了异种，再待价而沽。

我从几对鸽子养起，最多的时候，大约养到一百五十对。内中有的是中国种，有的是外国种。

那时候我还住在鞭子巷三号，是一所四合院。院子的两边，搭出两个鸽子棚。里面用木板隔了许多间鸽子窝。门上都挖着一个洞，为的是流通窝里的空气。每个窝里放一个草囤，摆一个水坛，坛的四面也挖一圈小孔，好让鸽子伸进头去喝水。鸽子喜欢洗澡，照例隔两三天洗一次澡。如果发现有生病的，那事情就大了，怕它传染，赶快替它搬家，就好像人得了传染病，要住到隔离病院里去似的。

鸽子不单是好看，还有一种可听之处。有些在尾巴中间，给它们戴上哨子，这样每一队鸽群飞过，就在哨子上发出各种不同的声音。有的雄壮宏大，有的柔婉悠扬。这全看鸽子的主人，由他配合好了高低音，于是这就成为一种天空里的和声的乐队。

哨子的制作，非常精美而灵巧。可用竹子、葫芦、象牙雕成各种形式。上面还刻着制作人的款字，仿佛雕刻家在自己的作品上署名的习惯一样。我从前对收集这种哨子有很深的偏嗜，历年来各种花样收得不少。

伺候这群小飞禽可不大容易。天刚亮，大约五六点钟吧，我就得起来。盥洗完毕忙着打开鸽子窝，把它们的小屋子打扫得干干净净。喂食、喂水，都是照例的工作。这都伺候完了，就要开窝放鸽。先把飞行力最强的一队放上去。飞了一会儿，跟着第二队、第三队……继续往上放。等这几队熟鸽子在上空活动够了，它们就飞在一起，围着房子打转，这就是快要落下来的表示了。可是我要它们带着训练新鸽子，就拿竹竿指挥它们，不许马上下来。接着用手抓住那些新鸽子，一个一个地往上抛，让它们混在熟鸽群里学习。等合群归队以后，再把全部鸽子放出，在房上休息一段时间，再指挥它们回窝，再喂它们的食，给它们水喝。像这样每天要来上好几次，所以伺候一大群鸽子，比伺候人还要麻烦得多。

你别瞧这种小飞禽，它们的家庭组织和教育方法，与人类是很有相似的地方的。譬如每个窝内住一对雌雄鸽子，它们养下的小鸽子，等到会上房起飞，就赶出窝外，不跟它们的后一代同居了。这不是和人类把子弟教育成人，就让他们自立门户一样的吗？

有些年龄大的老鸽子常躲在房犄角上，不肯起飞，得用竹竿吓它们才肯起来。按说也该让它们退休了，可是不能，还有它们的用途呢。

有一种专爱扑食鸽子的飞禽名叫鸽鹰。鸽子飞在天空要被这鸽鹰发现，它立刻会用最快的速度扑入鸽群，抓住了一个就吃，因此每队鸽子里面必定要参加几个老鸽子。它们的体力机能，虽然比较减退，但是有丰富的经验，遇到鸽鹰侵袭的时候，它们能够见机而行，很快地指示群鸽，领导着队伍降到安全的地带。

我有时看到天空鸽群，队伍突然凌乱，或者分散开来，彷徨打转，就知道是受到鸽鹰的威胁了。必须赶快把未出窝的老鸽子放到房上去，引它们的后辈归队。所以老鸽子也是不能少的。

鸽子的性格是守信用、守秩序、爱好和平、服从命令的。每天早晨我伺候它们完了，看见我对它们用手一挥，第一队马上都出了棚，很整齐地站在房上，听候命令了。我那时年轻，觉得有这些经我亲手训练的鸽子，很勇敢地听我指挥，是一桩愉快而足以自豪的事。我从组织鸽子里面，得到了许多可贵的经验。这对我后来的事业，也有相当的影响的。我养了快十年的鸽子，没有间断过。等搬到无量大人胡同以后，业务日见繁重，环境上就不许可我再跟这群小朋友们接近了。

养鸽子对我的身体到底有什么好处呢？有的，太有益处了。养鸽子的人，第一，先要起得早，能够呼吸新鲜空气，自然对肺部就有了益处。第二，鸽子飞得高，我在底下要用尽目力来辨别这鸽子是属于我的，还是别家的，你想这是多么难的事。所以眼睛老随着鸽子望，越望越远，仿佛要望到天的尽头、云层的上面去，而且不是一天，天天这样做才把这对眼睛不知不觉地治过来的。第三，手上拿着很粗的竹竿来指挥鸽子，要靠两个膀子的劲头。这样经常不断地挥舞着，先就感到膂力增加，逐渐对于全身肌肉的发达，更得到了很大的帮助。

你看我唱《醉酒》穿的那件宫装，是我初次带了剧团到广东表演，托一位当地朋友，找一家老店，用上等好金线给我绣的。这已有二十多年，到如今没有变色，可见得货色是真地道，可是它的分量也真够重的。我这年纪穿着在台上要做下腰身段，膀子不觉得太累，恐怕还要感激当年每天挥舞的那根长竹竿呢。

我喜欢养鸽，亲戚朋友全都晓得的。在我结束了养鸽的生活以后，有一天一位最关切我的老朋友冯幼伟先生很高兴地对我说："畹华，我在无意中买到一件古董，对于你很有关系，送给你做纪念品是再合适没有的了。"说着拿出来看，是一个方形的镜框子，里面画着一对鸽子。画底是黑色，鸽子是白色，鸽子的眼睛和脚都是红色，并排着站在一块淡青色的云石上面，是一种西洋画的路子，生动得好像要活似的。我先当它是画在纸上，像普通那样配上一个镜框的。经他解释了，才知道实在就是画在内层的玻璃上面，仿佛跟鼻烟壶里的性质相同。按着画意和装潢来估计，总该是在一百多年前的旧物。据说还是乾隆时代一位西洋名画家郎世宁的手笔，因为上面没有款字，我们也无法来鉴定它的真假。但是这种古色古香的样子，看了着实可爱。我谢了他的美意，带回家去，挂在墙上，常对着它看。这件纪念品跟随我由北而南二十几年，没有离开过，现在还挂在我家的墙上。

有些事情真是不可思议的。一种小小的飞禽，经过偶然地接触，就会对它发生很深挚的情感。等到没有时间跟它接近，就有它的画像跟我做伴。这大概也许是因为我们在性格上颇有相似之处的缘故吧。

牵牛花[1]

我从小就爱看花，到了二十二岁，我才开始自己动手培植。每年的秋天，养的是菊花，冬天养梅桩盆景，春天养海棠、芍药和牡丹，夏天养的是牵牛花。差不离一年四季里面，我对于栽花播种的工作，倒是"乐此不疲"地老不闲着的。

我养过的各种花，最感兴趣的要算牵牛花了。因为这种花不单可供欣赏，而且对我还有莫大的益处。它的俗名叫"勤娘子"，顾名思义，你就晓得这不是懒惰的人所能养的。第一个条件，先得起早。它是每天一清早就开花，午饭一过就慢慢地要萎谢了。所以起晚了，你是永远看不到好花的。我从喜欢看花进入到亲自养花，也是在我的生活环境有了转变以后才能如愿以偿的。

我从民国五年起，收入就渐渐增加了。我用两千几百两银子在芦草园典了一所房子。那比鞭子巷三条的旧居是要宽敞得

___
① 本文节选自《舞台生活四十年》（中国戏剧出版社，一九八七年）。

多了。它是两所四合房合并起来，在里边打通的。上房是十间，南房也是十间。南房这部分除了一间是大门洞，一间是门房，再紧里边靠墙是堆杂物的一间之外，其余的七间：外面的三间打通了是我的客厅：里面的四间也打通了，是我用做吊嗓、排戏、读书、画画的地方。我们都叫它书房。有些熟不拘礼的朋友和本界的同人来了，就在这一大间书房里谈话。

我那时的日常生活，大概是清早七点起来，放鸽子，喊嗓子，这都是一定的课程。上午排昆曲，下午排新戏。要是白天有戏，接着就该上馆子了。晚上大家又来讨论有关我们业务上的事情。我这一整天的时间，都抓得紧紧的，连一点空儿也没有。

那年的初夏，有一个清早，我去找齐先生商量一点事情。在他的院子里看见有几种牵牛花的颜色非常别致，别的花里是看不到的。一种是赭石色，一种是灰色，简直跟老鼠身上的颜色一样。其他红绿紫等色，也都有的。还有各种混合的颜色，满院子里五光十色，真是有趣，看得我眼睛都花了。

"为什么我常见的'勤娘子'没有这么多种好看的颜色呢？"我问齐先生。

"这还不算多，"齐先生说，"养的得法，颜色还要多哪。你要是喜欢它的颜色，你也可以来养它。这不单是能够怡情养性，而且对你的身体也有好处的。"我打齐先生那儿回家，就开始研究养牵牛花了。

牵牛花本是一种藤属的植物，有点像爬山虎。一般人都把它种在竹篱笆底下，或者用绳子从地下扯上房檐，让它横七竖八地乱爬。可是它自己不会往上爬，得由人工扶它上去的。开的花倒是不少，上面的花朵瘦小得实在可怜，色彩也单调无味，叫人看了不会发生什么美感。所以它在中国是属于普通草花一类的。日本最讲究养牵牛花。他们把它从墙上牵藤，改为盆里栽种，花朵大的可以养到有碗口那样大。颜色种类也多得没法统计。我一面买了好些参考书，按图索骥地分别实验起来。一面号召了几位同好，如王琴侬、姜妙香、程砚秋、许伯明、李释戡，加上已经有了经验的齐如山，大伙儿一起往深里研究。

有一次我正在花堆里细细欣赏，一下子就联想到我在台上，头上戴的翠花，身上穿的行头，常要搭配颜色，向来也是一个相当繁杂而麻烦的课题。今天对着这么许多幅天然的图案画，这里面有千变万化的色彩，不是现成摆着给我有一种选择的机会吗？它告诉了我哪几种颜色配合起来就鲜艳夺目，哪几种颜色的配合是素雅大方，哪几种颜色是千万不宜配合的。硬配了就会显得格格不入太不协调。我养牵牛花的初意，原是为了起早，有利于健康，想不到它对我在艺术上的审美观念也有这么多的好处，比在绸缎铺子里拿出五颜六色的零碎绸子来现比划是要高明得多了。中国戏剧的服装道具，基本上是用复杂的彩色构成的。演员没有审美的观念，就会在"穿"、"戴"上犯色彩不调和的毛病。因此也会影响到剧中人物的性格，连带着就损害了舞台上的气氛。我借着养花和绘画来培养我这一方面的常识，无形中确是有了收获。

牵牛花为什么有这许多种数不清的颜色呢？（一）种子是靠人工用科学方法把它串种改造成功的。就是拿两种极好的本质，和不同的颜色配合起来，使它变成另一种新奇的图案与色彩。（二）我们虽然用了科学的方法来改造它，但是并不能限制它天然的发展。譬如一种赭色和一种灰色，我们想使它变成一种平均混合的色彩，结果总不免或多或少，甚至于这里面还夹杂着别的颜色。有时它的天然发展，比人力培养出来的色彩，更为奇丽。这种好像不能控制的自然现象，又是什么缘故呢？说出来也很寻常，原来是蜂蝶从中作怪。每逢满院子牵牛花盛开的时候，因为它的颜色实在太美了，引得蜂蝶也舍不得走开，老在花丛里穿来穿去，这儿停停，那儿息息，就把花粉带了过去。它们是到处乱停，所以能够变出千百种意想不到的颜色来。

我养过了两年的牵牛花，对于播种、施肥、移植、修剪、串种这些门道渐渐熟练了。经我改造成功的好种子，也一天天多起来，大约有三四十种。朋友看到的，都称赞我养的得法，手段高明。我自己也以为成绩不算坏了。等我东渡在日本表演的时候，留神他们的园艺家培植的牵牛花，好种比我们还要多。有一种叫"大轮狮子笑"，那颜色的鲜丽繁艳，的确好看。我从日本回来，又不满足自己过去养牵牛花的成绩。再跟同好继续钻研了一二年，果然出现的好种更见丰富。有一种浅绀而带金红颜色的，是最为难得，我给它取了一个"彩鸾笑"的名称，跟日本有一种名贵的种子叫做"狻猊"的比较起来，怕也不相上下了。

从我发现养牵牛花有种种的益处以后，引起了好些朋友的兴致。舒石父、陈嘉梁也陆续参加了我们这个团体。各人先是在家里努力改造新的种子，遇到有没看见过的颜色，十分美丽的图案，特别肥大的花朵，就邀请同好们去欣赏把玩，并且把这个新种子分送给大家。我们是这样互相观摩，共同研究，是三句离不开牵牛花，也可以看出我们对它爱好的情形了。可是只要秋风一起，它的美丽就随着夏令消逝了。我们就把今年留下的好种子，一袋一袋地装入小信封里，在每封上面还标出它的花名，连着莳花用的工具，全部收藏起来，等待来年再种了。

我们除了互相观摩，交换新种之外，也常举行一种不公开的汇展。这纯粹是友谊性质的比赛。预先约定一个日子，在这些养花同好的家里轮流举行。每人挑选马上就要开的许多盆牵牛花，头天送到那家。第二天一清早，一个个怀着愉快的心情，都来参加这次的盛会。进门就看到廊子底下摆满了各家的出品。这是多数人花过的心血、聚拢来的精华，里面的好种子，比一个人所有的当然要多。

我们还约上几位不养花的朋友，请他们来充当临时的评判员。大家送来的花，都是混合在一起随便摆的。他们也搞不清哪一盆花的主人是谁。倒有点像考试的密封卷子，凭着文章定甲乙，用不着有恭维、敷衍这一套把戏。有两次他们指出了几盆认为最优等的花，都是属于我的出品，我在旁边瞧了，真是高兴极了。

这许多位文艺界的前辈们，都来自南北不同的省份，所以他们谈论起来，就听到满屋子打着各省不同的官话。回想这种热闹的聚会，实在是有趣得很。这里面要数齐先生（白石）的年纪最大。每逢牵牛花盛开，他总要来欣赏几回的。他的胡子留得长长的，银须飘逸，站在这五色缤纷的花丛里边，更显得白发红颜，相映成趣。我们看了都说这是天然一幅好图画，也就是当年我的缀玉轩里的一种佳话。北京有一家南纸铺，叫"荣宝斋"，请他画信笺。他还画过一张在我那儿看见的牵牛花呢。一晃三十几年，他已经是九十开外的人了。我去年在北京拜访过他，他的身体还是那样硬朗，每天仍旧拿书画和金石来自娱。我见到他就仿佛连我也年轻了许多了。

剪辫子[①]

　　我当年住的鞭子巷三条房子是一所极平常的四合院。上房五间，左首两间是祖母的卧房，右首两间是伯父、伯母带了两位未出阁的妹妹住的。当中那间，布置了一个佛堂。我祖母喜欢看经念佛，拿这个来消磨她的暮年岁月。闲时常替孙辈做活，缝缝补补，到老她的眼力还是不差。我们传统的家规，是不许赌钱的。我到今天不会打牌，就是从小我在家里没有看见过有斗牌一类游戏的缘故。我住在上面的厢房里。对面是厨房，厨房的隔壁，就是鸽子棚。外面靠大门一带的倒座(北方的四合院，对着上房的屋子，称为倒座)，是两间客厅、一间书房，开间都小得可以的。这两间小房子，从前常有一般爱好戏曲的朋友们来向我伯父讨教一些有关昆、乱方面音乐上的问题。这是我那时住的房子的大概情形。我伯父在一九一二年的秋季就病死在这所房里。

---

　　① 本文节选自《舞台生活四十年》(中国戏剧出版社，一九八七年)。

我再告诉你一段有趣的故事。我伯父故世的时候，并没有把他那条辫子带走，是我替他剪掉的。这个工作，我是在他过世前不到两个月的时候办的。经过是这样：当民国成立，就下令剪发。但是有许多人老是意存观望，不肯动手去做。我在民国元年六月间，首先剪去了脑后这根讨厌的东西。北京城的戏班里，恐怕要算我是剪得比较早的。跟着我又想用游说的方法，劝我伯父也剪掉它。他先还犹豫不决地不肯接受，经不住我整天在他旁边，把剪发以后的好处，滔滔不断地说给他听：什么每天起床，免得梳辫子的麻烦，又是睡下去怎么轻松舒服，更不会把衣服沾染坏。我伯父听多了，心里也有点活动。我看着大功快要告成，机会不可放过。有一天，我又自告奋勇地对他说："明天我要给您到洋行去买一顶巴拿马的草帽。让我自己替您剪掉这根累赘的辫子，您把草帽戴上，那才好看呢！"这一回看上去有点边了。他点点头，完全同意了我的建议。在第二天的下午，我真的买好了帽子，亲自动手替他剪掉辫子。请他戴起草帽，拿镜子给他照了一下，他仿佛很满意似的。可是不久他就去世了。这顶细软的草帽，他没有能戴过几回。我就拿来转送给茹先生（莱卿）了。

　　还有我的跟包大李和聋子，我劝他们剪辫子，怎么说也讲不通。有一天我只好趁他们睡熟了，偷偷地拿了剪子先把聋子的辫子剪掉。等他醒过来，感觉到脑后光光的，非常懊丧，把个大李吓得也有了戒心。他每晚总是脸冲着外睡，好让我没法下手。结果，我趁他酣睡的时候，照样替他剪了。这次可费事了，因为他的辫子紧挨着墙，动起手来，是不大便当的。所以我只剪去了一半，而且剪成了三四段。第二天他含着眼泪，手里捧着剪下来的半根辫子，走到上房向我祖母诉苦说："您瞧，我的辫子也让大爷铰掉了，您说怎么办？"一边说，一边哭。我祖母安慰他说："你心里别难受，叫大爷也给你买一顶草帽好了。"大李听了，哪里就能消除他内心的悲哀呢。过了好久，他谈起来还认为这对他的身体是一个重大的损失。在当年是真有这许多想不开的人的。

戏院外的一出《牢狱鸳鸯》^①

　　我曾排过仍穿老戏装的新戏《牢狱鸳鸯》。这出戏的故事是吴震修先生从前人的笔记里替我找出来的。剧情大意如下：

　　卫如玉是一个有学问而家道贫寒的书生。郦珊珂是一位擅长文学的闺秀。有一天郦珊珂同她的嫂子去逛庙，路遇卫如玉，一见倾心。因为素不相识，自然并未交谈，仅在她的嫂子面前吐露了一点爱慕的心情。她嫂子的哥哥同卫是同窗好友，所以答应替她做媒。等她的嫂子回家进行此事，不巧的是正赶着卫如玉上京赶考去了。这时有一个纨绔子弟叫吴赖的，央媒求娶郦珊珂。郦老丈没有征求女儿同意，就应允了这门亲事。郦珊珂听见这个消息，明知不是佳偶，可是也无法推翻成议。在旧礼教时代，不知有多少青年男女就断送在这"父母之命，媒妁之言"的八个字上了。

　　有一个赵裁缝常在郦家做活。他也早就看中了郦小姐的才

①　本文节选自《舞台生活四十年》（中国戏剧出版社，一九八七年）。

貌，买通郦家的老妈，打听出她是真心爱慕卫公子，偏偏落到一个专讲吃喝嫖赌的吴赖手里。他心里气不过，就在吴赖成婚的晚上，混进吴家，刺死了吴赖，闯入洞房，吹灭灯火，假冒卫公子想要强奸郦珊珂，没有成功，抢了一根簪子就匆匆逃走了。

郦珊珂被认作了谋死亲夫的凶手。卫如玉也连累入狱。碰到了一位糊涂县官，屈打成招，就把他们二人都问成死罪。郦老丈到巡按杨国辉那里喊冤。杨审问之后，看出他二人的冤屈，就派狱吏设计把他二人唤出，关在一间监房里，狱吏在外偷听他们讲些什么，一一笔录下来，才知道凶手身上有狐臭气，说话是个"结巴"嘴。再从郦的口内，问出裁缝是个"结巴"，马上传来一讯而服。冤狱平反，卫、郦当堂成婚。对这原审的糊涂官，除听候参革外，先罚他一千两银子，作为他二人成亲的费用，全剧至此结束。

旦角戏的剧本，内容方面总离不开这么一套，一对青年男女经过无数惊险的曲折，结果成为夫妇。这种熟套实在腻味极了。为什么从前老打不破这个套子呢？观众的好恶，力量是相当大的。我的观众就常对我说："我们花钱听戏，目的是为找乐子来的。不管这出戏在进行的过程当中是怎么样的险恶，都不要紧。到了剧终总想看到一个大团圆的结局，把刚才满腹的愤慨不平都可以发泄出来，回家睡觉也能安甜。要不然，戏是看得过瘾了，这一肚子的闷气带回家去，是睡不着觉的。花钱买一个不睡觉，这又图什么呢？"这些话也不能说他们一点都没有理由。在当时恐怕大多数的观众都有这样的心理。

在民国四年前后，一般观众的心理还正停留在这个阶段里，要排新戏，又不能跳出这个熟套，的确很难写得出色。只能在曲折的剧情里面加些比较有意义的材料，或者还可能在侧面起一点警惕作用。这出《牢狱鸳鸯》就是针对当时婚姻太不自由和官场的黑暗而发的。

我在这出戏里扮的郦珊珂，是闺门旦的身份。主要的场子是逛庙，病房，监会。尤其是在狱中跟卫如玉的大段唱念，是全剧的最高潮。姜妙香的卫如玉，描写从前穷读书人的酸气和性格，都很合身份。李敬山的吴赖，活画出一个纨绔子弟的种种恶习来。高四保扮的县官，名叫吴旦，高坐堂上，目空一切，拿老百姓的性命当作儿戏，十足是个瘟官。王凤卿的巡按，精明干练，像个善于断案的老吏。路三宝的嫂子，那更是出色当行了。因为演员的支配适当，演出的成绩是不能算坏的。

有一次在"吉祥"，演到县官把卫如玉屈打成招的时候，高四保口里正念着："你不肯招，也得叫你招了，才好了这场官司！"台底下有一位老者，大概兴奋过了头，实在忍不下去了，就跳上了戏台，指着县官说："卫如玉没有杀人，为什么把他屈打成招！你这狗官，真是丧尽天良，我打死你这王八蛋！"说着真的举起拳头就打。高四保只顾认真做戏，想不到会有人上台来打他的，这一吓就把刚才这种县官架子全吓跑了。他一时也来不及想主意，只好干脆使了一个剧情以外的身段，往桌子底下钻了进去，免得吃眼前亏。按说这位老者是同情卫如玉的，或者姜六爷可以劝止得住他，可是姜六爷想了想，不对！我是跪在公案桌下的一个犯人，不能站起来跟他说话，让台下看了，怎么这一眨眼的工夫，官儿不见了，犯人也不跪了，自动地站起来还要劝人。这不更乱成一团糟了吗？幸亏后台管事赶快出来拦住老头儿，向他婉转解释说："这是做戏，不是真事，您别生气。请回到您的座儿上，往下看。您就知道卫如玉是死不了的，您放心吧。"一边说一边就扶他下台。这老头儿一路走着还使着很大的嗓门儿，不住嘴地大骂狗官混账，冤屈好人，可恶极了，我非揍他不可。等他走了，高四保这才慢慢打桌子底下钻出来，坐好了，再接演下去。可是刚才那种擅作威福、盛气凌人的样子，再做就没有劲了。

唱完了戏，高四保对我说："敢情坏人真是做不得。戏里扮的是假的，还要挨揍，如果真照这种样子做官，他那一县的老百姓，不定要恨得怎么样呢！"我半开玩笑地安慰他："这也可以证明您演得太像了。台下才动真火的。"我自从领略了那次演出的效果，更认识了戏剧感动人的力量实在太大。那天还有那些没上台的观众，他们的满腹愤慨恐怕也未必跟这位老者两样吧。

我在上海跟花脸冯志奎同班。他演《逍遥津》的曹操，"逼宫"一场，台下也动了真气。橘子、香蕉皮都往他的身上扔。扮这类反派角色，台下有这种表示，就跟叫好一样。倘若演技不够生动和逼真，是不会有这种效果的。

上面一段是我在北京演《牢狱鸳鸯》时高四保挨打的笑话。后来我到天津，也演过一次《牢狱鸳鸯》，我跟姜六爷两个人又唱出一个不大不小的乱子来了。

有一位久居天津的同行薛凤池，是唱武生的，武把子相当勇猛,曾拜尚和玉为师。他来约我跟凤二爷去天津"下天仙"(是天津很老的戏馆子，地点就在"三不管"附近)唱几天戏。说明是帮帮他的忙的。我们答应了下来，到了天津，我是住在乐利旅馆，姜六爷是住在德义楼。这两处离着戏馆都不很远，连戏馆带旅馆全在当年"日本租界"范围以内的。

三天打炮戏唱完，生意很好，大家都很高兴。我接受馆子的要求，跟着就贴《牢狱鸳鸯》。这出新戏我在天津还是初演，观众都来赶这个新鲜，台下挤得满满的，只差不能加座了。检票员发现几个没有买票的观众硬要听戏。前台经理孙三说："我们今儿正上座，位子还嫌不够。哪能让人听蹭（不花钱看戏，北方叫做听蹭）。"三言两语地冲突起来。那班听蹭的朋友，临走对孙三说："好，咱们走着瞧！"孙三仗着他在天津地面上人熟，听了也不理会他们。

演完《牢狱鸳鸯》的第二天，我唱大轴，贴的《玉堂春》。凤二爷因为要赶扮《玉堂春》的蓝袍，只能把他的《战樊城》排在倒第三，中间隔着一出小武戏，好让他从容改装。

我们都在乐利旅馆吃完晚饭，凤二爷的戏码在前，先走了。我又休息了好一会儿，才上馆子的。由聋子（即跟包宋顺）跟着我走出旅馆，坐上戏馆给我预备的马车。才走过了几家门面，有一个巡捕过来拦住我的车子，硬说赶车的违犯了警章。车夫不服向他分辩几句，他不由分说先给了车夫一个嘴巴。我看见他们起了冲突，打完车夫还不肯放走，我也不明白为了什么事情，只能开了车门，对巡捕很客气地说明："我是梅兰芳，我在'下天仙'有戏，误了场子，台下要起哄的，请您通融一下，等我们到了馆子，就让他到局子里去。"他听完了，冲我瞪了一眼，说："不行，我们公事公办。"说完就把车门砰的一声关上了。车子跟着他走，转一个弯，不多几步路，就到了一所洋房的门前停住。里边又走出一个巡捕，替我开车门，监视着我们下了马车。聋子背着行头包裹跟在我的后面。我对门外挂的一块牌子看了一眼，上写"大日本帝国警察署"八个大字。这块长方形黄底黑字的牌子深深地印入了我的脑海，到今天我还是可以照样把它画出来的。这个巡捕一直带我们走到一间屋子的门口，他一只手开门，一只手推我们进去。我抢着问他，凭什么要把我们坐车的关起来呢？他一句话也不说，仿佛没有听见似的，只顾他顺手把门关上。我很清晰地听到他在外面加上锁了。聋子过去使劲转门上的把手，我对他摇摇手，又做了一个手势，叫他坐在我的旁边。我知道不是转开了这扇门，就能让你走出大门的。可是我也没有方法告诉他，因为跟他说话，要提高了嗓门，外面的人不全都听见了吗？

这屋里的陈设，真够简单的了。靠墙摆的是两张长板凳，有一个犄角上放着一张黑的小长方桌子，桌上搁着一把茶壶，一个茶杯，中间有一盏光头很小的电灯，高高地挂在这么一间空空洞洞的屋子里面，更显出惨淡阴森的气象了。

我对这一个意外的遭遇，一点都不觉得可怕。刚才的巡捕硬说车夫犯规，即便真的违背警章，也没有听说坐在车里的人要被扣押的。他们今天的举动，不用说，准是事先有计划的。这块租界地里边的黑暗，我也早有所闻。不过我们打北京来表演，短短几天，不会跟他们发生什么误会的。大概是当地馆子跟警察署有了摩擦，把我们扣住的用意，无非是不让我出台，馆子就有了麻烦。我大不了今天晚上在这间屋里枯坐一宵，明天准能出去。也说不定等馆子散了戏，他们就会把我放走的。可是我心里老放不下的，是这满园子的观众，都将"乘兴而来，败兴而归"。他们绝不会想到，我是被警察署扣住不放的。以为我无故告假，对业务上太不负责，这倒的确是我当时在屋里又着急、又难受的一个主要的原因。我不断地看着我手上的表，五分钟五分钟地走过去，计算凤二爷的《战樊城》是早该唱完了，接着那出小武戏，时间也不能拖得太长久的，底下就该轮到我的《玉堂春》了。馆子方面还是垫戏呢？还是请凤二爷另唱一出呢？改了戏台下又是什么情绪呢？我更想到既然巡捕成心跟馆子为难，说不定借着我不出台的理由，就在台下一起哄，把馆子砸了，这一来秩序必定一阵大乱，观众里边就许有遭殃的。他们为看我的戏来的，受了伤回去，这还像话吗？我多少也应该负点责任。这许多的问题在我脑子里转来转去，啊呀，我实在不敢再往下想了。

我正在胡思乱想的时候，忽然打对面传过来有人在喊"冤枉"的声音。离我这儿并不太近，喊的嗓门很尖锐，我听着耳熟，有点像姜六爷的嗓音。我马上走近窗口，侧着耳朵，再留神往外听。果然接着第二声"冤枉"，又从那个方向送过来了。这次的调门更高，我已经百分之百地敢断定是姜六爷喊的。他也被巡捕拉了进来，这更可以证明我刚才揣测他们的把戏，大概是八九不离十的了。

约摸又过了半点钟，房门开了，第一个走进来的就是薛凤池，见面先拉着我的手说："真对不住您，让您受委屈，我们正着急您怎么不上馆子，问栈房又说出来了，万想不到您会在这儿。"我忙着问他："场上现在怎么样了？"他说："正垫着戏呢。"我们边说边走出来，薛凤池又给我介绍他旁边的一位小矮个子说："幸亏这位王先生通知我。他虽然是在这儿办事，先也不知道这件事。听见姜老爷喊冤的声音，才晓得您二位全在这儿，就打电话叫我来办好手续，领您二位出去。"说着走到大门口，姜六爷也来了。我们在等套车的工夫，还听见两个巡捕冲着我们说："好，算你们有路子。"大家净惦记场上的脱节要紧，谁也不理他们，跳上马车飞也似的到了馆子。

我们走进后台，看见有一位当地班底的小生已经扮好王金龙了。我们也没有工夫说话，坐下就赶着扮戏。一会儿后台经理赵广顺进来跟我们商量，说："场上的《瞎子逛灯》，垫得时间太久，台下不答应了。我看先让我们班底小生扮好的王金龙出去，对付唱头场。等您二位扮好，王金龙升堂进场，再换姜六爷上去。您二位看这办法行不行？"我们说："好，就照这么办。"

那天头里那位王金龙，也真难为他的。出场先打引子，念定场诗，报完名以后，现加上好些台词。起先胡扯，还说的是王金龙过去的事情。后来实在没有词了，简直是胡说八道，台下也莫名其妙，听不懂他说的什么，急得给我操琴的茹先生坐在九龙口直发愣。

旦角扮戏，照例要比小生慢得多。那天晚上我可真是特别加快，洗脸、拍粉、上胭脂、贴片子样样都草草了事，就不能再细细找补。我对赶场扮戏，还算有点经验，像这样的"赶落"，我一生也没有经历过几回的。

我扮得差不离了，检场的给场上那位受罪的王金龙先送个信，红蓝袍出去过一个场，王金龙这才"升堂"进场，换出了刚刚喊过冤枉的这位按院大人。

我在帘内念完一声"苦呀"，我听到台下一阵骚动。这也难怪他们，今儿的苏三是"千呼万唤始出来"，怎么不叫人等得心急呢。他们万想不到我跟姜六爷已经唱过一出《牢狱鸳鸯》来的。

我今天遭遇到这种麻烦，又是这样赶落，按说嗓子应该坏了。不然，相反的还是真听使唤，这也是出我意料之外的一件事。摇板唱完了，我就觉得嗓子痛快，跪下念的大段道白，台下静到一点声音都没有。我想刚才是我误场，已经让他们等久了。现在他们又全神贯注在听，我得沉住气，好好地唱这一出《玉堂春》。也真奇怪，所有倒板、慢板、二六、流水，这里面的高腔矮调，哪一句都能得心应手，圆转如意。唱到"玉堂春好似花中蕊"的"蕊"字，我真冒上了。最末一句"我看他把我怎样施行"的"他"字，本来有两种唱法，我使的是翻高唱的一种。在台下满堂彩声，热烈气氛当中，总算把这一个难关安然度过去了。要论嗓子痛快，唱得自然，这一次也是值得记录的。

姜六爷卸完妆把他出事的经过告诉了我，他说：

"我带了靳伙计从'德义楼'出来，叫了两辆洋车，我的车在先，他的车在后跟着。拉了没有几步，我的车好好地打一个巡捕跟前经过，让巡捕一把抓住车杠，硬说碰了他的鼻子。拉洋车的说：'我离着您老远的，怎么能碰着您的鼻子呢？'这巡捕举起那只手就给他一个嘴巴。那地方的路灯根本不亮，巡捕指着鼻子说：'你瞧，这不是让你碰坏了吗？不用废话，跟我到局子里去。'这时候靳伙计的洋车，也有一个巡捕过来拉住不放。我瞧见他们争吵起来，先替拉洋车的说了许多好话，巡捕仿佛没有听见。我正要另雇洋车，不行，敢情我也得跟着去。我想这可麻烦了，要是耽误工夫太大，不就要误场吗？我只好

第一编 生平自述

·99·

央求他，我说我有一个朋友就住在后面那条街（姜六爷指的就是名票夏山楼主的旧居），让我把行头包裹搁下再去。这两个巡捕一句话也不说，抓住车杠拉着走到警察署，把我跟靷伙计带到一个地方，那可比您的阔得多了，不是什么屋子，简直就是收押犯人的铁笼子，总算他给我们面子，没有放进笼子里边，把我们关在笼子外面的一条走廊上，也做好有铁的栅栏门的。我问他：'我们犯的哪条法律，要把我们关进来呢？'他压根儿也不理你，锁上铁门就扬长而去。过了不多一会儿，听见门外有'嗒嗒嗒'的马蹄声音。我们那个靷伙计机灵，他说：'您听，这马蹄的声音，好像是梅大爷坐的马车。'我对他说：'我们来得就莫名其妙，梅大爷要是也进来的话，今儿这台戏可够热闹的了。'说完了，靷伙计正抓着铁门往外瞧，忽然又嚷着说：'您瞧，糟了，这不是梅大爷吗？后面还跟着他的跟包聋子，背着个行头包走过去了。'所以靷伙计看见您，我没有瞧见。

"我想他们把我们关着老不管，这算是哪一出呢？拉洋车的碰了人，坐洋车的要坐牢，这是哪一个不讲理的国家定出来的法律？我越想越气，我要发泄我这一肚子的闷气，我就高声喊冤。第一声叫完了，没有什么动静，我索性把调门提高，再喊一声。这一次，有点意思了。居然有一个人出来望了一下，瞧他脸上仿佛很惊奇的样子。这就是刚才站在薛凤池旁边的那位小矮个子，敢情他跟薛凤池是朋友，由他打电话通知薛凤池，才把我们领出来的。您真沉得住气，我实在佩服极了。"

我对姜六爷说："这不是我沉得住气，我猜出他们是跟馆子为难，要把我们扣住，是不让我们上台。我想既然来了，叫破嗓子也没有用的。凡事看得不可以太穿，结果还是您的办法对。要不是您喊这两声冤枉，我们现在还在里边，这娄子可就捅得大发了。您没有瞧见刚才挨着戏台两边的包厢里面，那些观众的脸上都是横眉竖眼，不怀好心。他们来意不善，是一望而知的。今天我们要不出台，馆子方面不定闹出什么乱子来呢。"

我跟姜六爷正说着话，薛凤池同了前后台经理孙三和赵广顺都来安慰我们了。

"今天这件事，是我闯的祸，"孙三说，"昨儿晚上有几个听蹭的，让我轰了出去。谁知道这里面有两个是警察署的'白帽'，穿了便衣，我不认识他们，才发生这个误会的。刚才楼上有不少穿便衣的'白帽'，带了朋友来买票听戏。他们在'日本租界'的戏馆子花钱听戏，恐怕还是第一次呢。据说还带了小家伙，只要您不出台，他们就预备动手砸园子了。幸亏那位王先生的信送得早，您还赶上唱这出《玉堂春》。再晚来一步，就许已经出事了。"

"园子是没有出事，梅老板可受了委屈了，白白地让他们关了两个多钟头，"薛凤池接着说，"我们是代表前后台来给您道歉的。"

"过去的事也不用再提了，"我说，"我倒要请问你们，这'白帽'在警察署到底是管什么的？他有多大的权力，可以把一个不犯法的人随便抓来扣押呢？""您要谈到'白帽'，真是令人可恨！"薛凤池很愤慨地说，"他们是警察署的稽查，阶级比巡捕高得多。什么事情都管，这里面自然日本人占多数，可也有中国人干的。因为他们戴的制服帽子中间有一道白圈，所以背后人都管他们叫'白帽'。那些中国人当了'白帽'，自己先就认为是无上的荣耀，仗着他有日本鬼子的势力，就横行霸道，无恶不作。开铺子的买卖人见他怕，不用说了，就连租界区的中国人住宅里面，他们高兴，随便进去，借端勒索。你要是不敷衍他们，马上就跟你为难作对，真是受尽他们的怨气。您是不常住在此地，如果您跟住这儿的朋友打听一下，只要提起'白帽'二字，没有不谈虎色变的。"我听完薛风池的话，实在难受极了。同是中国人，为什么要借日本人的势力来压迫自己的同胞呢？这种做法只是可耻，又有什么光荣呢？

我从天津唱完戏回到北京，熟朋友有知道这件事的都来问我。这里面有一位张镠子先生，听完了也告诉我一桩惊心动魄的故事。

他说："你这次是受了一点委屈。我在天津亲身遭遇到的，要比你危险得多了。那时我还在天津新学书院念书。有一天经过海光寺日本兵营的门口，看见地下画了一个半圆形的圈子，面积占得相当宽阔，旁边没有用文字说明这圈子的作用。我也一时大意，打这圈子穿过去，让门口站的一个日本兵看见了。这还了得，他就跟野兽似的怪叫一声，把他拿的那支上好了雪亮刺刀的步枪横着端在手里，朝我面前冲过来。我看情势不妙，拔腿就跑。他在后面还紧迫了几步，我一口气跑得老远的才敢停住脚。正巧路旁有一位本地的老先生冷眼旁观，把这一幕惊险的镜头看得清清楚楚。他拍着我的肩膀说：'小朋友，恭喜你。你这条命算是捡着的。我告诉你，是个中国人走进他的圈子，就给你一刺刀，刺死了好在不用偿命，所以死在他们的刺刀上的，已经有过好几个人了。这不是好玩儿的地方，你没有事还是少来吧！'我听他这么一说，想起刚才的情形，再回头看这日本兵，还露出那副狰狞可怕的面目，狠狠地望着我咧。我顿时觉得毛骨悚然，不寒而栗。后来住久了，才知道日本租界有两个最可怕的地方，一个是海光寺兵营的门前，一个就是警察署里边。"

这段故事是三十几年前张先生亲口说给我听的。现在回想起来，很可以看出日本人从庚子年来到中国驻军以后，处处在想显出他们的优越地位，不论大小机会，一贯地总要造成了借口，用恐怖的手段来威吓我们，好达到侵略的目的。这班狐假虎威的"白帽"，是看惯了他们的主子经常在表演如同海光寺兵营门口的那种野蛮行为，才灭尽自己的天良，甘心去做人家的爪牙的。

炸弹风险[①]

一九二〇年那次我到上海演《天女散花》很能叫座，到了
一九二二年的初夏，许少卿又约我和杨小楼先生同到上海在天
蟾舞台演出。我出的戏码很多，老戏、古装戏、昆曲都有，而
《天女散花》还是一再翻头重演的主要剧目。那一次许少卿在
北京约的好角很多，各行角色是从各班选择出来的。老生有王
凤卿、张春彦、德仁趾，花脸有郝寿臣、许德义、李寿山、刘
砚亭，丑角有王长林、傅小山、马富禄，旦角有小翠花、姚玉
芙，小生有姜妙香，武生有迟月亭……天蟾的班底还有南方名
武生李春来……阵容整齐，剧目丰富，上座异常踊跃。许少卿
抓住上海观众的心理，大发其财。上海滩投靠外国人的流氓头
子看红了眼，在一次演《天女散花》的时候放了炸弹，虽然是
一场虚惊，但从此上海戏馆事业的经营就完全到了有特殊背景
的人的手里，成为独占性质。正和茅盾先生的名著《子夜》里

---

① 本文节选自《舞台生活四十年》（中国戏剧出版社，一九八七年）。

面描写的上海纱厂以大吞小，以强凌弱的时代背景相似。现在，我借着叙说《天女散花》的时候，把当时北京演员在上海租界所处的环境谈一谈。

我们是农历四月底到上海，从五月初三演起，一起演到闰五月十六日止，当中还到南通更俗剧场演了三天。

我和杨小楼先生的戏码是轮流压大轴，农历五月十五日我大轴演《天女散花》，倒第二是杨小楼的《连环套》，倒第三是王凤卿的《取成都》，倒第四是小翠花（于连泉）的《马上缘》。这天的戏码很硬，都是最受上海观众欢迎的戏，又碰到是礼拜六，像天蟾舞台那么大的场子，楼上楼下客满，还加了许多凳子。

我的《天女散花》演到第二场，把"悟妙道好一似春梦乍醒……"四句二黄慢板唱完，念罢了诗，刚刚念了一句"吾乃天女是也"，只听得楼上"轰隆"一声巨响，全场立刻起了一阵骚动，楼下的观众不知道楼上发生了什么事情，也都跟着惊慌起来。我抬头一看，三层楼上烟雾腾腾，楼上楼下秩序大乱。就在这一刹那间，站在我身旁的八个仙女，已经逃进后台；场面上的人，也一个个地溜了，台上就剩下我一个人。

我正在盘算怎么办，许少卿从后台走上台口，举着两只手说："请大家坐下，不要惊慌，是隔壁永安公司的一个锅炉炸了，请各位照常安心听戏吧！不相干的。"在这一阵大乱的时间里，观众就有不少丢东西的。这时候有些观众站起来预备要走，有些人已经挤到门口，现在听许少卿这么一说，互相口传，果然又都陆续退了回来，坐到原处。

我趁许少卿说话的时候，就走进了后台。一会儿工夫许少卿回到后台对管事的说："赶快开戏。"招呼着场面的人各归原位。

在这里还有一个插曲。这出戏前面的西皮、二黄是由茹莱卿拉胡琴，后面散花时的两支昆曲由陈嘉梁吹笛子。他们曾经因为在艺术上有些不同的意见，发生了误会，因此几个月以来，彼此一直就不交谈。陈嘉梁是我的长亲，教我昆曲，还给我吹笛子；茹莱卿是给我拉胡琴兼着教我练武功打把子。他们两位不能融洽使我非常不安，我一直就想给他们调解，总没有适当机会。这一天三层楼上发生了响声之后，场面的人都乱纷纷走进了后台，陈先生下去的时候绊了一下，茹先生立刻扶了他一把说："小心摔着，甭忙。"陈先生说："我心里吓得实在慌了，咱们一块儿走。"从此他们就破除了成见，言归于好。从这件事可以看出我们戏曲界的前辈尽管平日在艺术上各有主张，并且互不服输，但一旦遇到患难的时候，不是乘人之危，袖手旁观，而能够消除意气，发挥团结互助的精神，这种传统美德，非常难能可贵，是值得后辈学习的。

经过这样一乱，耽误了不少时间，大家商量，就由姜六哥扮的伽蓝过场。本来是应当天女念完道白，伽蓝上来宣布佛旨，可是没等他登场就发生了这件事，如果现在要找补这场，再从慢板唱起，算了算时间也不许可，所以只好由伽蓝过场。我趁这个时候紧着改装，预备《云路》再上。

这件事虽然由许少卿善于应付，压了下去，没有开闸，可是在继续工作的时候，前后台的人都怀着一种沉重的心情，没有平常那么自然轻松了。等这场戏唱完，我正在卸装，许少卿走到扮戏房间里，向我道乏压惊，一见面头一句就说："梅老板，我真佩服你，胆子大，真镇静，台上的人都跑光了，你一个人纹丝不动坐在当中，这一下帮了我的大忙了。因为观众看你还在台上，想必没有什么重大事情。所以我上去三言两语，用了一点噱头，大家就相信了。"我问他："究竟怎么回事，我在台上，的确看见三层楼上在冒烟。"许少卿沉吟了一下，说道："有两个小瘪三捣乱，香烟罐里摆上硫黄，不过是吓吓人的，做不出什么大事来的。"说到这里，朝我使了一个眼神，接着他小声对我说："回头咱们到家再细谈。"我听他话里有话，不便往下细问，草草洗完了脸，就走出后台，看见汽车两旁，多了两个印度巡捕，手里拿着手枪。我坐到车里就问许少卿派来的保镖老周："怎么今天多了两个印度巡捕？"他说："是许老板临时请来的。"

那一次我们仍旧住在许少卿家里望平街平安里。回来之后，因为这一天散戏比往常晚，肚子觉得有点饿了，就准备吃点心。凤二哥听见我回来了，就从楼上走下来问我："听说园子里出了事情啦，是怎么回事啊？"我们正在谈论这桩事，心里纳闷，许少卿也回来了。我正在吃点心，就邀他同吃。他坐在下首，我同凤二哥对面坐着。我们就问他："今天三层楼这出戏究竟是怎么回事？是跟您为难，还是和我们捣蛋呢？"

许少卿说："这完全是冲我来的，和你们不相干。总而言之，就是这次生意太好了，外面有人看着眼红，才会发生这种事情。我们这碗饭真不好吃呀！"

我们听他说的话里有因，就追问他："那么您事先听到什么没有？"他说："有的。十天以前，我接到一封敲竹杠的信，大意说：'您这次邀到京角，这样好的生意，是发了财啦，请帮帮忙。'我为了应付上海滩这种流氓，省得有麻烦，就送了他们一笔钱。大概是没有满足他们的欲望,后来又接到一封信,语气比头一封更严重了一点,要求的数目也太大,哪里应付得起? 只有置之不理了,所以才发生今天这件事。看起来,我们开戏馆的这碗饭是越来越难吃了,没有特殊势力的背景的人物来保镖,简直是干不下去了。"

我就问许少卿:"您是做生意的,在光天化日之下,他们竟敢这样无法无天,您为什么不报告巡捕房,惩办这些扰乱秩序的东西呢? "许少卿朝我们苦笑着说:"梅老板,您哪里知道上海滩的租界里是暗无天日的。英租界、法租界各有各的治外法权。这班亡命之徒,就利用这种特殊情况,哄吓诈骗,绑架勒索,无所不为。什么奸盗邪淫的事都出在这里。有的在英租界闯了祸,就往法租界一逃,英租界的巡捕房要是越境捕人,是要经过法捕房的许可会同去捉的,何况这班人都有背景,有人主使,包庇他们呢! 往往闯的祸太大了,在近在咫尺的租界上实在不能隐蔽的时候,就往内地一走避风头,等过了三月五月、一年半载再回来,那时事过境迁也就算拉倒了。如同在内地犯了法的人躲进租界里来是一样的道理。再说到租界里的巡捕房,根本就是一个黑暗的衙门,在外国人的势力范围之内,这班坏蛋就仗着外国人的牌头狼狈为奸,才敢这样横行不法。我到哪里去告状,非但不会发生效力,骨子里头结的冤仇更深,你想我的身家性命都在上海,天长日久,随时随地,可以被他们暗算。所以想来想去,只有忍气吞声,掉了牙往肚里咽,不得不抱着息事宁人的宗旨,图个火烧眉毛且顾眼下。"

我听他讲到这里,非常纳闷,像许少卿在上海滩也算有头有脸兜得转的人物,想不到强中更有强中手,他竟这样畏首畏尾，一点都不敢抵抗，真是令人可气。当时我就用话激他说："许老板，您这样怕事，我们还有几天戏没有唱完，看来我们的安全是一无保障的了！"他听了这话，立刻掉转话锋说："梅老板，您不要着急。从明天起我前后台派人特别警戒，小心防范，就是了。谅他们也不会再来捣乱了，您放心吧。"我看他愁容满面，也不便再讲什么，就朝他笑着说："但愿如此。"

许少卿走出房门，凤卿向我摇摇头说："这个地方可了不得，只要挨着一个外国人，就能够张牙舞爪，明枪暗箭地胡来一气。我们在此地人地生疏，两眼漆黑，究竟他们'鸡斗鹅斗'、'鹬蚌相争'，葫芦里卖的什么药，实在闹不清。趁早唱完了回家。戏词儿里有副对子：'一脚踢开生死路，翻身跳出是非门。'用在这里倒恰当得很。"凤二哥这几句话，真可以代表我们全体从北边来的一般人的心理。

第二天是星期日，日夜有戏，夜场还是《散花》。我到后台看见门禁森严，许多带着手枪的包打听、巡捕站在那里警卫着，面生一点的人，走进后台都要盘问一番。第三天，五月十七日的夜场，我和杨先生合演《别姬》。我正在楼上化妆，听见下面轰的一声，跟着一片人声嘈杂，好像是出了事。我心想，不要又是那活儿吧。一会儿，我的跟包的慌慌张张走上楼来说："后门外面有人扔了一个炸弹，这一次是用'文旦'（柚子）壳里面装着硫黄，放起来一阵烟，比前回更厉害。有一个唱小花脸的田玉成，左腿上伤了一点，抹点药，照常可以上台。咱们可得特别留神哪！"他一边给我刮片子，一边对我说："下面杨老板扮戏的屋子离后门很近，放炸弹的时候，他手里正拿着笔在勾霸王的脸，轰的一声响，把他从椅子上震了起来，手里的笔也出手了。现在楼下的人，一个个心惊肉跳，面带惊恐，好像大祸临头的样子。"我对他说："这是因为在园子里有了戒备，他们进不来了，所以只好到门外来放，这种吓唬人的玩意儿，你们不用害怕。"

给我化妆的韩师傅笑着说："这地方真是强盗世界，究竟谁跟谁过不去，谁的势力大也闹不清，咱们夹在里面，要是吃了亏，还真是没地方说理去。"我说："为来为去都为的是'钱'。你们瞧吧，结果是大鱼吃小鱼，小鱼吃虾米。这个地方就是不讲理的地方。咱们可也别害怕，这儿是讲究软的欺侮硬的怕，捡好吃的吃。好在没有几天咱们就要走了，大家好歹当点心就得了。"

那一晚的《别姬》，我同杨先生唱得还是很饱满，没有让观众看出演员有受过惊吓的神气。

唱完《别姬》，杨先生对我说："这个地方太坏，简直是流氓、混混的天下。我这一次是够了，下次再也不来了。"我说："杨大叔，您在戏里扮的是英雄好汉，怎么气馁起来了。不要'长他人志气，灭自己的威风'呀。您别忙，我看这班东西总有一天要倒下去的，等着瞧吧！"

这件事差不多三十多年了，追忆起来，历历如在目前。可惜杨大叔已经故去多年，要是现在还活着，他再到上海去看看今天新时代的光明、繁荣、安全、幸福的生活情况，他不知道要多么高兴呢！

许少卿那一次钱虽然赚得不少，气也受足了，罪也受够了，同时赌运不佳，在几次大场面的赌局里面，把戏馆里赢来的钱输了个一干二净，还闹了一笔数目不小的亏空，天蟾舞台账房里坐满债主，他只有请一位朋友代他搪账。从此许少卿就结束了他的开戏院邀京角的生活，最后在上海穷困潦倒而死。

自从许少卿退出剧场以后，邀京角的特权就到了另一批有特殊势力人的手里。从此戏馆里就风平浪静，听不见像《散花》时那种巨响，也闻不见火药味儿了。从这里也可以看出那时表面上花团锦簇、轻歌曼舞的十里洋场，好像一片文明气象，骨子里却是藏垢纳污、险恶阴森的魑魅世界。这个冒险家的乐园，投机倒把的市场，一直到一九四九年全国解放，人民当家做主后，才结束了它的黑暗腐朽的生命。

学　画[1]

一九一五年前后，我二十几岁的时候，两次从上海回到北京，交游就渐渐地广了。朋友当中有几位是对鉴赏、收藏古物有兴趣的，我在业余的时候，常常和他们来往。看到他们收藏的古今书画，山水人物，翎毛花卉，真是琳琅满目，美不胜收。从这些画里，我感觉到色彩的调和，布局的完密，对于戏曲艺术有声息相通的地方；因为中国戏剧在服装、道具、化妆、表演上综合起来可以说是一幅活动的彩墨画。我很想从绘画中吸取一些对戏剧有帮助的养料。我对绘画越来越发生兴趣了，空闲时候，我就把家里存着的一些画稿、画谱寻出来（我祖父和父亲都能画几笔，所以有这些东西），不时地加以临摹。但我对用墨调色以及布局章法等，并没有获得门径，只是随意涂抹而已。

有一天，罗瘿公先生到我家里来，看见我正在书房里学画，

---

① 本文节选自《舞台生活四十年》（中国戏剧出版社，一九八七年）。

他对我说："你对于画画的兴致那么高，何不请一位先生来指点指点？"我说："请您给介绍一位吧！"后来，他就特地为我介绍了王梦白先生来教我学画。王梦白先生的画取法新罗山人，他笔下生动，机趣百出，最有天籁。据他说，在南方，他与名画师程瑶笙是画友，两人常常一起关门对坐挥毫，一画就是一天。他每星期一、三、五来教，我在学戏之外，又添了这一门业余功课。王先生的教法是当着我的面画给我看，叫我注意他下笔的方法和如何使用腕力，画好了一张就拿图钉按在墙上，让我对临，他再从旁指点。他认为：学画要留心揣摩别人作画，如何布局、下笔、用墨、调色，日子一长，对自己作画也会有帮助。王梦白先生讲的揣摩别人的布局、下笔、用墨、调色的道理，指的虽是绘画，但对戏曲演员来讲也很有启发。我们演员，既从自己的勤学苦练中来锻炼自己，又常常通过相互观摩，从别人的表演中，去观察、借鉴别人如何在舞台上刻画人物。

从很多画家观察生活现象进行艺术创造的经验中，也使我受益不少。王梦白先生作画，并不完全依靠临摹，由于他最爱画翎毛，所以在家里用大笼子养了许多不同样儿的小鸟，时常琢磨它们的神态；有时拿一块土疙瘩往笼子里一打，趁着鸟儿一惊，去看它起飞、回翔、并翅、张翼的种种姿势，作为他写生的资料。画昆虫之类，他也一定要捉了活的螳螂、蟋蟀、蜜蜂……来看，而且看得很仔细，一毫一发，从不马虎。记得有一次我们许多人去游香山，我们只是游山玩景而已，而王先生却不然，他每到一处，不论近览远眺，山水草木，都要凝神流连，有时捉住一只螳螂或是蝈蝈，在一旁反复端详。这种对生

第一编 生平自述

活现象的仔细观察，不断通过生活的观察，来积累创作素材，我想是值得戏曲演员参考的。记得有些演孙悟空的演员，他们就曾观察了猴子的生活，运用到《闹天宫》、《闹龙宫》这些戏里。当然，有些演员过分追求孙悟空像猴，这样只注意生活的逼真，而不根据生活素材加以提炼、夸张、再创造，显然是错误的，也是与戏曲传统的表现手法不适应的，何况孙悟空是"灵猴"，是神通广大的齐天大圣。湖南常德湘剧的演员丘吉彩同志，就观察了封建时代举人的生活，集中概括地用在《祭头巾》的表演里。盖叫天先生不仅对生物做详细的观察，而且还从佛像甚至青烟里去寻找舞台动作的塑形、舞姿。

在随王梦白先生学画时期，前后我又认识了许多名画家，如陈师曾、金拱北、姚茫父、汪蔼士、陈半丁、齐白石等。从与画家的交往中，使我增加了不少绘画方面的知识。他们有时在我家里聚在一起，几个人合作画一张画，我在一边看，他们一边画一边商量，这种机会确是对我有益。一九二四年，我三十岁生日，我的这几位老师就合作了一张画，送给我作为纪念。这张画是在我家的书房里合画的。第一个下笔的是凌植支先生，他画的一株枇杷，占去了相当大的篇幅，姚茫父先生接着画了蔷薇、樱桃，陈师曾先生画上了竹子、山石，梦白先生就在山石上画了一只八哥。最后，轮到了齐白石先生。这张画基本完成，似乎没有什么添补的必要了，他想了一下，就拿起笔对着那只张开嘴的八哥，画了一只小蜜蜂，大家都喝彩称赞。这只蜜蜂，真有画龙点睛之妙。它使这幅画更显得生气栩栩。画好之后，使这幅画的布局、意境都变化了。白石先生虽然只画上了一只小小的蜜蜂，却对我研究舞台画面的对称很有参考价值。

我学画佛兴趣最浓的时候，老友许伯明要我画一张佛像送他做生日礼。这是一九二一年（辛酉）的秋天，那时我的佛像画得并不太好。一天下午，我把家藏明代以画佛著名的丁南羽（云鹏）的一幅罗汉像作为参考。这张画上画着罗汉倚松，坐在石上，刚画了一半，陈师曾、罗瘿公、姚茫父、金拱北……都来了，我说："诸位来得正好，请来指点指点。"我凝神敛气地画完了这张佛像，几位老师都说我画佛有进步。金拱北说："我要挑一个眼，这张画上的罗汉，应该穿草鞋。"我说："您挑得对，但是罗汉已经画成，无法修改了，那可怎么办？"金先生说："我来替你补上草鞋。"他拿起笔来，在罗汉身后添了一根禅杖，一双草鞋挂在禅杖上，还补了一束经卷。大家都说补得好，金先生画完了还在画上写了几句跋语：

> 畹华画佛，忘却草鞋，余为补之，并添经杖，免得方外诸公饶舌。

许伯明那天也在我家，看我画完就拿走了，裱好后，还请大家题咏一番，师曾先生题曰：

> 挂却草鞋，游行自在。不听筝琶，但听松籁，朽者说偈，诸君莫怪。

茫父先生题了一首五言绝句：

芒鞋何处去，踏破只寻常。此心如此脚，本来两光光。

樊山老人的题跋，最有意思，假这张罗汉讽刺当时的议员，他说：

今参众两院议郎凡八百，人遂目为罗汉，兰芳此画，西方之罗汉欤？中国之罗汉欤？脑满肠肥，其酒肉和尚欤？面目狞恶，其地狱变相欤？北楼添画草鞋，岂欲促其行欤？耳大如此，作偈者谓其不听筝琶，彼将何以娱情欤？罗汉日如有筝琶可听，即永废议事日程，如促吾行，则二十圆之出席费谁肯牺牲？纵使詈我有民，殴我有兵，我神圣不可侵犯之罗汉，但觉宠辱不惊，并不觉坐卧不宁。兰芳此画诚所谓画鸡画毛难画鸡内金，画人画面难画不可测度之人心者也。

樊山没有署名，后来罗瘿公在旁边加了两句跋语：

吾为伯明丐樊山翁题此帧，以玩世语多，故不署名，伯明复嘱吾加跋证明之。

樊山题跋里连当时所谓欧洲文明国家的议员，也借题发挥，一起骂了个淋漓尽致，可谓大快人心。事隔三十余年，一九五八年的岁暮，我应外文出版社的邀请，在国会街二十六号为他们演出《宇宙锋》，我知道这个礼堂当年就是国会议场，当我在台上大骂秦二世的时候，忽然想起议员们曾在这里表演过墨匣横飞、老拳奉敬的丑剧，又想到了我画的这张罗汉和樊山的跋语，真是感慨系之。

有一次，王梦白、金拱北两位谈到作画的风格，王先生对金说："你的画画，好比一个裁缝，三尺三就是三尺三，怎么裁嘛，你就怎么做。"因为金先生对于临摹古人名迹、宋元院本、楼台界画、工细人物，最为擅长，所以王梦白先生这样讲，他又拿自己作譬喻说："我的画画，好像是个铁匠，假如我要打个钉子，要长就长，要短就短，不合适回炉再重来。我是用脑子来画的。"金先生听了，笑着回答他说："画画不能只靠天才，学力也应该并重的，我们几千年来前人留下多少有名的作品，这已经是取之不尽、用之不竭了。你说我是裁缝，不错，就算我是裁缝，可是我做的衣服是称体合身的。"他们这样开门见山地批评，有说有笑，真是有意思。

过一天，陈师曾先生对我讲："拿梦白的天才，拱北的学力，把他们两方面的特长融合在一起，彼此的成就更有可观了。"陈先生的话，确是说明他对王、金两位是很了解的。绘画艺术与戏曲艺术一样，都共同有一个继承传统、发展创造的问题，既要继承又要发展，既要认真向前人学习，又要大胆进行创造革新。

陈师曾先生的父亲是散原老人，他自己诗、书、画都很高明，我画佛像和仕女，就得过他和姚茫父先生的指点。

师曾先生的北京风俗画是很有名的，他画的都是日常所见的生活情景，如跑旱船、唱话匣子、骡车进香、鼓书、拉骆驼、水果挑、卖切糕、卖绒线、扛肩儿、拉洋车、红白执事、打鼓的、剃头挑……像这些行业的人物，是当时士大夫所不屑为伍的。他在画里面，用警世讽时的笔触，写实的手法，替他们写照。陈先生告诉我，他画这些画的时候，先要同他们接近，听到他们一吆喝，就走出大门去看他们的工具、服装、举止神情，细加揣摩，而后下笔。我很喜欢他的这些画，例如水果挑，卖水果的挑子上插着一根笔直的鸡毛掸子，小贩手拿的烟袋荷包，这些小地方画得都非常细致，凡是老北京看见这一张画，都不觉要会心一笑。这幅画上题着："大个钱，一子俩，当年酸味京曹享，而今一颗值十钱，贫家那获尝新鲜，朱门豪贵金盘里，风味每得街市先，吁嗟乎，风味每得街市先。"一种不平之鸣，跃于纸上。骡车进香的画上则题着："有庙且随喜，不必有所图，看家小女儿，犒以糖葫芦。""不必有所图"一句，正写出了当年逛庙人的心情。最突出的是画里长长的两串糖葫芦和梳着"两把头"的旗装妇人，把当时的风俗情景，描绘得生动逼真。鼓书一幅画着拉的唱的，写出了当年串胡同的街头艺人，为了糊口，不得不在傍晚的时候挟着弦子、大鼓，冒着寒风沿门卖唱的悲惨情境，哪里会有人来同情他们被旧社会埋没、过着困顿的生活呢！陈先生还画了一些描写天桥杂技艺人表演的画，也都是身临其境去观察体验后才下笔的。陈师曾先生对当时社会上的形形色色做了观察，在他的风俗画里反映出来，他的目光是敏锐的，一种愤世嫉俗的心情是流于纸上的。从陈先生的画里，我们也看到观察生活对艺术家的重要作用，任何艺术都不能脱离生活，陈先生的风俗画继承了国画的传统技法，又有强烈的生活气息，而且有他自己的风格。观察生活是艺术工作者重要的习惯，我记得余叔岩就谈过他是怎么观察生活的，他和朋友逛公园，就对来往游人一个一个地打量，他能从游人的神情、气质中认出哪是军人，哪是商人，哪是读书人等。

齐白石先生常说他的画得力于徐青藤、石涛、吴昌硕，其实他也还是从生活中去广泛接触真人真境、鸟虫花草以及其他美术作品如雕塑等等，吸取了鲜明形象，尽归腕底。有这样丰富的知识和天才，所以他的作品，疏密繁简，无不合宜，章法奇妙，意在笔先。

我虽然早就认识白石先生，但跟他学画却在一九二〇年的秋天。记得有一天我邀他到家里来闲谈，白石先生一见面就说："听说你近来习画很用功，我看见你画的佛像，比以前进步了。"我说："我是笨人，虽然有许多好老师，还是画不好。我喜欢您的草虫、游鱼、虾米就像活的一样，但比活的更美，今天要请您画给我看，我要学您下笔的方法，我来替您磨墨。"白石先生笑着说："我给你画草虫，你回头唱一段给我听就成了。"我说："那现成，一会儿我的琴师来了，我准唱。"

这时候，白石先生坐在画案正面的座位上，我坐在他的对面，我手里磨墨，口里和他谈话。等到磨墨已浓，我找出一张旧纸，裁成几开册页，铺在他面前，他眼睛对着白纸沉思了一下，就从笔海内挑出两支画笔，在笔洗里轻轻一涮，蘸上墨，就开始画草虫。他的小虫画得那样细致生动，仿佛蠕蠕地要爬出纸外的样子。但是，他下笔准确的程度是惊人的，速度也是惊人的。他作画还有一点特殊的是惜墨如金，不肯浪费笔墨。那天画了半日，笔洗里的水，始终是清的。我记得另一次看他画一张重彩的花卉，他当时受了吴昌硕的影响，重用西洋红，大红大绿布满了纸上，但画完了，洗子里的水，还是不混浊的。

和我有往还的名画家，在作画的时候，各人有各人的习惯。

有几位照例先拿起笔来放在嘴里大嚼一番，接着就在碟里舔颜色，一会儿又在洗子里涮几下，有时还没有下笔，洗子就成五彩染缸了，这就和白石先生的习惯不同。据说，如果不这样，就画不好。我想，这也是有一定的道理的，当他们在嚼了又涮，涮了又嚼的时候，是正在对着白纸聚精会神，想章法，打腹稿。这和演员在出台之前，先试试嗓音，或者活动活动身体的道理是差不多的。

那一天齐老师给我画了几开册页，草虫鱼虾都有，在落笔的时候，还把一些心得和窍门讲给我听，我很得到益处。等到琴师来了，我就唱了一段《刺汤》，齐老师听完了点头说："你把雪艳娘满腔怨愤的心情唱出来了。"

第二天，白石先生寄来两首诗送给我，是用画纸写的，诗是纪事的性质，令人感动。

> 飞尘十丈暗燕京，缀玉轩中气独清。难得善才看作画，殷勤磨就墨三升。
>
> 西风飕飕袅荒烟，正是京华秋暮天。今日相逢闻此曲，他年君是李龟年。

又一天，在有一处堂会上看见白石先生走进来，没人招待他，我迎上去把他搀到前排坐下，大家看见我招呼一位老头子，衣服又穿得那么朴素，不知是什么来头，都注意着我们，有人问："这是谁？"我故意把嗓子提高一点说："这是名画家齐白石先生，是我的老师。"老先生为这件事又做了一首绝句，题在画上。有朋友抄下来给我看。事隔三十多年，这首诗的句子已经记不清楚了。一九五七年秋，我到兰州演出，邓宝珊先生备了精致的园蔬和特产的瓜果欢迎我们，席间谈起这件事，邓老把这首诗朗诵了一遍，引起我的回忆，更使我难忘和白石先生的友谊。

　　　曾见先朝享太平，布衣蔬食动公卿。而今沦落长安市，幸有梅郎识姓名。

　　白石先生善于对花写生，在我家里见了一些牵牛花名种才开始画的，所以他的题画诗有："百本牵牛花碗大，三年无梦到梅家。"

　　我绘画的兴致越来越浓，兴之所至，看见什么都想动笔。那时，我正养了许多鸽子，拣好的名种，我打算把它们都写照下来。我开始画了两三幅的时候，有一位老朋友对我提出警告说："你学画的目的，不过是想从绘画里给演剧找些帮助，是你演剧事业之外的一种业余课程，应当有一个限度才对，像你这样终日伏案调朱弄粉，大部分时间都消耗在这上面，是会影响你演戏的进步的。"我听了他说的这一番话，不觉悚然有悟。从此对于绘画，只拿来作为研究戏剧上的一种帮助，或是调剂精神作为消遣，不像以前那样废寝忘食地着迷了。

梅兰芳

自述

第 二 编

人物与交游

萧长华先生的艺术
劳动和道德品质

　　萧长华老先生，今年八十岁了。十二月二十八日是他老人家的生日，我幼年在"喜连成"搭班的时候，开始认识萧先生，到今天不觉已有五十多年了。当时萧先生在"喜连成"教戏，我在那里是借台练戏的。回忆当日的情景，萧先生每天和学生们一起上馆子，全神贯注在学生们扮戏、出台、卸装上。遇到分包或晚上的堂会，他也是等着散了戏和学生们一齐走，学生在台上如有差错或不到的地方，他一定认真地指点他们。他教学的范围很广，各行的学生都有。在我们旧戏班的教师里面，萧先生是文化程度比较高的，他把日常见到和听到的有关戏剧的材料都记在历本上，随时参考运用。他喜欢看书，研究历史人物，《三国演义》读得非常熟。在排演三国戏的时候，指导学生的唱、念、做，都结合着他阅读《三国演义》的体会。

　　在"喜连成"的时期，萧先生没有搭班，全部时间都是教戏。当时我虽然不是"喜连成"的学生，但是演戏的时候，萧先生也一视同仁地照应我。当时给我的印象，只觉得他一天到晚没有闲着的时候，也没有紧张得手忙脚乱的时候，没看见过他大喜欲狂，也没见过他盛怒凌人，总是小心翼翼、正襟端坐，但也很有风趣，偶尔也说些有关梨园掌故的笑话。他的记忆力特别强，对前辈的精湛表演，他能够绘声绘影地学给大家听，几十年前的事，时间、地点都不会记错。他在"富连成"给京剧界培养出许多名演员和无数的骨干演员，这是萧先生对于人民戏曲事业最大的功勋。

三十年前，我们"承华社"的丑角演员李敬山故去了，当时社里的丑行还有郭春山、慈瑞全、曹二庚、罗文奎等，这几位都是具有专长的丑角演员。那时候戏班里的习惯，每一个行当都分工很细，李敬山所演的角色，我就邀请萧先生担任。从那个时期开始，一直到一九五五年合作拍摄《醉酒》的纪录片，他始终是我的剧团里的重要成员。

萧先生在台上演出的剧目，可以说，凡是文戏里的丑角他无所不能，方巾丑和婆子戏，是他最拿手的。当年名小生王楞仙先生有一次演《群英会》，管事的打算派陆金桂扮蒋干，但王楞仙先生却从向来没演过重要角色的一般演员中挑选了萧先生，要求管事的派他扮蒋干；这当然是老先生独具只眼，提拔后进。后来这出戏果然成为萧先生的名作之一。还有《审头刺汤》的汤勤，也是他演得最出色的角色。方巾丑在丑行里是比较难演的，扮相、念白、动作方面都有一种特殊的风格；要表现出是一个读过书的知识分子，带点旧时代文人的酸气，但又不能过火；如果演得好，是颇有诗情画意的。萧先生就掌握了这种特点，才能演到恰如其分，深入角色。

萧先生除了和我合演的许多戏之外，他还常演《定计化缘》、

《连升三级》、《瞎子逛灯》、《老王请医》等等小花脸的单工戏，有时候同诸茹香合演《小过年》、《入侯府》、《变羊计》、《绒花计》、《荷珠配》等等花旦、小丑合演的生动有趣的小戏。

在"承华社"时期，我的戏前面有王凤卿先生的老生戏，尚和玉先生的武戏。这两出戏的时间足够我扮戏用的，所以在扮戏以前，象朱桂芳的武旦戏和萧先生的戏都是最爱看的。那时候戏班管事的常常强调半年"不翻头"（就是长期不演重复的戏）。萧先生的戏当然也不例外。我就在那些年中看了萧先生所有上演的戏。总的说来，萧先生演戏认真，精神饱满，对观众负责，没有单纯表现技术程式的倾向。

萧先生的戏曲教育事业的成绩，和表演艺术的成就，是人人皆知的。另外，关于他道德品质的高尚，一般观众可能还不大了解，这是值得提起的。多少年来，他非常关心戏曲界同人们在生活上的一切困难，他任劳任怨地办理很多与他个人利益无关的事，有时不但终日辛辛苦苦地奔走，还要自己拿出钱来帮助别人，渡过难关。举一个例子，像从前的"三庆班"、"四喜班"、"春台班"等，都有自置的义地，辛亥革命以后，这些义地渐渐埋葬得没有空隙了，有些贫苦的老演员死后没有葬身之地。萧先生好几次组织在经济上有力量的演员们出钱买地。他不但自己也出一份财力，还要加上自己的人力。在旧社会里，演员是被歧视的，也只有靠着同行的互相帮助，才能解决这些困难。

萧先生做了许多对戏剧界有利的事，但从不显示自己的功劳。我记得有一次在汉口演戏，一位武戏演员在台上摔伤病故了，大家凑钱给这位演员办理后事。萧先生演完戏刚要卸装，

第二编　人物与交游

· 127 ·

看见这位演员的家属，正走出后台，他一面摘网子，一面追出去，把一卷钞票塞到她手里。她连忙道谢着问道："您贵姓？"萧先生摆着手说："您赶快回去办事要紧，别管我姓什么。"他那一种出于至诚的热情是多么令人感动啊！

萧先生对于帮助别人是那样地热情，而自奉却非常俭朴。他多少年来性喜劳动，每天洒扫庭除，事必躬亲，出门多半步行，不轻易坐车，年纪已经很高，身体还十分康健，这无疑是从劳动中锻炼出来的。

解放以来，萧先生的情绪是特别兴奋的，他在我的剧团继续工作了一个时期，年纪已经七十几岁了，演戏仍然非常努力，到处受到观众的欢迎。人民政府聘请他担任了中国戏曲学校副校长之后，他对教戏，比从前在"富连成"的时候，更加起劲，还亲自为幼年的新生授课，一点也不嫌劳累。他晚年看到了社会上的大变革，对一切新事物认识得十分清楚。他热爱祖国，热爱党，老当益壮地为社会主义的文化建设事业贡献出力量。

萧先生的教学、演戏和高尚的品质，都是令人敬仰和值得学习的。我简单地写了以上这些感想，作为庆祝萧先生八十寿辰的祝词。愿先生青春常在，寿比南山。

（《戏剧报》，一九五七年第二十四期）

继承着瑶卿先生的精神前进

　　著名戏剧家、我们的师辈王瑶卿先生的逝世，是全国戏剧界无可补偿的损失。

　　王老先生在戏剧界工作了将近六十年，他继承了前辈优良的传统表演艺术，而且在这基础上不断地创造和提高。他以诲人不倦、忘我劳动的精神，培养了许许多多的戏剧工作者。他的卓越成就是为全国戏剧界所公认的。

　　我在四十多年以前就和王老先生相处在一起，共同过着舞台生活。在戏剧的钻研中得到他的启发和教育，使我的舞台艺术获得逐步提高和发展。我今天能有这一点成就，也是和王老先生对我的帮助分不开的。

　　我向他学习的过程，首先，是从观摩他的表演入手的。当年，他和谭鑫培老先生合作演出的时候，我有空就去看他们的戏，受到了深刻的影响。有些戏在不知不觉中，就看会了。在我表演这些戏的时候，他还经常不断地指点我许多窍门，把我引导到艺术的深处。另外，二本《虹霓关》的丫环，是他亲自教给我的。通过这一角色的学习，使我领会了如何掌握这一类型的人物性格。后来，我排新戏也得到他的帮助。像《西施》一剧，从剧本、唱腔以及场子的穿插，都经过他细心的整理、编排而后演出的。我记得当这个剧本脱稿以后，拿去请教王老先生，他说："摆在这里，我给你细细地看一看。"他一连三天，夜以继日地连改带拆的给我把《西施》剧本整理出来。等到排演的时候，他还亲自到我家里，对每一个演员都很耐心地指点了许多窍头。我现在每次演到这出戏，就会想起王老先生对我的好处。

解放以后，我和王老先生同时参加了中国戏曲研究院的工作。王老先生担任的是戏曲学校校长的职务。他和青年人有同样的朝气，很愉快地工作着。学生对他的亲敬如对慈父一般；他对学生的爱护也和对自己的儿孙无异。他贡献出他晚年的全部精力，为国家造就人才。最使我感动的是：当他得病的前夕，还给学生说戏和审查《天河配》的剧本。这种忠于艺术、忠于人民的精神，是值得我们作为典范来学习的。

最难忘的一天，是一九五三年九月十四日的下午三点钟，我到北京医院去探望王老先生的病。当我走到他的病床边，我们两个人的眼神刚一接触，眼泪就同时都流了下来。我们紧紧地握着手，他挣扎着想要跟我说话，但是讲不出来，只进出一点声音。他用眼睛望着我，用手指着他的嘴，接着双手一摊，叹了一口气。那意思说，我一肚子的技艺，从此只能带走了。从他凄怆的神情中，看出他丢不下他亲手培养的学生，丢不下文艺界的许多亲爱的朋友，丢不下花团锦簇的新中国。我看了他这种痛苦的样子，止不住泪流满面，但是，找不着一句适当的话语来安慰他。最后，我伏在他的身上，在他耳边说："我看您的病不要紧，只要安心静养，是会慢慢好起来的。我走了，过两天再来看您。"他听说我要走了，精神又紧张起来，使劲地抱着我，用手在我背上拍了几下，眼中已经没有眼泪，只是干号了几声。这时候，医生向我使了一个眼色，我只得怀着沉重的心情，慢慢地退出了病房。我问医生究竟王先生能否恢复健康，他说："王先生的病状是语言神经失去控制，左臂不能转动自如，需要长期疗养。"我听了他的话，脑子里就蒙上了一层阴影。

我离京以后，接到北京来的信，知道王先生的病已见好转，只是，仍旧不能说话。今年六月四日夜间突然接到从北京打来的电话，报告王老先生逝世的噩耗。晴天一声霹雳，使我神经上受了很大的震动，想不到医院一别竟成永诀。我现在含着眼泪写这篇纪念王老先生的文字，只不过简单地叙述一些我向他学习的过程，和他给我一生不可磨灭的印象。至于他在艺术上的创造和不朽的功绩，仓促间是无法写出来的。

王老先生虽然逝世了，他却永远活在全国戏剧界同志们的心里。我们必须继承他的精神，为发扬戏曲艺术和培养下一代的戏曲工作者倍加努力。

（《光明日报》，一九五四年六月二十五日）

第二编　人物与交游

追忆砚秋同志的艺术生活

程砚秋同志逝世一周年了。正当文艺界在"大跃进"中，风发云涌，气象更新的时候，我们戏曲队伍里失去这样一位思想水平、艺术水平都很高的红色战士，真是令人痛心的事。现在我想就他在艺术上走过的道路和成就来谈一谈，这对于青年一代的戏曲工作者应该是有所启发借鉴的。

砚秋的为人，一向正直、刚强、不怕困难、疾恶如仇。特别在解放后接受了马克思主义的思想，更使得他立场坚定，爱憎分明，成为一个为广大观众所热爱的人民艺术家。

砚秋在艺术修养上善于继承传统，但不为传统所束缚；善于鉴别精粗美恶，向京剧的前辈和兄弟剧种学习，能够巧妙地吸收他人之长，运用到自己的身上。他反对生搬硬套，机械地模仿，他认为这样做会促使艺术停滞、阻碍发展。他不仅具备了演剧才能，更重要的是刻苦钻研，力争上游，因此他对于音韵、唱腔、身段、表情都下了功夫来琢磨，创造出独特的风格，成为京剧青衣主要流派之一。

我们订交的时候，砚秋才十七岁。那时他刚倒仓，在家休息，罗瘿公先生带他来拜我为师，希望我对他有所帮助，我会给他说过《虹霓关》、《女起解》、《玉堂春》等剧。我每天给他留一个座，看我的戏，他每次看过戏后，常常向我提出一些表演艺术上的问题，彼此都收到切磋的功效。这位沉默寡言的青年，在稠人广众中是不喜欢夸夸其谈的；可是我们在对谈时他就能够说出许多有道理的见解，而不是人云亦云，随声附和的。他在谈到旧社会里一些不正常的现象时，往往会有讽刺、谴责的意味，但不是直率的谩骂，而是具有艺术家的幽默感的。

　　我们两个人在艺术进修的程序和师承方面是差不多的，像陈德霖、王瑶卿、乔惠兰……几位老先生都是我们学习的对象。由于我们本身条件的不同，所以根据各自的特点向前发展，而收到了异曲同工、殊途同归的效果。砚秋能戏很多，文武昆乱不挡，被他演得很出色的角色类型也不少，但他比较喜欢悲剧角色，演得非常成功。应该指出，这不仅是表演风格问题，更因为他的演戏目的是想把几千年来在封建统治下，被压迫的人民所遭受的苦难，通过舞台艺术的夸张和加工，形象地告诉观众。

　　一个天才演员，对生活环境的感受，往往能够通过舞台表演发泄出来，使观众受到感动。砚秋生在封建社会末期，幼年父母早亡，家境贫苦，从师学艺后又受到种种折磨，一个人受幼年的遭遇影响是很深的。他把记忆中的情绪发泄在舞台上，恰当地反映了那个时代被压迫者的呼声，所以能引起广大观众的喜爱。现在我着重谈谈他演窦娥这个角色的成就，这是他所创造出很多的生动人物形象中的一个典型。

第二编　人物与交游

· 133 ·

砚秋在台上扮演的窦娥与关汉卿笔下的窦娥都是那样鲜明、生动、真实。在关氏原作《感天动地窦娥冤》的第一段第一支曲子（仙吕点绛唇）里："满腹闲愁。数年坐受。常相守，无了无休。朝暮依然有。"这是剧作者在剧中主角刚一出场给她简单地勾出一个素描轮廓。我回忆起有一次在第一舞台我们大家演义务戏，我的戏在后面，前面是砚秋的《六月雪》，他扮好了戏，还没出台，我恰好走进后台，迎面就看见他那一副"满腹闲愁"的神气，正走向上场门去。演员具备了这样的修养，走出台去，观众怎能不受感动呢！皮黄老本的《六月雪》，以及砚秋加上结尾的《金锁记》和他最后根据关汉卿原著改编的《窦娥冤》，所有场子和词句虽然和关汉卿原作不同，但剧本的精神，角色的性格在本质上是相同的。关氏原作中法场一折的词句为："啼啼哭哭，烦烦恼恼，怨气冲天。我不分说。不明不暗，负屈衔冤"等等，砚秋在法场一段唱念表情中，把原作中生动简练的语言、内在的情感发挥得淋漓尽致。不但此也，原作公堂受刑和死后做鬼得到昭雪等场子，都是皮黄戏里所没有的（《金锁记》有公堂而未受刑），而砚秋在法场一段，把原作公堂受刑后最有力的台词如"一杖下，一道血，一层皮"，"想青天不可欺，想人心不可欺，冤枉事天地知，争到头竟到底，到如今说甚的。……"和做鬼后"万剐了那乔才……"这些唱词的含意，都通过形体动作和内心情感深刻地表现出来了。

砚秋的《六月雪》当窦娥被两个刽子手架着出场，身体的重心完全依靠刽子手的扶持，低着头，拖着缓慢的脚步，到了台中心猛一抬头，紧走几步，抢到大边台口念："上天天无路。"又低下头去，紧走几步，抢到小边台口念："入地地无门。"这几步走和几句简单的念白，配合着痛苦的面部表情，特别是看上去似乎微弱奄奄而实际则强烈有光的眼神，这些传统的表演程式，经过砚秋的再创造，就更加有血有肉地把窦娥当时一刹那复杂的心理状态，真实地表现了出来。

京剧（反二黄）的词句："没来由，遭刑宪，受此大难。看起来老天爷，不辨愚贤。良善家，为什么，反遭天谴？作恶的，为什么，反增寿年？"这显然是从关氏原作的唱词"为善的受贫穷更命短，造恶的享富贵又寿延。天地也，做得个怕硬欺软，却原来也这般顺水推船，地也，你不分好歹何为地！天也，你错勘贤愚枉做天！"中衍化而来。而砚秋这段（反二黄）却能够把窦娥心内的负屈含冤、愤怒不平的情绪从哀怨凄厉的唱腔中，委婉曲折地表达出来，发泄的像千尺飞瀑一般。砚秋的脑后音特强，在我们京剧旦角演员中是具有独特风格的，他的唱法充分发挥了天赋条件所有的优越性，而善于避免发音上薄弱的一环，运用偷气、换气，巧妙多样，行腔有时高亢激昂，有时若断若续，如泣如诉，这种音色和这种唱腔演悲剧是具有极大感染力的，所以像窦娥这一类型的角色，砚秋都演得格外动人。《六月雪》这出戏，我也演过不知多少次了，但比起砚秋却自愧弗如。

砚秋曾对我说过："我所演的窦娥和关汉卿笔下的窦娥，善良、正直、舍己为人的品质是相同的。所不同的地方是我演的比较端庄含蓄一些，而原作中描写窦娥的性格更泼辣些和外露一些。"我认为对于窦娥的舍己为人的传统美德，砚秋的表演和关氏原著是一致的，这是窦娥这个角色的主要方面，至于表演中窦娥个性的某些方面，演员是可以根据本身的特长，适当加以发挥，这在艺术创造上，也是允许的。但是，无论是正面的倔强，或者深沉的内在感情，仅仅是表示反抗形式的不同，至于反抗的实质却是并无差别的。

砚秋不但演技已达上乘，更值得提出的是他能进入角色，分析人物，把生活环境中自己的体验，总结出重点的材料来，储藏在记忆中，遇到和剧中人有共同点的时候充分发挥出来，就抓住了人物性格的基本特征。这是现实主义的表演法则，也是青年演员们应当向他学习的。

近年来砚秋由于身体发胖，而且多病，所以不能经常演出，但在教学和研究工作上还是非常努力的。他曾在中国戏曲学校担任讲课，并到各地考察戏曲情况，为戏曲界青年们做报告，说身段，讲字音、唱腔，诲人不倦，这可见他对于后一代的培养教育，也是特别关心的。

我怀念砚秋，不由得想起他的拿手好戏《六月雪》，随笔把我的感想写出来，聊当一首感怀词。其实他的保留节目很多，如《文姬归汉》、《青霜剑》、《鸳鸯冢》、《春闺梦》、《荒山泪》、《锁麟囊》……都是千锤百炼，活在戏曲演员和观众心里的。砚秋虽已逝世，他的表演艺术将永久在中国戏曲史上留下重要的一页。

（《戏剧报》，一九五九年第五期）

悼念汪派传人王凤卿

　　王凤卿先生自从得了"中风症"，行动不便，语言艰难，几年来，始终是带病延年。去年他的儿子少卿逝世后，我更担心他的病体。十月二十六日清晨，忽闻凤卿先生逝世的噩耗，多年来的老伙伴一旦永别了，我的眼泪不禁夺眶而出，悲痛万分。

　　四十六年前，我和凤卿一同到上海演出，他在艺术上对我的鼓励、扶植，向文艺界对我的揄扬、介绍，都是十分诚恳的。最使我难忘的是，有一天他拉住我的手说："兰弟，从现在起，我们永远在一起，谁也不许离开谁。"他已成名，我才初出茅庐，听了这话，怎么能不感动呢！此后长期的合作中，我们亲如骨肉，从无隔膜，数十年如一日。"九·一八"后，我从北京搬到上海，那时凤卿的身体不如先前，耳朵也更觉重听，因此不能同去，可是他的两个儿子都在我身边，少卿为我伴奏，幼卿给我儿子葆玖说戏。

　　解放后，我在北京见到凤卿，他发胖了。他对我说："我如今戒除嗜好，身体很好，就是耳朵越来越听不真，只得离开舞台；幸而人民政府照顾我，聘我为戏曲学校教授，待遇很优，学校照顾我的身体，无须经常授课，我无功受禄，心里不安。共产党尊重老艺人，令人感激，要拿旧社会来说，我们这一行不养老、不养小，像我这样，生活就成问题了。"

一九五〇年冬季，我开始写述《舞台生活四十年》，有些旧事记不清楚，常常到凤卿家里围炉夜谈，他帮我追忆，互相对证。

清末京剧老生有三大流派：汪桂芬、谭鑫培、孙菊仙。他们在艺术上都受到程长庚老先生的影响和培育，又都是根据本身的条件来钻研艺术，所以同源异流，各有千秋。所谓继承流派，并不是亦步亦趋，翻版套印，而是应该掌握表演艺术的特点和精神面貌，达到形神俱似的境地。我听过汪桂芬，却没有赶上程老先生。据老辈说，汪的嗓音很像长庚，他又曾为长庚操琴，因此对于程的唱念、做派都揣摩到家，终于独立门户、自成一派，但能戏不多，武工非其所长。我早年有一次在凤卿家里见到程派名票周子衡先生，谈起程、汪的艺术，他说："汪向长庚学到的东西实在不少，但大半是程晚年的唱法。程的唱法刚中带柔，沉着而又清灵，汪的唱法刚多柔少，清灵方面似乎略逊一着，这如同两个围棋高手对局，所差只是咫尺之间。"周子衡学长庚可以乱真。陈德霖先生曾对我说，他幼年学艺于三庆科班，是长庚的儿子程章圃的徒弟。长庚督导后辈向来严厉，大家都怕他。有一天，某处唱堂会，周子衡正在登台客串，他误以为长庚在唱，就和同辈追逐玩耍，忽然有人在他后脑打了一下，回头一看，原来就是师爷爷程大老板。某天周子衡清唱《天水关》，长庚在窗外窃听，频频点头。据老辈说，周子衡的嗓音像长庚，又花了几十年工夫，钻研程的唱法，所以汪、谭、孙都请教过他。他和凤卿素有来往，凤卿从他那里也得到不少的益处。

凤卿是在武生的基础上学老生，又进一步学汪派的，他和汪桂芬所走的艺术道路并不完全相同，因此他在继承中又有了发展。他不是从小科班出身，而是在家里延师教授，跟崇富贵练毯子功，请陈春元教短打戏——《蜈蚣岭》《探庄》《史文恭》，还请钱金福教过把子，向名师贾丽川学老生，因为嗓子高亢、沉郁近于汪桂芬，又钻研汪派。进入清宫演出后，又从李顺亭学靠把老生戏，还和当时的一些名演员不断切磋研究，获益甚多，称得起文武昆乱不挡。他对艺术上的见解，也有独到之处。他曾对我说："有了结实的功底，还要懂得戏理、戏情，老师口传心授之外，还要自己琢磨，从书本上也可以得到益处。遇到名师益友，千万不可放过，必须想尽方法把他们的好东西学到手。"他举《雄州关》为例说："我学过《雄州关》，听王楞仙说谭鑫培的《雄州关》有准谱，正好有一个机会，我就举荐谭、王合演一场。谭扮韩世忠，王扮韩彦直，旗鼓相当，精彩之至，我看了大有所得。这出戏在当时，谭久不演了，这个机会是不可多得的。"他又接着说："我正打算与王楞仙合演一次《雄州关》，不料他就在那次演韩彦直，因手拿双锤翻一个'拨浪鼓'（手中银锤和白的靴底一同准确地翻过去，身上圆而好看）闪了腰，从此得病，不久去世了。"后来程继仙参加我的承华社，我特烦继仙和凤卿合演《雄州关》，程是学王楞仙的，他们二人演得严丝合缝，无懈可击。

　　我和凤卿合作的时期，演出的剧目很多，讲究一两个月不唱回头戏，青衣老生的对儿戏里、新排的戏里、昆曲里都有他。现在只能举几个例子谈一谈：

　　《汾河湾》、《宝莲灯》两出戏，我们演得非常合手。他扮《汾河湾》的薛仁贵，神态凝重，能表达平辽王的身份，《闹窑》一场的身段、对白都准确、严密，能够灵活地用程式来表现生活。《宝莲灯》里，他最能刻画刘彦昌对两个异母的儿子的复杂矛盾的心理。这出戏的身段、对白处处讲究对称，王桂英与刘彦昌做一样的身段，说一样的话，可是两样的心理，必须针锋相对，势均力敌。凤卿的长处，不仅自己演得好，还能衬托同场的对手，内行所谓"给劲"，这样就更能把观众带入戏里了。

　　他扮《西施》的范蠡，初见西施，就表达出范蠡设计救国的忠诚和巨眼识人的智慧。后来范蠡升帐历数吴王夫差六行大罪时的神情，严肃而又洒脱，以范蠡的机智与夫差的愚昧作强烈的对比，末场《五湖》，范蠡、西施都作渔家打扮，从歌唱和身段中显出他们始而同心救国、终乃功成身退、一起笑傲江湖的快乐心情，使人感到这一桩英雄美人的故事是富有诗意的。

　　《太真外传》里凤卿扮唐明皇，他擅长"皇帽"戏，在外形上就适合这位风流天子的身份。唐明皇虽然晚年失政，以致有安禄山之变，但他究竟有开元、天宝之治，并且精通音律，亲自教授梨园子弟，如果单单描写他纵情声色，就不够全面。凤卿塑造这个人物，是考虑得很周到的，所以演来恰如其分。

　　他的昆戏也很有功夫，是和曹心泉研究的，在我的剧团里演过《长生殿》的《弹词》。我还欣赏他扮演《狮吼记·跪池三怕》里的苏东坡，他有文学修养，所以儒雅风流，举止咸宜。凤卿好结交文人和金石书画家,对古典文学和史书有兴趣,爱看《资治通鉴》,平日留心时务,如戊戌维新、义和团运动、辛亥革命……他都能谈,也爱看小说以及有关戏曲掌故的笔记散文,还喜收藏碑帖,家里是四壁图书,十分清雅。瑶卿先生曾对我说:"要谈舞台经验,我知道得不少,可是书本功夫,老二比我深。"

大家总以为王凤卿是汪桂芬的徒弟。我有一次问到凤卿,他说:"我和汪大头(汪的身材矮,头特别大,内外行都管他叫大头)的关系提起来倒很有意思。我当年在福寿班效力(效力是借台练戏,不开戏份的),我大哥瑶卿和汪桂芬同在清宫演戏,有一天,汪跑到福寿班听戏,正好我在唱。以后,他在宫里看见我大哥就说:'昨天在福寿看到一个孩子,嗓子、扮相都很好。'我大哥说:'那是我的弟弟。'汪接口说:'材料不错,有工夫我来教教他。'以后果然常到我家,教了我不少戏,《文昭关》、《取成都》、《朱砂痣》、《取帅印》、《战长沙》,还有老旦戏《钓金龟》……都给我说过。《朱砂痣》是从头到尾教的,有的戏,我先看他演,随后请他指点我。我们的关系好像是师生,可是始终弟兄相称。因为这个人的脾气非常古怪,如果郑重其事拜他为师,他就许一去不回头了。"说到汪大头的怪脾气,凤卿说:"他有一次应某王府堂会,戏码是《文昭关》,因为他常常临阵脱逃,戏提调就派两个人守着他,等他勒上网子,穿好靴子,看着他的人才去休息。哪晓得《昭关》刚该上演,他不见啦,王府管事派人四处去逮他,居然在一家酒铺里找着了,他一个人在自斟自饮,自拉自唱,酒铺门口围着许多人在听。王爷听说汪桂芬捉到了,就说,先叫他唱戏,唱完了再办他。可是等一出《昭关》唱完,王爷的气也消了,他安然离开了王府。他在宫内演戏，也不好好儿干，太监们为他常常受申斥，怕麻烦，就挑上我顶汪派戏。"

凤卿又曾对我说："汪的好处，吐字收音讲究，行腔浑厚大方，纯用丹田气和脑后音来唱。他的嗓子，高的地方如九霄鹤唳，宽的地方如万顷汪洋，低的地方如古寺晚钟，真是了不起，古人所说余音绕梁，回肠荡气，如饮醇醪等话，对他都用得上。他常唱的戏并不多，通共不过二十来出，其中还有两出老旦戏——《钓金龟》、《游六殿》。汪的老旦戏唱得好，有一次宫里唱《双六殿》，上下场门分摆两个城楼，汪桂芬、龚云甫都扮刘青提，同台双唱。汪唱老旦时，用嗓子的方法与老生不一样，发音收敛用高音多、用宽音少，合乎老旦的分寸。"我说："老辈善用所长，不唱没把握的戏，汪的戏是以少许胜人多许。我听说当他露头角时，谭、孙二位俱已成名，他还能一鸣惊人，可见他的玩意儿精能到家，无论哪出戏都能抓得住观众。他所以能够成为一家，不是偶然的。"

我与凤卿同台甚久，因此对他的唱、做有很深的印象。他的嗓音高亢而略窄，闭口音胜于张嘴音，所以唱词喜用"人辰、衣齐"辙。这些辙韵的唱法，口形偏于收敛，能够发挥脑后音的作用。他的"噫"字音，得到汪的诀窍，"啊"字音却不如汪，这也是和他天赋条件有关的。凤卿的咬字，坚实沉着，四声准确，唱腔干板垛字，不取花巧，这就掌握了汪派唱法的特点。下面我拿《文昭关》里一节表演谈一谈。

伍子胥在幕内先念"马来"，凤卿念得有韵味、有气魄，还给人从远道走来的感觉。出场后的（散板）"伍员马上怒气冲"，紧而不散。"逃出龙潭虎穴中"的"虎"字拉长，"穴"字使腔，"中"

字音短而有力，唱得简捷了当，符合伍子胥悲愤焦急的情绪。

"一言难尽"的叫板念白，"一言"二字较慢，同时望东皋公一眼，以拳捶桌，再用较快的尺寸念"难尽"二字，这样就把下面一段（原板）的尺寸向打鼓的交代清楚了。"恨平王……"一段（西皮原板），是《昭关》中脍炙人口的名唱，他唱得遒劲简练、气力充沛。"血染红"的"染"、"红"，均用单音，韵味高古，使听众如读法书古碑，淋漓痛快。

唱（慢板）时，斜坐，面对上场门台角，"一轮明月照窗前，愁人心中似箭穿"的唱腔和感情，都是收敛的，主要表现"愁"字。动作很少，在过门中，有时轻轻揉腿，眼睛时开时闭，微皱眉，眼、手同时微微转动，演出了伍员当时的郁闷、沉重、焦灼的心情。

"俺伍员好一似丧家犬"，提起劲来唱，利用"家"字阴平高唱的特点，使唱腔随着感情初步往外放一下。"满腹含冤向谁言"，劲头又弛缓下来。四个"我好比"，前三个的腔，变动很小，并且都走低音，但听上去不觉重复，因为他是从抑扬顿挫、轻重疾徐的方法上来表达伍子胥困在关内的压抑情绪的。第四个"我好比"的"比"字拉长一些，为的是和下面"波浪中失舵舟船"七个字一气呵成，这样，可以总结前面三个"我好比"的感情，显得行腔有起伏。接着"思来想去肝肠断"，这句的感情逐渐往外放，表现国恨家仇痛彻心肝，但每两个字都还是收敛着唱的，所以"断"字收腔仅用两板。"今夜未过又盼明天"一句起了承上启下、由（慢板）过渡到（原板）的作用，但还是（慢板）格式，这里的筋节，在于行腔与尺寸的掌握。

在这一段里，胡琴的衬托是非常重要的。王少卿托得巧妙灵活，所以几十年来凤卿就离不开少卿的胡琴。例如前面三个"我好比"的小过门和"思来"后面的小垫头，少卿都能随着唱腔，掌握尺寸和表达情绪。这里也别忘了鼓板的重要性，而板眼尺寸又决定于演员在唱、做方面的交代清楚。总之，唱、做、打、拉必须成为一个整体，才能收到应有的舞台效果。

下面唱工步步上升，紧而不促，险而不危，重而不滞，腔简韵厚。改（西皮）后变为轻快流利，以表现伍子胥有脱险过关的希望，也都深入角色，符合剧情。

一般提到凤卿的《昭关》，往往忽略身段神情，其实他的做工并不逊于唱工。此如前面所说唱"一轮明月……"（慢板）时，椅子虽然正摆在大边，身子却斜坐着面对台角，可以避免呆板，又为了表演方便，像望窗看月的动作，就把观众带入诗情画意里去了。

又如宝剑的处理问题，第一场，见东泉公时说到"愚下正是伍员"，脸上露出警惕的样子，轻轻按剑，一种以防不测的心情，在这一小动作中能够自然地表达出来。起更后的"搜店"（搜店是舞台术语，指戏中某些住店的客人，怕有暗算，所以四面察看一回，这里是借用这个名词），他轻轻拔出剑来，为的是怕有声音惊动主人，而姿势的熟练又露出武将本色。察看室内外情形时，宝剑横端灯后，以免晃眼，转身时，就用剑尖遮住蜡灯，为的是挡风。这些身段，凡是唱《昭关》的演员都会做，可是凤卿做得细致、明显而又合乎伍子胥的气派。唱到"我本当拔宝剑自寻短见"时，不唱哭头，也不频频下锣，只在过门中加大小锣各一击。唱"拔宝剑"时就准备拔宝剑，唱到"见"字，剑已半出鞘，开始做出要自刎的样子，甩开了胡子，头颈斜着微微往剑锋一凑，正赶头一下大锣，接着神情突然一变，认为自杀是懦弱的，马上振作起来，把宝剑入鞘，恰好赶上第二下小锣，并不来回甩胡子，因为思想转变快，唱腔尺寸快，多加动作和锣鼓，反而会冲淡紧张情绪。从这个例子就能看出，一个演员，不仅要能唱会做，同时必须熟悉文武场。凤卿对这方面十分讲究。少卿常对我说："给老爷子做活，直提溜着心，拉错一弓子都不行。"萧长华先生常说"一台无二戏"，这句话是包括演员、场面和所有舞台工作人员一齐在内的。

在京剧里演关羽戏的都宗徽派，前有米喜子、程长庚，后有王洪寿——三麻子。凤卿的关戏《战长沙》《华容道》宗程，唱念方面此汪桂芬略逊，但功架则此汪好看，因为凤卿有武功基础。凤卿曾与谭鑫培合演《战长沙》，凤卿扮关羽，谭扮黄忠。谭的《战长沙》也宗程，骨重神寒，与其他谭剧的风格不同。

凤卿先生的逝世，是戏曲界很大的损失。全国解放后，假使他身体健康，可以有很大的贡献，以他的造诣，不但能够多演戏，还能把艺术传给下一代。因为连年卧病，终于无法实现，这是他本人一直感到遗憾的，而我们也替他深为惋惜。虽然他生前没有收过徒弟，但是他的亲友当中同他研究过汪派，并曾向他请教过的人现在还有。他的儿子王幼卿在耳濡目染之下，也很懂得汪派的表演。这一流派在戏曲艺术上的价值是很高的，在百花齐放的今天，我们不能任其失传，还应该使它得到继承和发展。那么，用相当的力量，搜集有关汪派唱做艺术的资料，加以分析和研究，让他再出现在舞台上，以满足广大观众的要求，同时也完成凤卿先生未竟之志，就是我们今后应该做的事了。

（《戏剧报》，一九五九年第二十二期）

悼念王少卿

一九五七年十月间我从西安到洛阳演出，为我操琴的王少卿同志突然患吐泻症，找医生来诊治，吃了些西药，吐泻就止住了。这时，我因为要参加中国劳动人民代表团到苏联庆祝十月革命节，中止了旅行演出，赶回北京随同代表团出国，少卿趁此休息的机会，就找医生治疗肠胃病，吃中药，打金针，总未见效，呕吐腹泻反而加重了。我的爱人福芝芳关心他的病状，一再劝他到协和医院检查。从爱克司线查出肠内栓塞，需要开刀。那时他已经不大能进饮食，就由协和的外科大夫用手术割治，断定是一种恶性癌病。大夫特地告诉我们说："凡是眼睛看得到的、手摸得着的，我们都给他割掉了，但癌的余毒已经蔓延，怕要复发，我们不便对病人直说，请你们通知他的家属。"我们听了，十分难受。今春我赴京外旅行演出，他还挣扎着要同去，我们只得劝他在家静养，等病好了随后来。六月下旬我们回到北京，他已非常瘦弱，不能起床。七月一日十三陵水库落成的那天，我为劳动模范作慰问演出后回家，得到王少卿同志逝世的噩耗。一位和我合作了将近四十年的老战友，竟被万恶的癌症夺去了生命，使我悲悼万分！我现在以极其沉痛的心情来介绍他在艺术上的卓越成就：

少卿幼年继承家学，唱过老生，是名教师贾丽川的学生。后来喜爱胡琴，不断钻研，并向前辈学习。因为他生长在戏曲艺术气氛极其浓厚的环境中，耳濡目染，所接触到的都是戏曲界的名演员和名乐师，所以他的胡琴从开始就受到很好的影响，打下了稳固的基础。

他十九岁那年，正式出台为他父亲王凤卿先生伴奏胡琴。凤卿先生唱的是汪桂芬先生一派，像《文昭关》这出戏就不容易拉。伍子胥复仇救国的心情，不但要在演员的悲壮声腔和激越神情上表达出来，而胡琴的衬、托、垫、补也应该为演唱者增加强烈的气氛。一般有经验的琴师对这出戏尚且感到不易措手，而少卿以一个初出茅庐的小琴师由于具有耳快、心快、手快的天才，却居然能够应付裕如。当时场面上的前辈都赞许他是后起之秀，前途未可限量。

一九二三年，我排演《西施》，当时我感觉到，京戏的主要伴奏乐器只有一把胡琴，显得有些单调，想要使它丰富一些，就采用了古乐中的大小忽雷以及我们自己创制的各种形式的弦乐器，经过试验，效果都不够好，最后觉得只有"二胡"比较柔和。二胡是南方的乐器，过去京剧舞台上，只有像《荡湖船》等属于滩簧系统的小戏里才用它伴奏，一般京剧里是没有用过的。我们决定把它加进去，就由少卿担任二胡伴奏。在当年，场面上加进一件乐器，是一桩引人注意的事。少卿和我的琴师徐兰沅先生互相切磋研究，在这两种乐器的演奏方法上，作了缜密的安排组织。例如胡琴和二胡相差八度的关系上和繁简单双的交错配合上，都是通过不断实验而达到相得益彰的地步。《西施》演出后，当时有一部分较为保守的观众，曾用讽刺性的文字来反对这个新的创举，把它说成是"破坏成规"和"靡靡之音"。场面上的内行也认为二胡的声音掩盖了弹拨乐器的音响。但这些论调抵不过广大观众的日益欢迎，因此，很快地就在各剧团当中得到推广。几年之后，大部分的旦角戏里都采用了二胡伴奏。二胡运用到京剧场面里来，少卿不但是创始者，而且在托腔方面也起了示范作用。抗战前，我所灌的唱片，都是徐兰沅先生拉的胡琴，少卿拉的二胡，至今为内外行所一致称赞，说他们是珠联璧合。

大家都知道我当年喜欢排演新戏，每排一出新戏，首先要解决的是如何编制唱腔，少卿在这方面给我的帮助最大。我们在集体创造过程当中，徐先生是经验丰富，见闻渊博，少卿是思想敏捷，往往能够独出新意，敢于创造。经验告诉我们：有些唱腔在小声试拍时，听上去很好，到了台上，并不合乎理想；相反的，有些腔在低唱时并不出色，到了台上，反而很能动听。有时候由少卿操琴，我在屋里唱，徐先生到院子里去听，用这种方法来判断这段唱腔是否完美；也有我唱的时候，就发现一些问题，然后三个人再一起研究进行修改。总之，少卿所设计的新腔，基本上都是能够适用的，并且还有突出的地方，例如《生死恨》末场，他主张用（四平调），有人认为这种调子不适用于悲剧的高潮中，而他很坚持，同时他对编剧执笔的许姬传同志说："请您在写词儿的时候，尽量用长短句，越是参差不齐，越能出好腔。"剧词编成之后，经他在唱腔的安排上很巧妙地把反调与正调交错使用，表达出韩玉娘如泣如诉的哀怨情绪，连我这个扮演者都被这种凄楚宛转的唱腔所感动了。

少卿为我伴奏胡琴，是一九四八年开始的。我在抗战时期停止了八年演唱，后来重登舞台，就觉得在唱时气力运用不如从前，因此，我在换气、偷气方面下了功夫，和当年有很多不同之处，少卿能体会到这一点，在托腔时尽量使我不感到吃力。一九五三年的春天，我在天津工人文化宫演出，有一天演《别姬》，那天唱得很痛快。散戏后，我对少卿说："今天感到调门高一些。"他说："这一阵子我觉得您的嗓音很有富余，所以给您长了一点。自从去年由东北回来到现在为止，您已经长了一个调门，但我是一步一步试着给您长的，您已经六十岁了，不能不多加小心。"以上这些，可见他在工作中，对于我的表演随时密切注意着，根据实际情况来伸缩运用，使我能够顺利地完成任务。

少卿的指法、弓法，是深厚灵活兼而有之，有力量，有气派。他常对我说："每个音都要按得'鼓'起来，才有弹性，显得圆满好听。为什么有些人会拉'蹩'了呢？这就是由于指、腕的力量没有找到重心，所以听上去觉得呆板单调。"还有，操琴者讲究带字，譬如拉一个"工"字，能够带出别的音，就显得丰富有味，但要带得自然，如果为带字而带字，拖泥带水，堆砌臃肿，就没有意义了。少卿在这一点上是做得不多不少，干净大方。他的伴奏技巧，并不专在一字一音的细节上着眼，而是从整体出发，巧妙地烘托着唱腔的韵味，表现了精力弥满，大气磅礴的风格。

少卿的胡琴，在掌握速度方面也是有独到之处的。他有两句话最能说明这个问题,他说:"慢不等于'坠',快不等于'慌'。"这就是行话所谓"坐得住尺寸"。他不单是唱腔托得好,就连拉个牌子如《醉酒》里的(柳摇金)和《别姬》里的(夜深沉),也的确起着辅佐烘托的作用,增强了舞蹈气氛。总起来说,他在快的时候是从容匀净,慢的时候是紧凑绵密,特别是由快转慢、由慢转快的时候,都能够衔接无痕,使演唱者得以尽量发挥,毫无顾虑,达到血肉相连、舒畅和谐的境界。

少卿曾对我说:"我们在台上合作了这么多年,有时候唱的、拉的、打的几方面的心气都碰在一起了,这一出戏拉完啦,那种痛快的心情是难以形容的,但这种境界也不是每次都有的,还有时候想要格外卖力讨好,反倒显得矜持而不自然。"他这几句话都是从甘苦中得来的,我也何尝没有这种感觉呢?因为京剧的各种腔调,虽然有板位严谨地管住它,但这里面的快慢尺寸,抑扬顿挫,还是要由演员根据剧情的要求来灵活运用,不是千篇一律的。如果鼓师、琴师对演员的表演、歌唱不熟悉,就很难恰当地表达出剧中人的情感来。

少卿的胡琴艺术,是继承梅雨田(我的伯父)、孙佐臣两位大师的琴艺而以一种新的面貌出现的。他虽然尊重传统,但并不迷信前人,所以一开始就有自立门庭的志愿。他不断地吸收了滦州影、大鼓的曲调,运用到京剧胡琴里,丰富和发展了胡琴艺术。当时曾引起一部分内行的非议。其实他不是生搬硬套,而是能够消化运用,有所抉择取舍的。在初期的创造中,当然不免有矜才使气的地方,由于他的天资聪明和深入钻研,使这些外来的曲调逐渐成为自己的东西,而听众的耳音也习惯了。在戏曲界他有许多学生和同好的传播,影响也是不小的。

解放后，有我所灌的唱片和电台保留的录音胶带，大家可以从这些资料里，听到他的胡琴艺术已经由绚烂渐归朴素，达到炉火纯青的阶段。今天，像他这样富有创造力的戏曲音乐工作者，在培养下一代和示范演出等方面，正可以做许多事情，却不幸以恶疾终止了他的可贵的舞台生命，这不仅是我个人失去了一个好的合作者，也是京剧音乐界难以补偿的损失。

少卿同志虽死，广大的听众还在想念他的精湛艺术。我希望从事京剧音乐的同志们继承他的遗志，学习他大胆创造的精神，把艺术推向前进，为迎接社会主义文化建设高潮而努力！

一九五八年九月一日

（《人民音乐》，一九五八年第九号）

徐小香、康芷林的艺术创造①

　　当一九六一年开始的时候，我首先祝贺戏曲界的同志们身体健康，心情舒畅，在政治上有更大的提高，在艺术上有进一步的成就。解放以前漫长的岁月里，戏曲艺人们走过的道路是曲折而崎岖的，稍一不慎即堕入深渊，难以自拔，这里面不知毁掉了多少有前途的人才，说起来是辛酸难忍的。今天，我们有了党的领导，得到了思想改造、提高阶级觉悟的机会；同时，扫除了文盲，大家都有了一定的文化水平，对于分析事理、正确地理解生活、理解历史也有了指针。特别是党所培养出来的青年一代，得到前所未有的德育、智育、体育全面发展的优越条件。但我们的责任也比以前重大了，戏曲工作者必须通过优秀剧目的演出，从娱乐中鼓舞、感染观众，而起到教育作用，这就需要加强我们的表现能力，鲜明地反映事物，提高艺术作品的思想质量和艺术质量，于是继续加强思想改造，加强艺术

---

　　① 本文原题为《新年书红》。

修养，就成为刻不容缓的事。我想，前辈们埋头苦干、发愤图强的精神，还是值得我们学习借鉴的。现在就他们的艺术修养二三事谈一谈，作为新年书红。

戏曲艺术是一种细致复杂的综合性艺术。它要求每一个演员必须勤学苦练，一腔一调、一招一式都要做到像手工艺那样的精雕细刻，才能形象鲜明地表达主题思想和人物性格。我经过的艺术道路和大家一样，就是苦干，实干，而达到巧干。初学时跟着师父练习唱、做的基本工，那是特别需要下苦工的，这如同种田一样，首先有了深耕、细作，才能长出丰满的稻麦来。至于练工时的深、细的程度，是要由有经验的师父根据学生的条件来掌握的。出台后的实习，我认为先求稳当，次求变化，从千百次的舞台实践中积累了经验，同时，得到师父的督导切磋，并且不断看别人的戏，什么行当的戏都要看，看了好的戏，可以吸取经验，看了不好的，能够知道它的毛病所在，也有益处，久而久之，自己的表演艺术就逐渐起了变化，这种变化就是巧干的开始。内行有句话叫"开窍"，可以为巧字作一注脚。巧干不等于取巧，必须学养工深，水到渠成，才能"开窍"。巧是要从长期的勤学苦练的历程中得到的。有些聪明人一学就会，浅尝即止，沾沾自喜，结果是"小时了了，大未必佳"。有些人初学时好像笨拙，但经过不断的刻苦锻炼，一旦豁然贯通，就有左右逢源之乐。前人有句话"大智若愚"，我想再补充一句叫"大巧若拙"。这里我把京剧名小生徐小香先生的艺术修养和体现人物性格的深处，与川戏名小生康芷林先生如何使高度技巧与人物的思想感情相结合的艺术创造并起来谈一下，也许对戏曲演员学习前辈的艺术经验有些好处。

　　徐小香先生是京剧小生行的典型模范，这是内外行所公认的。据老辈告诉我，徐小香先生是吟秀堂潘家的徒弟，但他的艺术却得到京派名小生曹眉仙（曹心泉的伯父）的指导，同时又吸收汉派名小生龙德华的精华，树雄心，立大志，经过长期的刻苦锻炼，终于青胜于蓝，超过前人而卓然成家。

　　徐先生在家用私工，自拉自唱，反复研究字音、唱腔，一直到自己认为满意而止，甚至平常说话也用上韵的科白；还时时晃动头颈，练习翎子工；时哭时笑，连摔带滑；经常扎扮起来，对着穿衣镜仔细审查唱念身段神情；并研究看客喝彩的地方，何处得当，何处过火，记在心里，为下次再演时改正的准备。家人戚友看到，都笑他好像个"疯子"。他这样废寝忘食的练习达七八年之久，在"三庆班"演《三国志》博得活周瑜的称号，与程长庚先生的活鲁肃、卢胜奎先生的活诸葛亮齐名。

　　徐老先生退休回乡后，有一位票友专诚到苏州向他学《群英会》，为期一月。徐先生的教授法：前半月专讲《三国演义》里赤壁鏖兵时周瑜的人物性格和军事布置，以及与蒋干、诸葛亮、黄盖等的关系，后半月才教戏。最后，他戴上插翎子的紫金冠，把《打盖》一场的手眼身法步做给学生看，他边走边掏翎子说："你看，我要把周瑜痛惜黄盖用苦肉计受刑的意思，从翎子上做出来。"他还说："会唱戏的人，善于指挥身上的东西，得心应手，圆转如意；不会唱戏的人，就被东西拿住了。"

　　有些记载里曾说，徐小香扮周瑜，英武中有儒雅气，看他做戏，如饮醇酒一般。他的唱法用"龙调"（萧长华先生曾有专文谈过"龙调"），清华朗润，沉着圆健，与有些人的纤巧姿媚、近乎旦角的唱法不同。他有深厚的昆曲根底，出字收音都本中州音韵，非常讲究。有一位倪太史约孙春山、周子衡（专学程长庚唱法的名票）去听徐小香的《孝感天》，散戏后到后台约徐同到福兴居小饮，席间小香虚心请春山指教，孙很称赞他刚才唱的反调沉着苍凉，但低声在他耳边说："'共'字本音虽是去声，但这出戏里共叔段的'共'字是人名，要作阴平声念'公'。"小香站起来当着大家对孙春山深深作揖，称他为一字之师。从这件事可以看出前辈对艺术的认真严肃的态度和虚心好学的精神。

杨小楼先生曾谈过这样一件故事：得到徐小香先生真传的王桂官（楞仙）是徐的兄弟徐阿三的徒弟，他专学徐小香，常在前后台看戏，并且很尽心服侍这位师大爷。有一天徐小香备了酒饭，宴请三庆班全体同人，连检场看座的都一名不漏，他亲自端着酒杯每桌上敬酒说："我要告退（就是退出舞台）啦！多年来承诸位关照，今天略备水酒，聊表我一点意思。"但回到寓所后，对王楞仙说："本来我就要动身回苏州，可是为了你，还要在京里再住一年，你赶快学吧！"王楞仙当时感激得流下泪来。我没有赶上看徐老先生的戏，却看过王楞仙先生的戏，称得起文武昆乱不挡而又无一不精。例如，他扮昆曲《断桥》里的许仙，当唱到"行步紧"的时候，照例有一个"屁股座子"，但他起得很高，落下来，褶子的下摆平铺在台毯上如同张开的一把伞那样圆整，好看极了。还有《八大锤》的陆文龙，《镇潭州》的杨再兴，武工准确边式，翎子摇曳生姿，而演《牡丹亭·拾画叫画》的柳梦梅，却把这出独脚冷戏唱热了，特别是他那一对传神的大眼睛，使人感到柳梦梅所面对的画中人呼之欲出。

据老辈说，徐与王的比较，只有毫厘之别，那就是王的嗓音比徐略逊一筹而已。但徐不常演穷生戏，而王扮陈大官与谭鑫培先生合演《状元谱》，旗鼓相当，称为双绝。继承王楞仙的程继仙先生和我合作多年，从他嘴里也听到不少有关王楞仙的表演艺术的特点。

我早就听说康芷林先生在川剧界有“圣人”的称誉，他领导三庆会时，每天演完戏，就和演员们围座谈艺，他口讲指划，细针密缕地指出各人的优缺点，为下次表演时的借鉴。受他教育熏陶的人，都有收获。他的道德品质和艺术修养可以比美京剧界的程长庚先生，所以至今川剧界的同行谈起他来，还是十分景仰，津津乐道。

一九五二年的夏天，我在青岛演出，有一位喜爱川剧的于去疾先生和我谈起他看过康先生表演的印象和听到的掌故：康芷林初露头角时，与另一小生合演《蟠龙剑》，康那时还没有尖子（即翎子）工,就与这位小生打招呼,请他不要搬尖子（即掏翎）。哪料到了台上，对方还是照样搬，顿时相形见绌。康受了刺激，从此发愤练习尖子工。三年后，又和这个小生合演《蟠龙剑》，他不用手搬而自能翘起，压倒了对方。还有，康在《八阵图》里扮陆逊，在入阵前有蹓马身段，马饿走不动，陆逊拔双剑割草喂马，这里表演尖子工，或左或右，或前或后，要出二十四个“凤点头”式；单动双绕，划圆圈，分阴阳，要出十八个“太极图”形，他并不是单纯卖弄特技，观众能够从尖子的各种表演中，看出陆逊当时忐忑不安的焦急心情。困阵时，有“前杀”、“后杀”、“抢背”、“变脸”身段，唱完“一拜东吴仁义主，二拜吾师传兵书”后，甩紫金冠的身段，一般都须检场来凑演员，而康芷林则不用手抛，脖梗一挺，紫金冠即甩出，冠上翎子不乱，接着内衬罗帽随紫金冠飞起，同时甩发也直竖起来了，令人有怒发冲冠的感觉。及至检场把紫金冠抛来，他以手接住，百无一失，最后唱"我不擒刘备不回东吴"的"吴"字是康派著名的花腔，当时四川听众都能哼这句；随着锣鼓节奏，从身段中表现出陆逊脱险后的愉快心情和儒将风度。于先生并不是演员，他所描述的身段神情的部位层次，不一定都准确无讹，但从他讲说时那种眉飞色舞、手舞足蹈的兴奋神情来看，可以想到康先生给他的印象是如何深刻了。

于先生还说，川戏《焚香记·情探》一折，也是康芷林的拿手好戏。他扮王魁，当心口相商时，眉宇间神色的种种变化，都能曲曲传达出这个负义人良心与利欲两种思想斗争的复杂心情。扮敫桂英的周慕莲是康芷林的门生，受到老师的指点，试探王魁时的惨淡神情，盘马弯弓，欲擒故纵，表达了屈死幽魂恨和恋交织着的沉痛心情。他认为康、周的合作就把剧本的妙处发挥尽致了。

上面所举有关徐小香、康芷林两先生的一些事例，意在说明前辈的热爱艺术，深入角色，刻苦锻炼，发愤图强，尊师爱徒，薄己厚人，虚心好学，认真严肃的精神。同时，也理解到他们掌握了精湛的技巧，不是为卖弄一手，而是为剧情和人物性格服务的，所以创造出来的许多鲜明形象，至今照耀在舞台上，成为后辈的楷模。多年来，我从前辈那里学到不少东西，特别是他们的演员道德和艺术修养，对我有教育作用。因此，把我见闻所及的一鳞半爪写出来，以供演员同志们参考。

（《戏剧报》，一九六一年第一、二期）

鼓王刘宝全的艺术创造①

刘宝全先生晚年有一次到上海（一九三六），在"大中华"演唱（大中华饭店在西藏路，楼下有一个专门演唱曲艺的场子），我去听他的《长坂坡》，演毕，到后台向他道乏，并约他第二天到我家里吃饭。我还约了许姬传和我的两个学生作陪，就对他们说："明天请刘老吃饭，有几个意思，一则叙旧，二来要他谈谈京韵大鼓的源流，三是要请教他保护嗓子的窍门，你们帮我把他的话记下来。"

那天上午，刘先生带着儿子到了马思南路我家的客厅里，我扶他坐在沙发上，恰好对着壁上挂的我祖父巧玲先生写的一

① 一九六〇年十二月二十三日，中国音乐家协会、中国戏剧家协会召集首都艺术界同志开座谈会，对"怎样锻炼和保护嗓子"作了专题讨论。梅兰芳同志在会上发言后，就开始写这篇文章，以当年刘宝全先生的一席谈话为纲，介绍了他一生的艺术经验，主要是突出他练嗓、保嗓的方法。在写作中还和熟悉刘宝全鼓曲艺术的几位同志不断讨论研究，修改补充。一九六一年三月初稿写出后，即拟访问曾为刘先生伴奏三弦的白凤岩先生，而适值全国政协约写《戏剧界参加辛亥革命的几件事》稿，未能进行。梅先生逝世后，许姬传先生遵照他的遗志，将全稿面送白凤岩先生阅看，文中的按语，就是白先生看后所作的补充。又，文内小注是许姬传作的。

副隶书对联："知我便当良友待，斯人况以善书名。"他仔细端详了对上的句子，笑着对我说："您北京住过的几处宅子我都到过，您生下地办满月酒那天，我就到李铁拐斜街老宅里走堂会，光阴似箭，一晃四十多年啦。"我说："当年我的祖母和姑母常常对我谈起这件事，您是看到我长大的，真是好几辈子的交情了。"这时，我挽他到隔壁饭厅里吃饭。我们一边吃菜一边谈。

我说："我们这一界都爱听您的大鼓书，每逢家里有人过生日或者办喜事，总得请您辛苦一趟。我记得早年听别人唱的大鼓，字音带保定、河间的口音，所以称为'怯大鼓'，打您起才变了，讲究字音，怯味儿十去八九，'怯大鼓'变为'京韵大鼓'，是您的功劳。"刘先生谦虚地说："谈不上什么功劳，就是给我们这一行把马路放宽点，走道方便些。"

我接着说："以前大鼓书的唱法是平铺直叙，起伏不大的，翻高唱也是打您行起来的，比如《长坂坡》上场七言八句里：'……灯照黄沙天地暗，那尘迷星斗鬼哭声……。'这里'鬼哭声'翻高唱，就把战场上阴风惨惨、鬼哭神嚎的味儿唱出来啦。请您谈谈'怯大鼓'是打哪儿来的？您是怎么琢磨着改成现在的味儿的？"

刘先生说："'怯大鼓'是从直隶河间府行出来的，起初是乡村里种庄稼歇息的时候，老老少少聚在一起，像秧歌那样随口唱着玩，渐渐受人欢迎，就有人到城里去作场。早年最出名的是胡十，他的嗓子又高又亮，外号'一条线'。他先在直隶一带卖唱，以后到天津，就更红起来。"

刘先生接着谈他幼年学艺的情况。他说："我原籍是直隶深州，生在北京，九岁时就在天津学大鼓，因为我的父亲也是

第二编　人物与交游

唱'怯大鼓'的，我一边学大鼓，还爱拨弄三弦，我那时的身量还没有三弦高，定调门、转弦轴时，还要人帮忙。以后，我又改行学京戏，在天津科班里坐科，第一次到上海演唱，在台上出了点错，我非常懊恼，回到天津就拜一条线胡十做师父。胡十善唱文段子，他把玩意儿都教给我，发音用气得他的传授最多。还有两位老先生，霍明亮武段子唱得好，宋五的《马鞍山》是一绝，我都跟他们学过。"

　　按：白凤岩先生说，刘先生所说台上出错的情况是这样的：刘先生与师兄在上海合演《空城计》，师兄扮司马懿，刘先生扮诸葛孔明，当孔明在城楼上唱完"闲无事在敌楼亮一亮琴音"。下面弹琴一笑后应接"我面前缺少个知音的人"。刘先生忘了这句，净等司马懿接唱："有本督在马上观动静，……"而司马懿却等他唱这下句，彼此愣了一会，台下就有笑声。到后台，刘先生埋怨他师兄，师兄说："你缺了一条腿，我怎么接呀！"刘先生当时感到十分惭愧，就向他师兄道歉。以后改回来仍唱大鼓成了名。

　　白先生又说，胡十善唱抒情段子如《大西厢》、《蓝桥会》、《王二姐思夫》……。霍明亮擅长《战长沙》、《单刀会》……战争故事。宋五除了《马鞍山》外，《截江夺斗》、《火烧博望坡》也是拿手。这三位前辈的玩意儿，有极好的，也有一般的，可以说是金沙杂陈。刘先生披沙拣金地吸取了他们的菁华，发展创造而自成一派，直到今天还是京韵大鼓影响最大的流派之一。

刘先生继续述说受京剧界老艺人的指点和影响。他说："我在天津一带唱大鼓渐渐有点名儿,就到北京卖艺。谭老板(鑫培)的大儿子常听我的大鼓,有一天到后台来邀我到他家唱给他的老爷子听。那天我聚精会神地唱了两段。谭老板听完了,把我叫到他身旁,拍拍我的肩膀说:'唱得不错,好好儿干,有饭。'我请他指点,他说:'你是唱书,不是说书,还有口音带点怯,北京的有些座儿恐怕听不惯,作艺的讲究随乡入乡,你是聪明人,自己回去琢磨吧!'

刘先生谈到这里,神情激动地说:"'一字为师',谭老板这两句话,比金子还值钱。我以后就照他的话来改,我把怯味儿改成京音,唱腔也和弹三弦的反复推敲,让它细致大方,并且琢磨着连唱带说的气口,耍着板唱,这样,脸上的神气和身段也不同了,至于翻高唱,我是试着步儿来的,先偶尔用一两句高音,台下座儿很欢迎,以后就练高音,但是用三弦吊嗓,出音不够高亮,我有时兼用胡琴吊嗓。那时,我住在北京石头胡同天和玉客店,前后几条街住的都是梨园行名角,象谭家、'老乡亲'(孙菊仙)、龚云甫、宝忠的父亲杨小朵……我们都是朋友,我一边和他们往来,一边抓功夫听戏,琢磨他们唱、念、做派的韵味神气。我用胡琴吊嗓,大半唱《回龙阁》里薛平贵唱的'长安城内把兵点……'或者《打金枝》里,唐王唱的'景阳钟三响把王催'一段,有时还试着吊《四郎探母》'叫小番'的'嘎调'。"

我打断了他的话头说:"京戏里的'嘎调'是另一工劲,我陪谭老板(鑫培)唱过几次《四郎探母》,'叫小番'的'番'字,他使假嗓、炸音、微微带点沙音,'扭回头来叫小番'这一句完全用丹田气直喷出来,'扭回头来'下面不加'空匡'换气的锣鼓，叫人听了真解气。并且和杨四郎拿到令箭，急于回营探母的戏情抱得很紧。'嘎调'的音必须准确，如果够不到工尺，音就'黄'了，所以要用假嗓，使丹田气，懂得这个窍门，可以百发百中。大鼓里没有'嘎调'之说，可是您唱《大西厢》，'崔莺莺'三个字就等于嘎调，但大鼓是不能完全照京戏的嘎调唱的，您是从本嗓转到'立音'，好听极了。咱们内行所说的'音堂相聚'，就是真假音接榫的地方听不出痕迹来，没有真功夫是唱不上去的，您不但上去了，而且唱得那么悠扬宛转，真是不容易，有人说您的嗓子是'云遮月'，可以比得上谭老板，这句话一点也不算过分。我从幼年到现在，足足听了您三十多年，您在我家里走过多少次堂会，是来的客人都爱听您的大鼓，这位点一段，那位烦一段，您一天唱过大小六段，您的嗓子总是那么圆润清亮、韵味醇厚。您是怎么保养得那么好？请说一说。"

按：白凤岩先生认为刘先生的《大西厢》"二八的俏佳人懒梳妆"以及"崔莺莺"的唱腔,采用了梆子的腔调,但融化的好,听的人不容易觉察出来。

刘先生说："有句老话'干一行，怨一行'，我却不然，我是真爱大鼓，每一段里的每一个字、一个腔、一个音，我都细细琢磨过，张嘴大小和每个音应该从哪儿发出来，怎么使劲，都有准谱，这是巧劲，翻高唱可别使浊劲，要让人听了好像不费劲，才算玩意儿。梅老板您是懂得这个道理的，所以嗓子经久耐用，宽亮好听。我们靠嗓子吃饭的人，最忌使浊劲，不但听了笨，没味儿，而且还毁嗓子，有些人忽然嗓子哑了，就是没有找到用嗓子的门道，几十年来，我的嗓子只是比较上有点出入，可是没有哑到一字不出，我说得使巧劲，有个重要的关子，就是要会用气，第一要练丹田气，至于提气、换气、偷气……种种门道，都要下功夫自己揣摩。懂得养气的道理，才有长劲，唱个五六段是不会露馅儿的。"我接着说："您说得对，有句老话：'内练一口气'。我觉得嗓子好此喇叭、唢呐上的'哨儿'，要用气吹才能响的，像我们唱旦角这一行的，往往中年塌中，嗓子倒了，那并不是嗓子坏啦，其实是气力不足，催不动嗓子，所以高音就没有了，老辈常说蹓湾儿、吊嗓都是为了'长气'，这和您的说法是一样的。"

刘先生很高兴地双手合拢来一拍说："对啦，唱戏、说书全靠精、气、神，讲究稳、准、狠，必须要'开窍'，就怎么来都合适，窍门是要下苦工琢磨才能打开的，'天上掉下馅儿饼来'的事情是没有的。开了窍，还得练，不能缺工。我每逢上台的日子，早晨一定把当天所唱的段子，在弦子上过一道，一则溜嗓，二来温习词儿，几十年来从没有间断过。至于保养嗓子的办法，其实也没有什么秘诀，不过是饮食寒暖，格外小心而已。"

这时，端上一碗四喜肉来，我举箸夹了一块肉到他的碟内，刘先生把这块肉夹起来还敬我说："我一向不吃肥肉，如果一定要我吃下去，回头诸位到大中华听《刺汤勤》就是四喜肉味儿了。"他接着说："干我们这一行，和唱戏还不同，《二进宫》是唱工戏，可是三人轮流着唱，《玉堂春》虽然一人唱到底，也穿插着王金龙的唱、白，和布政、按察二司的问话，并且每一句慢板、原板里都有过门隔开，可以休息，而大鼓书的座儿是专为听唱而来的，身段表情只能作为陪衬，讲究一口气要唱几十句，嗓子有一点不合适就顶不下来。所以最怕嗓子起痰、咳嗽，吃东西就不能不特别小心，肥肉虽能养人，但是生痰助火，我的保养嗓子的办法，只是吃得清淡些，上台前不要过饱，晚场唱完后，才踏踏实实地吃一顿，烟酒辛辣我是一概不动的。"

我听了他的话，不觉悚然有悟，在旧社会里，有一种风气，剧团从北京到外码头旅行演出，主要演员须要拜客，当地的头面人物就设宴款待，这种应酬一直延续到演出后，如果请而不到，得罪了"大亨"、"闻人"，就会引起麻烦，我往往在出台前赶一两处饭局，虽然不敢多吃，但饮食方面却不能像刘先生那样一丝不苟地保护嗓子。

饭后，我们回到客厅里坐，我倒了一杯新沏的北京香片茶，递给刘先生说："您今天讲了许多经验之谈，我们增长了不少学问，您饮饮场，歇会儿再给我们开讲。"他笑着对我说："您享这么大的名，还是那么谦虚，真是了不起。说到学问，我的书本功夫有限，全靠朋友帮忙，我的座儿里，藏龙卧虎，真有高人，我常常请教他们，我现在讲一段故事给您听。"

刘先生喝了一口酽茶说："我初到北京的时候，认得一位做蒙古买卖的李三爷，他爱听大鼓，自己能唱，有时高了兴，在饭馆里唱一段，嘴里讲究极啦。我每次登台，他总在台下听，他手里托着水烟袋，闭目凝神，好像睡着了一样，听到得意的地方，微微点头，唱得不惬意时，就摇摇头，这就等于叫倒好。我在台上做活时，十分注意他的神气，唱完了就亲自到他家里去请教，他一点也不客气，哪句唱得好，哪个腔使得不合适，哪个字太浊，哪个字太怯，都告诉我，我记在心里，照他的话来改，受到益处可不少呀。"

我说："像李三爷肯说，您肯听，彼此都够交情。我刚出台时候，也是遇见几个热心朋友，我每天唱完戏，他们就到我家里，像师父教训徒弟那样，'摘毛'、"挑刺"，哪点儿神气不对，哪个身段别扭，哪个字音倒了，哪句词儿欠通……这位讲完，那位接着说，我都记下了。还有人看了戏写信来，也是尽挑眼，我记得初演《汾河湾》，接到一封信，有五张信纸，大意是青衣虽然要稳，但也不能太板，柳迎春更要会做戏，当年时小福演《汾河湾》的柳迎春，就从水袖里伸出手来做戏，称为'露手青衣'，他还按着剧情，出了许多主意，我再演时，有些地方就照他的意思做，接着第二封、第三封不断来信，就交上了朋友。"

刘先生说："李三爷的脾气，也是挺古怪的，必须再三追问，他才肯说，座中有他瞧着不顺眼的人，他像徐庶进曹营，一语不发的。"他沉吟了一下，接着感慨地说："李三爷的年纪比我大，早已下世去了。现在年轻人里有些爱听大鼓的，也用心往里钻，我的词儿都记熟啦，有时改几句词儿，或者换一个腔，他们都听得出来，像陈十二爷（彦衡）的儿子富年，就能操起鼓板唱一段，给您拉二胡的王少卿会弹三弦，杨宝忠拉四胡，他们三人凑在一起还真像那么回事。"

下面我们还谈到上海观众最欢迎刘先生的《大西厢》，大中华经常接到听众来信烦演这一段。他说："这是老段子，就听个口齿利落，我们称它为'数快嘴'，其实词儿透着有点贫，我并不爱唱这一段。我的段子一共分为三种，一种是老段子，照老词唱，第二种是经我手改动过的老段子，第三种是朋友和我商量着编词，我自己按腔的新段子，我比较喜欢唱改动过的老段子和新段子，因为我们曾经费过一番心血琢磨过的。"说到这里他对同席的许姬传说："干咱们这一行，离不开你们文墨人，我从前也有一个朋友庄荫棠，在笔墨上帮过我的忙。像《活捉三郎》、《徐母骂曹》、《白帝城》等段子就是我们一起研究的，别小看说书唱戏，这里面的人物多一半是史书上有名有姓的，要是张冠李戴把故事弄错了，或者念了白字，可是笑话，我再讲一段《白帝城》的故事。"我笑着说："我记得有一年旧历三月初三是我祖母的生日，您在我家里就唱过这一段。"刘先生说："那是第一次唱，过几天，张谬子在报上捧了这一段，接着我在大观楼唱这一段，很受台下欢迎。当（去声）年旧历十月十四日是我的生日，我的长座儿钟四先生（关岳森）用汽车把我接到家里，虽是堂会，也借此给我做生日。他是旗人，幼小就爱听戏，老拿着笔记本、铅笔，一边听，一边记，谭老板、杨老板（小楼）的戏，他是每场必到的，也爱我的大鼓，我们就交上了朋友。"

刘先生喝了一口茶，紧接着讲钟先生对《白帝城》在念字方面的意见。他说："那晚，我唱了《白帝城》、《截江夺斗》，还有一个小段子，唱完后，主人留我吃饭，在饭桌土我问他：'《白帝城》这个段子，我们最近才研究出来，只唱了几次，您听了怎么样？'钟先生说：'词儿腔儿都研究得好，只是有两个字恐怕念错啦。'我听他这样讲，心里有点不服气，因为这个段子我们是拿韩小窗编的'子弟书'来改编的，一字一腔，身段神气都细细琢磨过的，怎么会有两个错字呢？我就请教他哪两个字。他说：'当您唱到刘备对诸葛亮托孤的几句词：……这阿斗立业倾家无有定评，要可以保，先生你就操些心吧，如不可保，谨记孤言往爽快行，废皇儿，你就在州中登大宝，足可以上合天意，下顺民情。从上下文看，州中登大宝的州字，应该唱川字更为贴题。还有，刘备对阿斗的遗言：总而言之要紧要紧是门庭姓字，切不可倾覆社稷，玷祖辱宗，你活着时苦滋味全无就空活在世上，那赵子龙在长坂坡前就枉立了功。这句话里苦滋味全无的苦字不大好讲，恐怕是若字之误。'我细细琢磨，他的话有道理，这两句都是'子弟书'的原词，我们是按照'百本张'的抄本改编的，也许抄本子的人笔误，可见笔墨的事儿太深沉啦。"

姬传问他："《白帝城》是怎样改编的？"刘先生说："'子弟书'每回大半是八十句左右，而我唱的大鼓段子，总得半点钟上下才够数，所以要加点东西进去，开头七言八句：'壮怀无可与天争，泪洒重衾病枕红。江左深仇空切齿，桃园义重苦伤情。几根傲骨支床瘦，一点雄心至死明。闲笔墨小窗哭吊刘先主，写临危霜冷秋高在白帝城。'后面两句韩老先生还把自己的名字嵌了进去，很有意思，但我们觉得太文雅，怕有些座儿听不懂，就把这两句改成：'闲消遣，酒后茶余谈今古，唱一段先主托孤在白帝城。'下面我们加了一段是叙说刘备一心为关张复仇，不听诸葛亮的话。大战于猇亭，被陆逊火烧连营，幸而赵云将他救出，退守白帝城，以及病中精神恍惚看到关张的情节，下面衔接韩小窗原词：刘先主自知不能久于人世，立命人宣召太子与卧龙……只有几个字的改动，无非是为了唱的习惯而已。'子弟书'原名《白帝城托孤》，是从刘备得病起唱到'昭烈帝把心血掬干，神思耗尽。一声叹，满腔余泪，二目双瞑'止。我们在后面加了两句："驾崩时，先主六十单三岁，改建兴，幼主即位，五路进兵，那诸葛亮老先生扶杖观鱼，大显奇能。'"我说："您改得不错，把刘备不能从谏而失败的原因，以及死后的局面交代清楚，有头有尾，非常紧凑。"刘先生说："词儿可都是庄荫棠的手笔，他琢磨好了，拿给我看，我就哼着按腔，觉着哪儿要减两句，哪儿要加几句，或者这一句太短要加字，那一句太长得减短，还有这个字唱起来不响堂，某个字使不上劲，就和庄先生商量，请他照我的意思修改。庄先生不但懂大鼓，京戏也在行，高庆奎的《哭秦庭》就是他编的，所以他编的大鼓词，可以说是雅俗共赏，跟韩小窗的'子弟书'掺合在一起，并不输给前辈老先生。"

姬传又问他："您中年的唱法与晚年有什么不同之处？"他想了一下说："中年以前的唱法，垫字比较用得多，像昨天这段《长坂坡》，头里八句从前这么唱：古道荒山苦相争，黎民涂炭血飞红。灯照黄沙天地暗，那尘迷星斗鬼哭声。忠义名标千古重，壮哉生死一毛轻。长坂坡前滴血汗，使坏了（即累坏了）将军那位赵子龙。现在我把那尘迷……的'那'字，那位赵子龙的'那位'二字都去掉了，'使坏了将军赵子龙'，不是挺干脆吗，何必又要'那位'呢，垫字减少了，显得干净大方，可是不好唱，得有火候，才能唱得饱满。"他又接着说："虽说不宜多带零碎，有时还必须有虚字眼衬托，才能传神，像《闹江州》里，李逵见了宋江时唱：'莫非说，三哥你把小弟忘记了啦吗'下面大声念一个'啊'字，是说宋江不该忘记我这个朋友，等李逵说出姓名后，又用宋江的口气，和颜悦色地唱一个'喝'字，接着唱：'三爷伸手忙搀起，来来来坐在一处快划拳吧！'这里全靠'啦吗'、'啊'、'喝'、'吧'等虚字眼来形容李逵的爽快脾气，和宋江对待自己弟兄的亲热劲儿。"

我接口说："您的《闹江州》，我听过多次，《水浒传》写李逵、宋江是很用力气的，可是您把这两个人都唱活啦。您的板槽也真绝，在紧要关子的快板里，加几箭子鼓，就格外提神，有时弦子、鼓板都停啦，静听您干唱干说，可是拿手来拍板，尺寸一点都不差。还有，您在唱腔里夹一句像京戏里中州韵的念白，比如《长坂坡》里'那血水沟边，乌鸦乱叫，死人堆里，乱箭折弓，破帐房，锣鼓旌旗堆满了地，见几匹无鞍鞯的战马乱跳嘶鸣。''血水沟边'四个字，您'上口'重念，就把战场上的凄惨景象烘托出来，如同画龙点睛一般，您是怎么琢磨的？"

刘先生说："唱大鼓有两句口诀：'有板时若无板，无板时却有板。'所以必须有'心板'才掌得住尺寸，灵活好听。我的唱腔、鼓套子和弹三弦的伙伴，每一个音该怎么配，都仔细抠过的。大鼓虽是俗玩意儿，但我们要让各界的座儿，尤其是你们梨园行的'高人'点头，就得下功夫往细里琢磨，功夫是一天天、一年年积攒起来的。总之，天分、火候两样缺一不可。"他指着喉咙口说："没有本钱，不行，光有一条嗓子，不肯琢磨，也是白饶，如同一块翡翠石坯子，必须用刀子切开来，好手艺细细琢磨，才能变成翠绿玲珑的首饰、摆件。"

下面他对京戏的腔调、念白运用到大鼓里作了分析。他说："大鼓书一向在《马鞍山》里使用二黄腔，《南阳关》里唱一段西皮调，我是拾人牙慧，跟大家一样唱，至于大鼓里夹'上口'的念法，以前是没有的，因为我学过京戏，所以加进去了，但

第二编 人物与交游

· 169 ·

也只能在要紧的地方插那么一句，太多反而贫啦。我是记住谭老板那句话，'你是唱书，不是说书。'从那时起，我就琢磨着说说唱唱，唱里夹说，脸上的神气，身上的架子，手里的鼓板，随腔的三弦、四胡、琵琶、心气儿都要碰得上，才能成为一个整劲儿。"

刘先生特别指出，大鼓伴奏乐器的重要性。他说："大鼓书的三弦、四胡，如同京戏的胡琴、二胡非常要紧。早先给我弹三弦的韩永禄，好本事，以后他的徒弟白凤岩给我弹弦子，更可心，我们琢磨出不少新鲜的玩意儿。他师徒俩都是我的好膀臂，还有拉四胡的霍连仲，弹琵琶的苏启元也配得非常严。民国十九年我到汉口，很受欢迎，可惜在那里留下一桩恨事，跟我同去的场面韩德珍他会泅水，有一天竟淹死在一个很浅的池子里。我伤心极啦，那次是白凤岩弹弦子，韩德珍拉四胡，可是他的弦子也弹得好，这小伙子才二十来岁，可聪明啦，手里干净利落，记性又好，什么腔他一听就会，托得又活又严，他的玩意儿还在'长'（上声读如掌），要是干下去，未可限量，想起来，我那次到汉口真是得不偿失。"

按：白凤岩先生说，四胡的指法弓法不同于胡琴和二胡，霍连仲先生是大鼓调加四胡伴奏的创造者，而韩德珍当时是最有前途的青年乐师。

刘先生谈完这件事，神情十分伤感，我们就拿话岔开，请他谈谈"双簧"、"莲花落"、"八角鼓"的源流。他说："咸丰、同治年间，有一个唱双簧最有名的叫黄辅臣，此人相貌奇丑，还瘸腿，起初说评书，能学各种人、兽、鸟和街面上的叫卖声，车马声，后来就连学带做出了名。当时有句口头语'你学一个黄辅臣我看看'。以后就变为一人做，一人学的双簧了。徐狗子最出名，在座的都看见过，就不必细说了。

"'莲花落'最早的唱词是从《劝善金科》里面择出来的。用意无非劝人为善，以后才变为彩唱时装小戏，正式卖唱。"

下面刘先生从八角鼓谈到票友的来源，他说："'八角鼓'据说是征金川时，八旗子弟兵在营盘里唱的一种歌，并无拜师学艺之说，以后旗人子弟们清音消遣，有喜、寿事下帖子请他们来唱'八角鼓'，绝对不收报酬，他们有四句口头语：'义勇胜强，万寿无疆，茶水不扰，酒食自扛。'当年唱八角鼓的八旗子弟，都要领一张执照，称为'龙票'，这就是'玩票'的出典，凡是一同玩票的人，就称为票友，现在梨园行所谓票友，就是打这儿来的。"

刘先生感慨地说："庚子年，洋兵进了北京城，老百姓家里被鬼子们烧杀淫掠，旗人又不能按时领到钱粮，大半都穷了，以后就有'清票'、'荤票'之分。'荤票'是暗中拿钱的，梨园行也称暗中拿钱的票友叫'拿黑杵'。到了民国，唱八角鼓的都下了海，变成我们的同行。所谓茶水不扰的清票，已经没有了。"

刘先生还谈到"快书"，他说："早年北京东北城有一位唱快书最有名的叫奎松斋，嗓子好，气儿足，字眼清楚，有味儿。他本是京戏票友，善唱老生，有一年，我们一起在'庆丰堂'祭神，他唱快书《群英会》，择用京戏的身段做派，描摹鲁肃的神气好极啦，所以大家称他为'活鲁肃'，可惜早作古人，现在听不到了。"

我说："您讲的这些老人，我都没赶上，可惜早年话匣子还没有兴开，他们的玩意儿就失传了，我们就爱听您的唱片，您该多灌些片子，给后辈学学。"

刘先生微微皱了皱眉说："提到话匣子，我就怕灌片子，三分钟一面，就把我捆住了，有些段子的每一节，哪有那么凑巧，整整齐齐三分钟，长了只能减词儿，不够数，又得把下一节拼凑进去，这样唱一面，停一下，气就折了。唱大鼓不比唱戏，一个人要装出男女老少，文的武的，好的坏的各式各样的人，像今天唱的《刺汤》，一会儿要装雪艳，一会儿要装汤勤，要是尽惦记别过三分钟，就唱不出滋味来啦。"

接着，刘先生总结他的经验说："唱大鼓是用短短三四十分钟的时间（按刘宝全所唱段子，最长的是《单刀会》，约三百几十句），有头有尾地唱出一段故事来，我们虽不扮戏，却要装出生、旦、净、末、丑各种行当的人物，按着悲、欢、离、合的情节，把每个人的喜、怒、哀、乐唱出来。劲要长，气要沉，嘴里要清楚。一头一尾最要紧，初上场照例有几句闲篇，无非是说前面某人如何如何好，座儿是不会用心听的，这时不必使大劲，等说到今天唱一段……就要提起调门来。开场的七言八句必须把全场的神拢住。以后，该紧的地方紧，该缓的地方缓，切忌一道汤，气力要使在节骨眼儿上，就拿翻高来说，尽管台下欢迎，但要按在警句上才有力量。收尾几句，尤其要唱得饱满，和前面七言八句呼应，老的唱法往往干搁着就完了，我觉得收不住，像刚才我说的《白帝城》，照'子弟书'原本：'……一声叹，满腔珠泪，二目双瞑'打住，就显得'秃'，所以我们在后面加了两句，这样，腔儿缓下来，气儿也舒畅，让人听了觉得有余味，又可以听出是完了。

"至于做工，当然要从戏里去找门道，把许多好角的身段神气记在心里，择了用，原封不动搬过来是不成的，因为我们在台上是便衣素身，必须要自然，做过了火就贫啦，可是比划身段，或者亮个相，手、眼、身、法、步都要有准地方，脸上的神气要变换得快，劲头要打心里来，这样就把台下的耳朵、眼睛都拢住，让他们聚精会神地辨滋味。"

那一次和刘先生的谈话，对保护嗓子和艺术修养都给了我启发，而怯大鼓变为京韵大鼓的源流，也得到了线索。还了解到刘先生的京韵大鼓艺术表演体系的形成，得力于吸收京剧的表演艺术，而我们京剧界受到刘先生鼓艺的影响，也有不少生动的例子。据我知道言菊朋、马连良先生都曾下功夫揣摩刘先生的唱腔、用气、运嗓的方法而得到收获。马连良先生倒仓后的嗓音是偏低的，只能唱"扒"字调，由于钻研了京剧界诸前辈和刘宝全的用气、发音的方法，调门不断提高。我记得一九三〇年我带了剧团赴美旅行演出前，路过上海，曾与连良合演《四郎探母》，他的嗓音正达到高潮，够上正工调。当时戏曲音乐评论家陈彦衡认为，马连良的嗓子，符合"音堂相聚"的标准。所以直到今天他年已花甲，还能唱许多重头唱工戏。前辈中如谭鑫培、孙菊仙、龚云南、杨小楼、王瑶卿先生等，都是爱听刘宝全的大鼓书，并且吸收了他的东西，丰富了本身的艺术。

杨小楼先生的女婿刘砚芳曾谈起，在清末宣统年间，有一天，王瑶卿先生的母亲过生日，杨小楼先生去拜寿，进门时碰见刘宝全，就问他唱什么？刘先生说："您来了，我就唱您的拿手戏《长坂坡》。"那天，杨先生聚精会神地听了《长坂坡》，临走时对王先生说："人家这段《长坂坡》可比咱们'掩井'一场细致得多，您想想主意，咱们也往细里找找。"王先生说："好！您听我的信儿，我琢磨好了去找您。"以后，他们两位有一个多月没演《长坂坡》。王先生抓工夫，就把改过的"掩井"一场的词儿拿到杨先生家里，互相加工修改，身段神气也反复研究，精益求精，修改后第一次演出，内外行看了都说比以前细致生动，此后大家就宗这个路子演，成为定本。

我的琴师徐兰沅、王少卿两位先生都非常喜爱刘宝全先生的大鼓书，少卿能弹三弦，并且吸收大鼓的声腔和三弦、四胡的伴奏技巧运用到京剧里，当时也有人认为刘宝全的大鼓虽好，但究竟是一种说唱艺术，掺到京剧里未免贻笑大方。我不同意这种狭隘的门户之见，京剧一向是吸取各种曲调来丰富创造的，那么大鼓书何以不能采用呢？这要看运用得当与否，才能判断成败。少卿常说："刘宝全的口法、唱腔和鼓套子，风格高，技巧圆熟，白凤岩的三弦伴奏，高低，快慢，繁简，疏密的衬托垫补的技巧，也是极有成就的，这里可以看出是刘宝全与白凤岩的共同创造。"他的话是有根据的，我们知道刘先生精通各种乐器，弹得一手好琵琶，他曾在我家里表演过五音联弹。五音联弹是五个人组成的特殊伴奏乐队，连环换手操纵五种乐器，每个人必须一手弹或按自己所拿的乐器，另一手则弹或按他人手内的乐器，没有最熟练的技巧是凑合不上的。刘先生是一位"六场通透"的全才，因而他和伙伴们的创造能把大鼓艺术推向一个新的高峰。

徐兰沅先生说："刘宝全的大鼓，七成唱，三成说，而说的时候音乐性极强，给人的感觉还是在唱，学他的人，往往说多于唱，听上去味儿就薄了。"我从这一看法中理解到大鼓说唱的关系。刘先生得到谭先生的指点，灵活地运用了唱里夹说的方法，我们听了就觉得生活气息浓厚，人物形象鲜明，像《闹江州》里那些口语化的虚字眼，生动地表达了宋江、李逵的不同性格，但嘴里的口劲和抑扬顿挫的节奏，却听出每个字都是提着丹田气在唱。我想用"唱即是说，说即是唱"八个字来说明刘先生大鼓艺术的特点，也许是比较恰当的。

按：戏曲往往用"抑扬顿挫"来说明唱念的技巧。"抑扬"是指旋律高低的唱法，例如梅先生唱的《宇宙锋》（反二黄）"随我到闺房内共话缠绵"的"绵"字是低腔，必须提丹田气压着唱，声音才能圆厚沉着，灌满全场，把赵女的压抑苦痛心情传达给观众。又如《穆桂英挂帅》的（摇板）："难道说我无有为国为民一片忠心"的"忠心"二字是高腔，就需要提丹田气用"立音"才能高唱入云，使观众从声音方面听出穆桂英经过思想斗争，谋定后动的昂扬意志。"顿挫"是指唱腔的停顿转折，例如《顾误录》"烂腔"一条所说："字到口中，须要留顿，落腔须要简净，曲之刚劲处要有棱角，柔软处要能圆湛，细细体会，方能绝唱，否则棱角近乎硬，圆软近乎绵……"

白凤岩先生说："京韵大鼓的唱法，讲究'迟疾顿垛'，有四句口诀：'疾是快、迟是慢、垛起板眼唱连贯，顿住的词句如切断'。"与戏曲的术语"抑扬顿挫"连接起来，就可以概括歌唱方面的旋律、节奏、口法。杰出的歌唱家，都能够掌握这些技巧，如初写黄庭，恰到好处。

刘先生在京韵大鼓之外，还通晓其他曲艺，在我家里应堂会时，每当夜深客散，我们要求他唱一段梅花大鼓、快书，或者时调小曲，他也欣然歌唱。有一次，我去王瑶卿先生家拜寿，那天寿翁特烦刘先生唱一段（马头调），自弹琵琶伴奏，唱得清新脱俗，弹得指法讲究。但他在公开演唱曲艺的地方和一般堂会中是不唱这些的。他曾向我表示，"饭要大家吃，才是兴隆茂盛之道，我是唱京韵大鼓的，何必又抢别人的饭？"刘先生这种团结爱护同业的道德品质，不愧有"鼓王"之称，也是值得后辈学习的。

按：白凤岩先生说："'鼓王'的称号要打刘先生第一次到上海说起。那次我没有去，我师父韩永禄给刘先生弹三弦。事后，师弟钟少亭告诉我说，那时，大世界门口搭起'鼓界大王刘宝全'的电灯牌楼，有几位京戏班里的武行瞧着不顺眼，就约了同行到场子里准备叫倒好。那天唱的是《单刀会》，第一句：'三国纷纷民不安'唱完了就得了一个满堂彩。刘先生清亮圆润的嗓音，优美动人的唱腔，抓住了听众，那些预备叫倒好的人，也打心眼里佩服，不由自主地跟着大家叫起好来，认为'鼓界大王'的称号是名副其实的。"

白凤岩先生还说："刘先生的琵琶的确弹得好，韩永禄、苏启元二位老先生也都是能手，刘先生的弹法是从容缓慢的，韩、苏二位则弦繁调快，琵琶调极慢和极快都难弹。"白先生能模仿这三位的弹法，他在解放后还创作了一喜一悲两个琵琶调。1.《胜利的花鼓琴声》。是表现天安门前游行庆祝的情景，从燃放礼炮开始，以下逐段描写万众腾欢，及一队队兄弟民族游行队伍和文艺大军载歌载舞经过天安门主席台前的盛况。2.《剑阁闻铃》。是表现唐明皇遭安禄山之变，行经剑阁时的凄凉哀飒情景。分为八节：一、逃出长安马蹄声；二、寺僧接待钟鼓声；三、秋风卷起败叶声；四、雨打殿角铜铃声；五、檐前滴水声；六、夜半更鼓声；七、思念贵妃悲切声；八、恼恨禄山愤恨声。

白先生还说："刘先生不仅能唱（马头调）等各种小曲，还擅长'石韵'。当年世中堂（按即世续）家和继家堂会，总特烦他唱'石韵'，在馆子里是不唱的。'石韵'是一种近乎南方评弹的北方曲艺，又名'西城板'，因石玉昆唱得最有名，故称'石韵'，演唱时自弹三弦伴奏，用低弦高唱，唱腔只有那么几个，调子是比较缓慢的，所唱内容是《七侠五义》……小说故事，其中有说有赞。'赞'是描绘白玉堂、包公……的扮相神气，必须唱出'韵味'来才能传神。刘先生的嗓音甜润，有'醉人音'，我当年和他吊嗓，有时去晚了，刘先生在屋里自弹自唱'石韵'，我就在外间细细辨滋味，真好像喝了几杯多年陈酒那么舒服。我听梅兰芳先生唱《贵妃醉酒》的（四平调）也有同样的感觉，从他的'醉人音'里，就可以听出杨贵妃的醉意、醉态。刘先生在《马鞍山》里：'寒虫儿的声音，叫得那么叹煞人，'就巧妙地运用了'石韵'腔调。这个段子灌过唱片，梅先生有各个时期所灌的《贵妃醉酒》唱片，二位老先生人杳音留，我们只能从唱片里欣赏他们的醉人韵味了。"

在写稿时，我和熟悉刘派鼓书艺术的陈富年同志等，对刘先生的表演体系作了较为深入的研讨，归纳为以下六点：

（一）艺术生活化。刘先生的唱腔，大部分系生动的对话，并从对话中听出人物的身份、性格以及喜、怒、哀、乐的情绪，给人以艺术生活化的真实感，而身段神情也形象地、恰如其分地配合了他的说唱，同时，鼓板、弦子、四胡、琵琶的伴奏，还从音响中艺术地表现了生活，综合起来成为一套完整的表演体系。

（二）吸取姊妹艺术丰富创造。刘先生的唱腔，不仅吸取了京剧的口法，还旁搜博采其他姊妹艺术。他曾说，中年到上海后，开拓了见闻，对提高本身的艺术大有好处。他的唱腔的发展，可以拿早期在百代公司灌的《八喜》、《八爱》、《战长沙》、《马鞍山》，中期在高亭公司灌的《华容道》、《乌龙院》，后期灌的《单刀会》、《大西厢》来比较对照，能够听出他的腔调演变，前后大不相同，有力地证明他不断钻研，去芜存菁，千锤百炼，精益求精的革新精神。

刘先生常说，他的表演得力于京剧者十之三四。但从表面来看，一招一式，究竟是模仿哪一个名演员，并不能立刻指出，他吸取过来后，已经变成自己的东西了。我们从《宁武关》里，却看到一些痕迹。头二本《宁武关》是刘先生和庄荫棠根据韩小窗的"子弟书"改编的，二本的创作部分更多，辙口也从原本的人辰，改为江阳，这里采用京剧的身段神情比较显著，例如：周母唱到“我怎忍苟延残喘，沾染纲常”使用了一个极为新颖的悲腔，同时做出以手拉杖，撇嘴皱眉，很像名老旦龚云甫的神气。还有“你看他提枪上马，连抖丝缰，啪啦啦把马跚，前去赴疆场”一句中，他在“提枪”、“上马”连做京戏身段，并以足跺台板作响，造成紧张气氛，“连抖丝缰”作抖缰状，唱到“缰”字把头向右略偏，再回头探身向前唱“啪啦啦把马跚，前去赴疆场”，如巨潮出峡，一泻奔腾，却得到了名武生杨小楼的神韵姿态。

《宁武关》虽是刘先生拿手段子之一，因故事歪曲了农民起义，所以解放后，曲艺界不再上演。

（三）鼓套变化运腕灵活。大鼓书的鼓套子，以前受程式的局限，变化是不大的，刘先生打破了这种局限，创造了许多新套子，有些段子里还有专用的鼓套子，例如《马鞍山》里，“妲己女定下了一条阴毒计，周姬昌食子肉世子命归阴”，和《南阳关》里，“我不言长安城中发了兵将，再表表伍云召镇守在南阳”，下面的鼓套子，都是和随着尾腔落音造成的特殊过门相结合，从音阶的高低创造出新颖动听而又十分和谐的专用鼓套。他的打鼓技术，重在运腕灵活、所以“掏点”多。“掏点”就是“闪板”、“消眼”的错综花点，和弦子的弹拨声交叉配合，成为美妙动听的合奏。但他的花点非常经济，并不以热闹繁琐哗众取宠。还有“小搓”多，他能单手起“搓”，如同秋风扫落叶那样清快动人。总之刘先生的鼓点子准确、圆浑、灵活、经济，轻重缓急的筋节，都在腕子上，京剧名鼓师杭子和就曾揣摩他的腕法，手法运用到“单皮鼓”里，丰富了自己的打鼓艺术。

（四）开门见山、余音袅袅。刘先生的段子，往往开头七言八句或者四句就单刀直入，揭出本题，例如《草船借箭》，张小轩等均照传统老词"一治一乱圣人留，争名夺利几时休"唱起，刘先生认为这两句空泛不切题，就把它删去，开口即是"汉高祖灭秦楚龙争虎斗，传到了汉献帝那三国分头。曹操占天时称为魁首，孙权得地利驾坐龙楼。刘备为人和舍命交友，并无有栖身地在四海游。全仗着诸葛亮胸藏锦绣，他一计能使那孙曹两结仇……"《古城会》开头四句："大将思兄好伤惨，泪珠几点点洒胸前。五关连斩六员将，关夫子他千里寻兄送嫂还。"过鼓套子后接唱："来至在古城以外，吩咐声将二嫂嫂的舆车安置在松林内，……"即转入正文。《华容道》："三国纷纷乱兵交，四外里狼烟滚滚动枪刀。周公瑾定下了一条火攻计，诸葛亮借东风把曹操的战船烧。"四句概括了赤壁之战，鼓套后接唱："赤壁鏖兵那曹操逃了，武侯派兵前去挡曹。各路的兵将都派到，关公在帐下皱眉梢。"也是精简地很快就转入正文。刘先生虽然主张套言不叙，开门见山，但却喜欢用款慢的唱腔作结，令人感到余音袅袅，回味无穷。又如同读一篇佳文好诗，起承转合，章法井然。

（五）创作改编的得失。据刘先生说，他会唱的段子，约有七八十个，常唱的却只有二十几段。这些包括文武的段子，在唱腔、表演方面，都经过精雕细刻，脍炙人口，这里不及胪举。现在就他创作改编的《活捉三郎》《白帝城》《徐母骂曹》、《火烧博望坡》四段提出一些看法。

《活捉三郎》是辛亥革命后，刘先生和庄荫棠合编的，它和"子弟书"以及杨庆五改写的大鼓本子都不一样。刘本开头不从故事说起，却讲了几句闲话：

> 那天堂地狱两般虚，要在人的行为是非曲直。凡事总离不开因果二字，总有那讲今比古、说书唱戏，也无非是惩戒人心，分别善恶，可莫要您哪信以为实。早年间在梨园排过一出戏，可是平板的（二黄），后半出是（西皮）。戏名儿叫《乌龙院》，是梁山的一段故事，其中的报应循环甚出奇。

下面才进入本题："有一人姓宋名江绰号'及时雨'……"开场八句，虽然还"离不开因果"、"报应循环"等迷信说法，但从"那天堂地狱两般虚"，"可莫要您哪信以为实"这两句中，可以看出刘先生受辛亥革命的影响，思想上起了变化。他在编写这个段子时曾对朋友说："说书和唱戏还不同，它是对台下座儿讲一段故事。现在提倡破除迷信，我们在台上却把鬼形容得活灵活现，那可不合适，所以我们在头里加上这几句，下面从京戏谈到大鼓，就交代清楚了。"还有，刘先生的《活捉三郎》和"子弟书"的《活捉》，对宋江的看法也有所不同。"子弟书"：

> 大宋徽宗用蔡京，权臣当道乱朝廷。黎民四海遭涂炭，寇盗八方起战征。七星劫去生辰纲，一笔拖出磊落情。演一回婆惜活捉张文远，分明是笑骂宋公明。

刘本《活捉三郎》，叙述宋江"杀惜"的过程是这样的："……

第二编 人物与交游

这个阎惜姣相识了一个张文远，是宋江的徒弟。她岂不知公明与三郎有师生之谊，喝！因此上这就巷论街谈，人言啧啧，哎呀！此事却被那宋江知。这一天，三爷偶然到乌龙院中去，因抬杠，气恼匆忙把反书失。婆惜下床忙捡起，她故意的借书挟制把宋江逼。吓坏了三爷魂不附体，上楼去反倒好言好语把她姎及。哪知道婆惜要害三爷一死，怒恼了英雄顿起杀机。……"

拿这两个本子对照，就不难看出，"子弟书"是没有刘本进步的，刘本认为宋江杀阎婆惜是为了怕泄漏梁山的反书，被迫而顿起杀机，就事论事来判断"是非曲直"，所以这个段子的创作是成功的。

《白帝城》的改编经过，在刘先生的谈话中，已经具体介绍了，我们认为这个段子是极为精彩的保留节目，特别是，末尾加那两句："驾崩时，先主六十单三岁，改建兴，幼主即位，五路进兵，这位诸葛亮老先生扶杖观鱼，大显奇能。"不仅文字概括生动，对这样一个悲剧性的故事，却能以乐观主义精神作结，可以看出执笔者的才华，当然，刘先生的表演，更大大丰富了台本所描写的人物的精神状态，这就是"戏捧人，人捧戏"的具体表现。

《徐母骂曹》这个段子也是刘先生和庄荫棠合编的，虽然刘先生的表演有创造，但故事性不强，为之减色。例如结尾，徐母拿砚台砍曹操，曹操要将她推出问斩。徐母仰天大笑，戛然而止。拿文章来说，这种不了了之的结构，别具一格，可是观众却希望知道徐母的生死存亡的结果，因此就不甚感兴趣了。

《火烧博望坡》也受到台本的限制，前半段叙述曹操追问诸葛亮的历史占了三分之一的时间，中段刘备与孔明共商破曹之计，又去了不少时间，最后烧坡时，反而无法施展，只能草草结束，以刘老之多才，亦不能尽量发挥，可见结构非常重要，戏如不能捧人，人也无法捧戏了。

刘先生晚年曾对关岳森谈起，正在着手编写《风波亭》，还说本子脱稿后，要拿给他看。这时庄荫棠已死，他与何人合作，不得而知，可惜这个段子始终未能与听众见面，否则，刘先生塑造的岳武穆的英雄形象，一定是正气凛然，异常深刻的。

（六）声乐创造的卓越成就。刘先生对练嗓、保嗓，数十年如一日地作了不倦的努力，这是人所共知的了。同时，他在声乐上的创造，也有很大的成就。他自己揣摩出的一套发音规律，能从最低音一气喊到最高音，由本嗓转入半假嗓，直到假嗓的"立音"，中间听不出转换痕迹，分不出孰真孰假。大鼓调多用"立音"是从刘先生开始的，戏曲演员们听了极为佩服，说他做到了"音堂相聚"。因此他一生保持着低音珠圆玉润，高音响遏行云的标准水平。这里关键在"气"与"音"的配合。陈彦衡先生在《说谭》总论中对用气有精确的论点，他说："夫气音之帅也，气粗则音浮，气弱则音薄，气浊则音滞，气散则音竭，鑫培神明于养气之诀，故其承接收放，顿挫抑扬，圆转自如，出神入化，晚年歌声清朗如出金石，足征颐养功深，盖艺也而近乎道矣。"

我们感觉到谭、刘二位艺术大师的歌唱，都是提丹田气使它徐徐吐出，运用胸、喉、鼻窦、脑后各部音指挥如意，通体舒展，发生"共鸣"作用，而达到歌声清朗，如出金石的境界。

刘宝全先生曾谈到唱法要用"巧"劲而不能使浊劲，谭鑫培先生的唱法，当年也有人认为是"巧"唱。现在我们研究他们的声腔时，对这个"巧"字的含意，却不可误解为偷腔、耍板，一味取巧，那就会走向华而不实的靡靡之音。刘先生认为唱戏、说书全靠精、气、神，讲究稳、准、狠。我们理解，"稳"字指的是板眼，他的板眼虽然错综变化，"有板时若无板，无板时却有板"。但用手试拍，丝毫不走。"准"的特点是合弦，所唱的每一个音能够与弦子弹出的工尺丝丝入扣，不爽毫黍，同时不许有一个"黄"音。"狠"字诀窍在口劲上，唱到紧要关头，斩钉截铁，锋利无比。从这三点来看，与偷油、取巧毫无共同之处。他所特别指出的"开窍"，就是"巧"字的注脚。谭先生曾对陈彦衡先生说："《碰碑》既不好唱，又不好拉，鼓也不好打。老令公的第二场，（反二黄慢板）那么长，中间没有缓气的地方，又接着一大段（快三眼），从'金沙滩、双龙会'起，胡琴、鼓板就要一点点催快，唱到'大郎儿'很自然地成了（快三眼），如果打的、拉的不合适，唱起来可真费劲。"陈先生说："现在刘鸿声唱《碰碑》，（反二黄慢板）'我父子倒做了马前英豪'后，加（长锤）歇气，从'金沙滩'起改唱（原板），就不费力了。"谭先生跳起来说："真有这个事吗？嗐，岂有此理！这样唱虽然省力，可是气折了，戏也散啦！"可见他是严格要求艺术的完整性，决不偷工、惜力、取巧。刘先生的嗓音始终保持标准水平，谭先生晚年调门反而提高，这是由于他们掌握了用气、发音的最科学的方法，所以能宽能窄，能收能放，刚柔相济，操纵自如。例如，刘先生在《长坂坡》里唱到"……我的儿你要乳吃吗？你那小肚儿空"，"小肚儿"三个字的音就一步步低下来，而"空"字用了一个最低的音来形容糜夫人痛惜阿斗挨饿的母爱，这里完全用丹田气压着唱，音虽低而灌满全场。下面唱到"猛回头赵云的马到土墙东"的"马"字，用花脸的炸音拖长一板，声震屋瓦，雄伟非凡。

又如谭鑫培先生唱《天雷报》，当张元秀因张继保不肯认他时所唱："未开言不由人泪汪汪，儿子老爷听端详……"一段（二黄摇板），就用沉郁凄凉的悲音收敛着唱，念到最后几句道白："世人不可手无钱，有钱无子也枉然。我今无子又无钱，恩养一子接香烟。身荣不把恩父认，逼死恩母在庭前。抱男抱女世间有，愚者愚来贤者贤。奉劝世人休继子，报恩只在二百钱。"他把嗓音收缩得更为低沉幽细，来形容张元秀的气阻咽喉，但全场却听得非常清晰，而"二百钱"三字重念就突出了这个老人临死时吐出的一口冤气。他唱《战太平》华云的（导板）"叹英雄失势入罗网"的"网"字，《南天门》曹福所唱（导板）"虎口内逃出了两只羊"的"内"字，都有石破天惊、排山倒海的气势。

上面这些叙述探讨，对刘宝全先生鼓曲艺术的继承、发展、创造和在声乐上的卓越成就，还是不够全面的。但希望戏曲、曲艺界的同志们通过这些经验，能在练嗓、保嗓以及艺术交流的方法上，有所借鉴，尤其是青年一代的演员同志们，应该遵循着前辈们走过的正确道路，更好地向前发展。

（《曲艺》，一九六二年第二期）

第二编　人物与交游

《谭鑫培唱腔集》序

谭鑫培先生是一位承先启后、综合各家的京剧艺术大师。他继承了程长庚、余三胜、王九龄等前辈的艺术，并且更广泛地向昆曲、梆子等剧种吸取养分。他在接受这些传统艺术的基础上，巧妙地结合本身的条件，融会贯通，发挥他的创造才能，把京剧老生艺术提高到一个全面发展的新阶段，成为直到今天还是流传较广、影响较大的流派之一。

谭先生的全部表演，特别是唱腔，有人把它说得高不可攀，神秘莫测，这是一种错误的看法。其实，谭先生的艺术也是通过勤学苦练，不断钻研，才达到了独树一格的高超境地。他总是仔细体会剧情，分析人物性格，从唱腔中表达出剧中人当时的思想感情，深入地刻画人物，所以每个戏的唱腔都经过反复加工锤炼，决不雷同，即以《汾河湾》与《武家坡》来说，就各有专用的唱腔，不相混淆。

我和谭先生合演过《汾河湾》、《四郎探母》等剧，体会到他的晚期的唱腔完全表现了炉火纯青的高度艺术修养，诸如发音的凝练、口齿的犀利以及气口运用的巧妙等等，都是令人敬佩的。我通过和他合作、观摩，得到很大的益处。

我在幼年时就认得了陈彦衡先生，他和我的伯父雨田先生经常在一起研究谭老的唱腔，有时候把一些精彩唱段写成工尺谱，作为研究的根据，后来又加以整理成为专集，刊行问世，如《戏选》、《说谭》、《燕台菊萃》……京剧之有较完美的曲谱，这是一个创举。

陈先生对京剧音乐造诣很深，对谭腔不仅仅是模仿，而且更能条分缕析，发扬精蕴，从他的著作中可以得到证明。谭先生逝世以后，有许多谭派老生如余叔岩、言菊朋等向他请益，他也能因材施教，满足他们的学习愿望。谭腔的发展与普遍流传，和陈先生的辛勤劳动是有密切关系的。

陈先生的儿子富年，我们是总角交，他继承了家学，对旦角的唱腔也有深刻的研究。近来在朋友的协助下，把他父亲的遗著重加编排，译成简谱，并根据原作的批注中有关谭老的唱做神情等特点，作了详细的阐述，使它更为明显易解。这一批曲谱将由中国戏曲研究院编辑出版。我认为它不独可以有助于系统地研究谭腔唱法，同时对戏曲工作者继承遗产、推陈出新都有重要的参考价值。

一九五八年十月

第二编　人物与交游

昆剧《文成公主》序

昆剧《文成公主》这一剧本，是许宝驹先生编写，俞平伯先生校订的。剧本以唐代文成公主入藏的事迹为题材，体现了汉藏两民族一千多年以前在经济、文化上的关系，这是一个很有价值的历史剧。

文成公主的故事，流传已久，《新唐书》里有记载，唐代大画家阎立本画的《步辇图》，就是描绘吐蕃使臣禄东赞来见唐太宗替赞普弄赞求婚的事情，现在首都历史博物馆还存有宋人摹本。这一个人物——文成公主在我们的历史上是斑斑可考的。在西藏方面，拉萨（布达拉宫）和大昭寺还保留着据说是从唐代遗留下来的她的塑像，布达拉宫里有公主成婚时的洞房和她带到吐蕃的乐器和文物。西藏民间流传着许多有关文成公主的故事。西藏人民最爱唱的一首民歌叫做《唉马林儿》，就是歌颂文成公主的，在藏剧里，也有《文成公主》这出戏。今天的藏族人民对古代的一个汉族妇女这样的爱戴，完全是因为她在文化生活、物质生活各方面曾经给了西藏人民很大的影响。当时有大批的汉族工农群众和技术人员，随同进入吐蕃，使当地人民学会了算学、历法、医药、工艺、建筑、音乐和法律等等知识——这些都是汉族劳动大众所积累的宝贵经验。藏族人民歌颂文成公主，也就是歌颂汉藏两民族从古以来的团结友爱精神。

剧本全部共分七幕，从文成公主赴吐蕃途中开始，一直到建寺礼佛、与众百姓见面联欢、栽柳纪念为止，中间还有奸相通敌、叛乱平定的穿插。从场子的安排和文字的组织来看，它能够把藏族人民念念不忘的英雄形象和有声有色的珍贵史料结合在一起，用很生动的手笔刻画出来，不仅辞藻富丽，而且声调铿锵，便于歌唱，这可以看出剧作者的精通曲律、擅长文学。通过这出戏,向观众有力地说明了汉藏两民族悠久的历史关系，足以粉碎帝国主义者和西藏叛乱分子所说的"西藏不是中国领土"的谬论。

一年多以来，各剧种纷纷排演《文成公主》，受到了广大观众的关心和热爱。在北京，继话剧、越剧之后，昆曲界又放出了一朵鲜花，这是非常可喜的事。

最后，我对文成公主这个角色的表演，有这样的看法：我们应该从她的热情、干练、机智、勇敢这几个方面深入体会，可不要演成和番的王昭君、陈杏元那种样子。王、陈两人是怀着忧郁愤恨的心情而出国的，文成公主是抱着加强汉藏两民族的团结的志愿，准备在吐蕃作出一番事业。剧作者在她刚离开长安的时候，写了一些思乡念亲的感慨，这也合乎情理，据我想，像她这样一个有着雄心大志的人物，是不会老把离情别绪摆在心上的。

一九六〇年六月于北京

忆泰戈尔

正当中国文艺界和印度人民热烈纪念印度诗人泰戈尔（Rabindranath Tagore）诞辰一百周年的时候，我不禁想起三十七年前泰戈尔先生访问中国时，和他接触的一些情景。

泰翁到北京的前夕，在济南对教育界的朋友讲了话。中国作家王统照为他翻译，并作了介绍说："泰戈尔先生的演讲，不同于一般的政治家、教育家、演说家，譬如一种美丽的歌唱，又如一种悠扬的音乐，请诸君静听，方知其妙处。"

泰戈尔以洪亮清越的声音，热情洋溢地说：

"我爱你们的热烈欢迎，大家所以欢迎我，大概因为我可以代表印度人……

"今天我用的语言，既非印语，又非华语，乃是英语，这言语上的隔阂，最为痛心。而诸君犹不避风沙很热心地来听我说话，由此可证，我们之间有一种不自觉的了解，譬如天上的月亮，它照在水上、地上、树上，虽默无一语，而水也、地也、树也，与月亮有相互的自然了解和同情。

"我在杭州,有朋友送我一颗图章,上刻'泰戈尔'三个字,我对此事很有感动。印度小孩降生后,有两件事最要紧,第一要与他起个名字,第二要给他少许的饭吃,然后这个小孩就和社会发生了不可磨灭的关系。我这颗图章上刻着中国名字,头一个便是泰山的'泰'字。我觉得此后仿佛就有权利可以到中国人的心里去了解他的生命,因为我的生命是非与中国人的生命拼作一起不可了……"

泰翁的真挚而亲切的语言,感动了全场的听众。

在北京城里许多次集会中,使我最难忘的是一九二四年五月八日那一天。泰翁早就选择了北京来度过他六十四岁的寿诞,而我们也早就准备为他祝寿,排演了他写的名剧《齐德拉》(Chitra)。

是日也,东单三条协和礼堂贺客盈门。祝寿仪式开始,泰翁雅步入席,坐在第三排的中间,我坐在他身边,有机会细细端详他的风采。他头戴绛红呢帽,身穿蓝色丝长袍,深目隆准,须发皓然,蔼然可亲。

梁启超先生首先登台致祝词,他说:

"……泰翁要我替他起一个中国名字。从前印度人称中国为震旦,原不过是支那的译音,但选用这两个字却含有很深的象征意味。从阴暗雾雾的状态中霍然一震,万象昭苏,刚在扶桑浴过的丽日,从地平线上涌现出来(旦字末笔代表地平),这是何等境界。泰戈尔原文正合这两种意义,把它意译成震旦两字,再好没有了。从前自汉至晋的西来古德(古德就是古代有道德的高僧),都有中国姓名,大半以所来之国为姓,如安世高来自安息便姓安,支娄迦谶从月支来便姓支,康僧会从康居来便姓康，而从天竺—印度来的都姓竺，如竺法兰、竺佛念、竺法护都是历史上有功于文化的人。今天我们所敬爱的天竺诗人在他所爱的震旦地方过他六十四岁的生日，我用极诚恳、极喜悦的心情，将两个国名联起来？赠给他一个新名叫'竺震旦'。（全场大鼓掌）我希望我们对于他的热爱，跟着这名字，永远嵌在他心灵上，我希望印度人和中国人的旧爱，借竺震旦这个人复活过来。"

泰戈尔被簇拥着走上台，对中国朋友致谢词，大意说，今天是他最高兴的日子，因为他有了象征中印民族团结友好的名字，他将不倦地从事中印文化的沟通，并诚恳地邀请中国学术界的朋友到印度，在他举办的国际大学（Visva-Bharti）讲学。

接着，中国文艺界的朋友用英语演出了泰翁的名著话剧《齐德拉》，林徽音女士扮演女主角齐德拉。泰翁捻须微笑。他对我说："我希望在离开北京之前，看到你的戏。"我说："因为您的演讲日程已经排定，我定于五月十九日请您看我新排的神话剧《洛神》，这个戏是根据我国古代诗人曹子建所作《洛神赋》改编的，希望得到您的指教。"

以后，泰翁与他的同伴——国际大学艺术学院院长、名画家难达婆薮（Nandalal Bose），和印度其他一些著名学者在北京轮流作了各种专题演讲，受到学术界的欢迎。

有一次，我听泰翁演讲，题目是《巨人的统治——扑灭巨人》，当他说到亚洲人受西方人的压迫掠夺已非一朝一夕时，下面有几句话是极其振奋人心的。他说："吾人往者如未破壳之雏鸡，虽在壳中亦有隐约光明，但限度极小，世人疑我等终不能脱壳，但吾人自信必能破壳而出，达到真理最深处。"

五月十九夜，我在开明戏院（现在的民主剧场）演出《洛神》，招待泰翁观剧。我从台上看出去，只见诗人端坐包厢正中，戴绛色帽，着红色长袍（按此为国际大学的礼服），银须白发，望之如神仙中人。还有几位印度学者也都坐在一起，聚精会神地看完了这出戏。泰翁亲到后台向我道谢说："我看了这个戏很愉快，有些感想，明日面谈。"

泰翁定二十日夜车赴太原。那天中午，我和梁启超、姚茫父等为泰翁饯行。泰翁来时，穿中国的黑绒鞋，我问他习惯否，他说："中国的鞋子柔软轻松，使双足不受箍勒压迫，是世界上最舒服的鞋子。"他还告诉我："前几天到汤山小住，温暖的泉水涤净了我身上的尘垢。在晨光熹微中，看到艳丽的朝霞，蔚蓝的天，默默地望着地上的绿草，晓风轻轻摇撼着刚从黑夜里苏醒过来的溪边古柳，景色是使人留恋的。"停了一会，诗人若有所思地说："那天在郊外闲游，看见农民蹲在田垄边，口含旱烟管，眼睛望着天边远处，颇有诗意。"

席间泰翁谈到《洛神》，他对我的表演作了鼓励，惟对《川上之会》一场的仙岛布景有意见。他说："这个美丽的神话诗剧，应从各方面来体现伟大诗人的想象力，而现在所用的布景是一般而平凡的。"他向我建议："色彩宜用红、绿、黄、黑、紫等重色，应创造出人间不经见的奇峰、怪石、瑶草、琪花，并勾勒金银线框来烘托神话气氛。"以后我曾根据泰翁的意见，请人重新设计《洛神》的布景，在不断改进中有很大的提高，但还没有达到最理想的程度。

泰翁认为，美术是文化艺术的重要一环，例如中国剧中服装、图案、色彩、化装、脸谱、舞台装置，都与美术有关。艺

第二编 人物与交游

术家不但要具有欣赏绘画、雕刻、建筑的兴趣和鉴别力，最好自己能画能刻。他还告诉我关于他学画的故事说："我一向爱好绘画，但不能画，有几次我在诗稿上涂抹修改，无意中发现颇有画意，从那时起我就开始学画。"

竺诗人说："我的侄儿阿伯宁·泰戈尔（Abanindranath Tagore）是印度艺术复兴运动中的先锋，孟加拉国画派的创始人。他画过以法显、玄奘两位法师到印度取经为题材的《行脚图》。可惜这次没有带来。"

竺诗人即席介绍印度名画家难达婆薮，他说："婆薮先生是阿伯宁·泰戈尔的继承人，孟加拉国画派的杰出画家，我所著的书，装帧、插画，大都出自他手，他对中国画很有兴趣。"

泰翁还谈到几天前和中国画家联欢座谈，交换了意见。他问我："听说梅先生对绘画曾下过功夫。"我告诉他："那天出席的画家如齐白石、陈半丁、姚茫父……都是我的老师。"我指着茫父先生说："我爱画人物、佛像，曾画过如来、文殊、观音、罗汉像，就得到姚先生的指导。"

饭后，我向难达婆薮先生求画，他欣然命笔，对客挥毫，用中国毛笔在槟榔笺上画了一幅水墨画送给我，内容是古树林中，一佛趺坐蒲团，淡墨轻烟，气韵沉古。可惜当时没有请教所画的故事题材，后来我在画上以意为之地题作《如来成道图》，什袭珍藏，直到如今。

有人问泰翁：听说诗人对绘画、雕刻、歌唱音乐无所不通，此番听了《洛神》的音乐歌唱有何感想？他笑着说："如外国莅吾印土之人，初食芒果，不敢云知味也。"我们乍听这句话，不懂他的含意。座中有一位熟悉印度风俗的朋友说：芒果是印度果中之王，吃芒果还有仪式，仿佛日本的"茶道"（日本人请朋友喝茶，主宾都有一定的礼节，称之为"茶道"）。泰翁以此比喻，是说中国的音乐歌唱很美，但初次接触，还不能细辨滋味。

梁启超先生问泰翁："这次诗人漫游中国，必有佳句，以志鸿爪？"竺诗人答："我看了《洛神》，正在酝酿一首小诗，送给梅先生。"大家见他凝神构思，都不去打扰他。他先在手册上起稿，然后用中国笔墨作细书，写在一柄执扇上，原文是孟加拉国文，又自己译成英文，落了我的款，签上他的名，并兴致勃勃地用孟加拉国语朗诵了他的新作，我们虽不懂印度话，但从他甜软的声音，鲜明的节奏里，就有月下清梵，泉鸣花底的美感，我向泰翁手里郑重地接过扇子，向他深深地道了谢。

夜间，我们到车站送行，彼此都有依依惜别之情，我问泰翁这次到北京的感想，并盼他再来。他说："两三年后我还要再来，我爱北京的淳朴的风俗，爱北京的建筑文物，爱北京的朋友，特别使我留恋的是北京的树木，我到过伦敦、巴黎、华盛顿，都没有看到这么多的栝、柏、松、柳。中国人有北京这样一个历史悠久而美丽的都城，是值得骄傲的。"在汽笛长鸣，飙轮转动的前几分钟，竺诗人紧紧握着我的手说："我希望你带了剧团到印度来，使印度观众能够有机会欣赏你的优美艺术。"我答："我一定要到印度来，一则拜访泰翁，二是把我的薄艺献给印度观众，三来游历。"

一九二九年春，泰翁曾重游中国，到了上海，诗人回国时，宋庆龄先生主持了隆重的送别仪式，并赠送他一批中国的土产礼物，其中有一套手工精制的泥质彩绘脸谱，最为泰翁欣赏。而我于一九三五年访问苏联后，漫游欧洲，考察戏剧，归舟路过孟买，登陆小憩半日，但始终未能践泰翁之约。直到中国解放后，中印两国文化交流才大有发展，印度文化艺术团体曾不止一次地访问中国，一九五四年冬，中国文化代表团，访问了印度。在新德里、加尔各答、孟买、马德拉司四个大城，演出了京剧，受到印度广大人民的热烈欢迎。李少春同志回国后告诉我，他们在孟加拉邦寂乡（Santiniketan）访问了泰戈尔先生的故居，我缅怀诗人风采，为之神往。

今年的暮春，在纪念泰戈尔先生百年诞辰的前一些日子，我把珍藏已久的那柄纨扇找了出来，请中国科学院文学研究所的吴晓铃、石真同志来推敲泰翁原作的精神。石真同志曾在泰翁创建的印度国际大学的泰戈尔研究所里工作过五年，是一位精通孟加拉国语和泰戈尔文学的专家。

石真同志接过扇子，细细赏玩泰翁的亲笔题诗，她首先称赞书法的精妙。她说：泰翁的书法，为印度现代书法别创了一格，他的用笔有时看似古拙，特别是转折笔路趋于劲直，但他却能用迂回婉约之法来调剂，寓婀娜秀隽于刚健之中，给人以峰回路转，柳暗花明的感觉，而整体章法又是那么匀称有力，充分表现出诗人的气质。

当然更吸引她的还是那首诗，她情不自禁地用孟加拉国语吟哦起来。我想起三十七年前泰翁亲自朗诵佳作的情景，现在又第二次从听觉上感受到诗人的亲切语言和深厚友情。石真同志当时就把这首诗译成现代汉语：

亲爱的，你用我不懂的

语言的面纱

遮盖着你的容颜；

正像那遥望如同一脉

缥缈的云霞

被水雾笼罩着的峰峦。

她告诉我："这是一首极为精湛的孟加拉国语的即兴短诗。这类的短诗，格律甚严，每首只限两句，每句又只能使用十九个音缀，这十九个音缀还必须以七、五、七的节奏分别排成六行。更有趣味而别致的是，这类的短诗正像我们的古典诗歌一样，一定要押韵脚，而且每行的'七'与'七'之间也要互叶。"这不由得使我想到中国旧体诗绝句，要在短短的二十或二十八个汉字的限制以内，集中而概括地写出真挚而变化多端的思想感情来，是需要艺术才能的。

石真同志说："泰翁对我们的古典诗歌是十分称赞的，诗人虽然不懂汉语，但是他读了不少英语翻译的屈原、李白、杜甫和白居易的诗篇，并且时常在著作和讲话里征引，这首短诗的意境，便很有中国的风味。他非常形象地用云雾中的峰峦起伏来描述他所热爱而又语言不通的国家的艺术家那种纱袂飘扬、神光离合的印象，他感觉到美的享受，但又不十分了解戏中所包含的复杂的感情和心理状态。"她认为，诗人似乎有意识地选择这样的形式，并在这首诗的写作方法上，尽量让它接近中国风格。

更使我感动的是，吴晓铃夫妇还谈到：在泰戈尔纪念馆——

泰翁故居的大厅东面窗前，摆着一口特制的保存留声机片的大橱，其中大部分是我的戏曲唱片，以及前辈表演艺术家谭鑫培先生等的唱片，罗谛·泰戈尔先生（Rabindranath Tagore）曾经费了很大的气力找到一只钻石针头，在大喇叭筒上为他们播放了几个片断。那还是老百代公司的钻针唱片，当年是我经过仔细选择，赠送给诗人的微薄礼物。他们在国际大学艺术学院的博物院里还看到一套精制的京剧脸谱模型，泰翁的侄子——阿伯宁·泰戈尔博士曾经据之描绘过彩色拟本。那该就是一九二九年春，泰翁二次访华时，宋庆龄先生赠送他的礼物了。

泰戈尔先生虽已逝世二十年，但他的热爱中国的真挚、亲切的富有正义感的言行，却在我心里留下深刻印象。事例是不胜胪举的，我想，假使竺诗人今天还在人间，对中印文化交流必将作出更大的贡献。

（《人民文学》，一九六一年五月号）

第三编
谈戏说艺

梅兰芳

自述

中国京剧的表演艺术①

　　京剧并不是在北京土生土长的戏曲，它的主流是由安徽、湖北几种地方戏，到北京来演出受到观众的欢迎，有了基础，站住了脚，同时吸收了昆曲、高腔、梆子等剧种的精华，然后发展成长起来的。它是一种比较突出的综合性的戏曲艺术。它不仅是一般地综合了音乐、舞蹈、美术、文学等因素的戏剧形式，而且是把歌唱、舞蹈、诗文、念白、武打、音乐伴奏以及人物造型（如扮相、穿着等）、砌末道具等紧密地、巧妙地综合在一起的特殊的戏剧形式。这种综合性的特点主要是通过演员体现出来的，因而京剧舞台艺术中以演员为中心的特点，更加突出。

　　由于剧中人物的性别、年龄、性格、身份的不同，就产生了所谓角色的分行。京剧的角色过去分得很细，后来简化为生、旦、净、丑四门。每一门还包括各种类型的人物：如生角中又

----

① 这是作者对苏联专家朋友所做报告的手稿。

分老生、小生、武生、武老生、红生；武生中又分长靠武生、短打武生等。生、旦是净脸，净、丑则有脸谱。其唱腔、念白、动作和服装、扮相、道具都有严密的组织和特点。京剧的表演艺术，是高度集中、夸张的；它以表演艺术为中心，具有强烈节奏感的唱腔、音乐伴奏，宽大的服装，水袖，长胡子，厚底靴，脸谱以及象征性的马鞭、船桨等道具，彼此都有密切的有机联系，而且是自成体系的。京剧上下场的分场方法和虚拟手法，使演员的表演可以减少时间、空间的限制，这给剧作者、导演和演员以很大便利。他们可以选择最能表现人物和戏剧矛盾的环境，可以用大场子，也可以用小的"过场"，使演员能充分运用歌唱、念白、舞蹈等各种因素创造角色。记得一九三五年我第一次到苏联演出，聂米洛维奇·丹钦科同志对我说："我看了中国戏,感觉到合乎'舞台经济'的原则。"他所指的"舞台经济"是包括全部表演艺术的时间、空间和服装、道具等等在内的。他的话恰好道出中国戏曲——尤其是京剧的特点。

京剧剧本的故事内容过去以表现古代历史生活为主，剧目相当多。有正面描写政治斗争的戏，有表现民间生活的戏；有悲剧，也有喜剧。其中除掉少数是封建统治阶级宣扬宿命、封建法统和迎合低级趣味的剧本，大多数是劳动人民和前辈艺人们所创造的。它们具有爱国主义，歌颂人民劳动、善良、智慧、勇敢等各种优良品质的内容，表现了人民强烈的爱憎，尤其是现实主义与浪漫主义的结合，一向为广大人民所喜见乐闻。新中国成立以来，在"百花齐放、推陈出新"的方针下，京剧也得到灌溉和扶植。

目前随着中国的社会主义革命和建设的深入开展，进一步发展社会主义内容的新戏曲的客观需要和趋势看来越来越明显了。运用京剧形式来表现现代生活，也有了一些新的成就。今后的京剧既能表现历史生活，也可继续进行表现现代生活的尝试。但表现现代生活要进一步运用、继承和发展戏曲艺术的传统形式和技巧。所以我今天主要还是谈京剧的传统艺术。

京剧剧本的结构以往都是分场的。分场的好处是把故事、人物集中，概括地加以描写，排除了烦琐的、不必要的叙述过程，集中表现最主要的东西。上下场的形式又是多种多样的。主要还是由于剧本的不同主题，不同的剧情，不同的人物和不同的环境来决定的。场子与场子间的衔接能同时表现情景和人物，使写情、写景和写人物一致。

京剧剧本的台词是以概括、简练的诗歌，具有音乐节奏、适合朗诵的语言组成的。这种语言的特点也是多样化的。有抒发剧中人思想感情，或介绍剧情、经历的独唱、独白，也有表现人物日常生活中对话式的对白，更有"背供"。（"背供"是表现剧中人在独自思考问题，自言自语地说出心里的话，表现形式往往是抬手举袖，与同台的剧中人表示隔开，他们是互相听不见的。这在外国戏中也有，果戈理《钦差大臣》剧中，有一幕描写市长向假钦差纳贿时，市长说："这笔钱如果他收下了，以后的事就好办了。"这句话就是在假钦差身旁，但又不作为对话说的。这种情形和中国戏的"背供"很相似。）

唱腔和音乐

中国戏曲的歌唱、念白根据单字发音，中国文字是一字一音的，除用鼻音时外，一般听不见字后的子音，如"猫"就念 mo，不像英文 cat。每个字都有严格的音韵规律，并且都具有音乐性，而唱念的时候，却又是整体结合起来的。比如京剧《捉放曹》中两句唱词，"秋风吹动桂花香，路上行人马蹄忙"。每句虽是七个字，但唱时，则作"秋风——吹动——桂花香"，实际上只分成三节。一般地说，腔不能打破节拍，节也不能把句子打乱。京剧唱词以七字句、十字句最多，尽管有长达十几个字的一句唱词，仍不脱离二——二——三或三——三——四的基本格式。多余的字，等于衬字。念白除"京白"比较接近生活语言一些外，一般韵白都比较整齐，偶数句较多，念起来抑扬顿挫，很有节奏。好的念白也和唱词一样，要精炼集中，套言不叙。李笠翁讲宾白要"意多字少为贵"，是极有经验的见解。传统剧目中往往有一两句震荡人心的句子，足以点清主题，出色地刻画人物。如《狮子楼》，武松向县官控告西门庆，县官不准，反将他杖责，他念到"我兄长的冤仇无日得报了"，士兵忽插入一句白"二爷，那西门庆难道说还胜似那景阳冈的猛虎不成！"这一句话震动了武松，也震动了整个的戏，使武松下定决心去杀西门庆，多么有力量！

京剧的音乐，整个乐队不超过十个人，每个人都须兼掌一种以上的乐器。乐器分管弦乐与打击乐两部分。管弦乐有胡琴、二胡、月琴、弦子、笛、笙、唢呐、海笛，以伴奏歌唱为主，但也有时用来衬托表演动作，如有时剧中人在打击乐声中出场，锣鼓停了，衬上一个胡琴"过门"，表示人物内心在思索一件事，或是看见一件什么事物，然后再继续接上打击乐器。也有时用来代表效果，如马嘶、鸟鸣、鸦叫、儿啼……如《霸王别姬》

中乌雏嘶叫，《醉酒》中雁声。有时还合奏一套乐曲，烘托表演动作。如《别姬》舞剑时所伴奏的（夜深沉），《醉酒》中种种无言动作时所奏的（柳摇金）各种曲牌。管弦乐以胡琴、笛子为主要乐器。

打击乐有板、单皮鼓、堂鼓、大锣、小锣、铙钹、齐钹、撞钟、云锣、擦锅、梆子等。它们主要用来衬托演员的舞蹈动作，包括起止、进退、旋转等，特别是能烘托、渲染武打战斗时的气氛。有时也用来代表效果：如表现时间早晚的更鼓、更锣和风声、雷声、水声等等。其中以板和单皮鼓、大锣、小锣为主要乐器。

特别要提出来的是板和单皮鼓，它是整个舞台上乐队的指挥。它从开幕到终场，都掌握着管弦乐和打击乐的进行。它一方面要紧密配合演员的动作，指挥乐队伴奏，一方面还要在演员歌唱、念白时作节奏的调节和衬托。

服装和化装

中国的历史悠久，京剧舞台上所表现的故事至少包括有三千年以来的各个朝代，不可能每个戏都按照当时各个时代的服装原来样式来制作，因此从积累的经验中，集中选择了一种戏曲通用的服饰来做艺术的概括性的设计。这种服饰基本是以时代较近的明代服饰为基础，又参酌了唐、宋、元、清四个朝代的服制加以创造和丰富，为了适应表演的要求，不分朝代、地域和季节，只从式样、色彩、图案上来区别剧中人的性别、身份、性格和年龄。下面我简单地举几个例子：

蟒袍——代表统治阶级的礼服。样子是圆领,大襟带水袖,质料用缎子,手工绣花,图案是团龙或虎,下摆绣海水、江涯。皇帝穿正黄色,王爵、太子穿杏黄色,元老穿香色或白色,侯爵穿红色,此外还有蓝色、紫色、绿色、黑色的。服装的基色,除身份、地位,和人物的性格、脸色也有关系:如正直的人常穿红色或绿色。粗鲁的人或奸猾的人,则穿黑色:像《霸王别姬》的项羽,《宇宙锋》的赵高都穿黑蟒。前者表现他的性情粗豪,后者表现他的阴险奸猾。女子穿蟒的,有皇后、公主、将相的夫人等。样式与男蟒相同,图案用飞凤、团凤。但尺寸稍短,只过膝盖,上身加"云肩",下面系裙。我在《醉酒》扮杨贵妃第一场里就穿红蟒,第二场改穿宫衣。宫衣一般也用缎地绣飞凤,色彩都较复杂,周身缀有五色绣花飘带,用金银线及五色丝线绣成。这种服装特别容易发挥舞蹈的性能。

铠靠——军中最庄严的战斗服装,作战时用之,惟当朝贺及阅兵、凯旋等典礼时,外边须穿蟒,即成为武将的大礼服。有功老将穿黄铠,青年将官穿白铠或粉红铠,粗鲁人穿黑铠。铠靠的样式乃仿照中国古代铠甲制成,缎地绣图案,腹部和两肩多绣虎头。女铠式样与男铠相同,惟下身全缀飘带,图案花样亦较为绚丽。

靠旗——将官身背之令旗。古代军事长官在阵上传令,即用一面令旗,作为凭证,因此在作战时都腰插几面令旗,以备应用。现在剧中将官背上所扎之靠旗,亦即此意,惟每背四面:则已夸张加大成为装饰品了。靠旗系三尖式,缎地绣花,颜色与铠靠相同。《挑滑车》的高宠,《雁荡山》的孟海公均扎男靠。《穆柯寨》中的穆桂英,《抗金兵》的梁红玉均扎女靠。

官衣——中级官员的礼服，式样与蟒相同，但用素色缎制成，胸前缀方形补子，从颜色上区别官级的高低，红最高，蓝次之，黑最低。

玉带——穿蟒或官衣时，腰间围玉带，男女都一样。这是明代以前就流行的服制。制作方法用硬带镶玉若干块，与真的玉带差不多。

帔——常礼服性质的服装，男女都用，式样是大领、对襟带水袖，缎地绣各种图案，如团龙、团鹤、团凤、花鸟……也有素帔，老年人穿香色，或蓝色，中年人穿红色、蓝色，少年人穿红色、粉色。女子的帔，大致相同，惟尺寸稍短小，只过膝而已，《奇双会》的赵宠、桂枝均穿帔。

开氅——武官的常礼服，有时大臣也穿，其颜色的区别与铠靠大致相同。式样是大领、大襟带水袖，缎地绣图案，《将相和》廉颇，《宇宙锋》赵高均穿开氅。

箭衣——轻便的战斗服装，有时皇帝或武将在行军中也穿。式样是小领、大襟、纽襻、窄袖带马蹄袖，有缎地绣花，也有素色。常外加马褂，这和古代所谓"胡服骑射"的服装有渊源关系。

褶子——一般男女的便服，有绣花或素色的区别，大领、大襟带水袖。《秦香莲》中的秦香莲穿素褶，《游园惊梦》的杜丽娘穿花褶，《拾玉镯》的傅朋穿花褶，《金山寺》的许仙则穿素褶子。

斗篷——在军中或行路时御寒用的服装，小领，绕身一围，无袖，男子多用大红素缎，女子则可用各种颜色，上绣图案，如《别姬》中虞姬，《游园惊梦》的杜丽娘所穿。

八卦衣——是道教中的服装，和古代文人所穿的鹤氅也相近。黑缎底上面绣太极图、八卦，周围镶宽边，腰间围有绣带，且有两根绣带下垂。这种衣服是象征着穿的人具有法术，又为诸葛亮专用的服装。诸葛亮是三国时代辅佐蜀主刘备的丞相，他是有名的政治家、战略家，分析事理，有远见，又懂得天文、地理和各种学问，在作战时善用心理战术，因此小说中把他描写成为有道术的人，戏里也把他打扮成为有道术的人，他无论在任何场合都穿八卦衣。以后戏里凡属军师（即高级参谋人物）出场，都穿八卦衣。

茶衣和老斗衣——古代劳动人民所穿的衣服，前者是短衣，后者是长衣。样子是大领、大襟带水袖。质料用布质或绸质，不绣花，茶衣一般颜色是蓝色、褐色、米色，腰里系腰包。老斗衣是米黄色，别有一种淳朴、简洁之美。

袄裤——原是清代中叶流行的服装，这种服装很适合花旦这一门角色的表演，就被采用做戏装。立领、大襟、纽襻、秃袖（无水袖露手），颜色图案各种都有区别也不甚严格。式样常常因时代变化，吸收当时社会妇女服装，予以加工。《拾玉镯》中孙玉姣即穿袄裤。

古装——是我编演《嫦娥奔月》、《天女散花》、《别姬》、《太真外传》等新戏时，参考古代绘画、雕塑中适合上述各剧中人的身份和特点来创制的，当时称它做古装，以别于一般通用的戏装。这种古装与其他戏装的区别是，头上的发髻在头顶，不在脑后。上衣较短，略如褶子，有时亦加云肩，有有水袖及无水袖两种，水袖也比普通戏衣较长。裙子系在上衣的外面，有时加飘带。这种古装是为了在舞台上发挥古代歌舞特点设计的。

盔头靴鞋

盔——皇帝、王爵及武官所戴。《将相和》秦王戴平天冠，《宇宙锋》秦二世在《金殿》一场戴王帽，《霸王别姬》韩信戴帅盔。夫子盔系关羽专用。还有中军专用之中军盔，一般战士的倒缨盔……

纱帽——文官的礼帽。文官上朝或庆吊、宴会时所戴，圆形，前矮后高，黑色硬体，两旁有翅。品级最高的是用细长翅（帽形较方），次为长椭圆翅，再次为圆翅，另有是尖圆翅，叫奸纱，象征人物的奸恶。

巾——便帽。上面所说盔、帽都是硬体，巾是软胎。种类甚多，式样亦有不同。如老人巾、文生巾、武生巾、皇帝巾、穷生巾、员外巾、宰相巾……凡是戏中的软帽都叫做巾。

凤冠——女子的大礼冠。皇后、妃、贵族、官员眷属所戴。《醉酒》中杨贵妃即戴凤冠，软顶有翠鸟羽毛扎成的三支凤，满缀珠翠，两旁有大珠繐，额前亦有小珠繐，这种凤冠与明代真的凤冠的式样大致相同。

雉尾——冠上所插的两根长的翎子，最初用来表示外国的武将，后来因为美观，而且具有一种英武气象，戏中不少将官亦有插用者，如《群英会》中周瑜《穆柯寨》中穆桂英都戴翎子。

靴——有厚底靴，生、净角色通用，这是结合表演艺术，经过夸张而设计的。有朝靴（较厚底略薄），这种靴与明代官员所穿的相近，但戏里则用来表现丑角扮演的官阶较低的人物，或反面人物。如汤勤、蒋干，门官、驿丞。薄底靴，短打武生

第三编　谈戏说艺

所用，便于跳跃翻打，这是满族人带进关来的式样，如《三岔口》中任堂惠等所穿。以上三种靴，均黑缎帮，粉底。厚底靴、薄底靴亦有白地绣花，绿地绣花的。

鞋——式样与目前所用之鞋，较有出入，质料制作要看剧中人的环境而定，系一般小市民及穷苦的读书人、劳动人民（也有穿草鞋的）所穿。《白蛇传》许仙穿云头履，《秋江》的艄翁穿草鞋。女子除武将穿绣花薄底靴，余均穿绣花鞋，鞋头缀丝繐。颜色浓淡根据剧中人的身份、年龄稍有区别。女鞋的丝繐，常能衬托足部舞蹈，显得轻巧生动。

胡　须

中国古代人大多喜留长髯，以为美观，戏中的胡子则更予以艺术的夸张，用马尾系在半圆的铁丝上，挂在耳朵边顶住上嘴唇，为的是表演时不致脱落。胡须的颜色约分四种，黑色、苍色、白色、红色，这是区别年龄和性格的。式样甚多，大约有二十几种，现在简单介绍几种：

满髯——地位较高的人或性格较凝重的人所戴；也表示体力雄壮充实，生活优裕。净角大半用之。胡子厚，尺寸亦较长，《将相和》廉颇挂白满，《别姬》项羽挂黑满。

三髯——胡子分为三缕，文官和知识分子戴用，分三色，没有红色，遮口。

吊搭髯——中国人留须，往往将口上之须剪短，下头留长。吊搭是将胡子分成上下两部，多露口，上边短、下边长，迎风荡漾，颇有情趣。丑角扮演知识分子时所用。如蒋干、汤勤所戴。

扎髯——须之中央剪去一绺，露口，耳旁衬上两撮"耳毛子"，构成一个更性格化的形象。戴扎的人，往往属于架子花脸，大半为性情粗豪而风趣的人，如牛泉、张飞、李逵、焦赞……另有红色扎髯，表示粗豪而耿直的好汉，如窦尔墩、孟良、马武、单雄信等人。

八字、二挑髯——这种胡子，比较接近生活，下垂的名"八字"，向上的叫"二挑"。文丑带八字，武丑带二挑，显示一种轻捷的姿态。

关公髯——小说中描写关羽的形象为五绺长髯，故戏箱中专备有这种胡子，为关羽所用，这种胡子一般不用马尾，而用头发做成。

脸　谱

脸谱是京戏净、丑面部化装的一种更夸张和具有象征意味的造型艺术，这种化妆方法和净、丑角色的表演形式是分不开的；它和生、旦角色的面部化装，有着明显的区别。角色一出场，脸谱就给观众一个明确的人品概念——正直的，或奸佞的，善良的，或丑恶的，一望而知。它长时期被中国广大观众和国外朋友所熟悉、感受。它充分发挥了戏剧性能，但有时也掺杂着一些隐晦的含义。

脸谱的来源相当早，形成的因素也比较多。它可能起源于面具，如上古的傩舞面具、战争面具、歌舞面具等。北齐兰陵王勇猛善战，但因为面目秀美，作战时敌人不甚畏惧，于是他就制作了一个形象威猛的面具戴上，此后临阵，增加了威势，战无不胜。当时他的部下士兵把他的战绩编成歌谣，在军中普遍流行，名为《兰陵王入阵曲》，以后又发展为《兰陵王破阵舞》，是戴着面具舞蹈的。脸谱可能就是从面具演变而来的。京戏的一些神话戏里，如雷公、魁星、土地、加官等，也都戴面具，还保留着这个遗迹。

我藏有明代、清初一直到最近的脸谱，从这些资料里，可以看出脸谱的发展情况是由简而繁，由粗而细。在勾画方面，据净角老演员说：最初不过画眉，后来加勾眼窝、鼻窝、嘴角，又添勾脸纹，逐渐力求工致，演变到图案化。

颜色，最早只有红、紫、黑、蓝、黄五种，施彩单纯，后来又添出金、银、绿、白、粉红、灰等颜色，颜色有表示剧中人性格和品质的作用，代表人民对历史人物的爱憎。现在举几个例子：

红色脸——大半表现有血性、忠勇耿直的人，如三国戏中关羽、姜维。

紫色脸——是表现有血性而较为沉着的人，如《二进宫》徐延昭、《刺王僚》的专诸。

黑色脸——是表现粗豪有武力的人，如张飞、牛皋、项羽，黑白相间、眉梢眼角，另具有一种妩媚或肃庄的形态。至于《秦香莲》中包拯脸，则因居官严肃正直，不苟言笑，令人望而生畏，故满勾黑色脸表示他的铁面无私。

蓝色脸——此黑色脸更凶猛有心计，且有一种不受羁勒的刚强性格，如窦尔墩、马武等。

黄色脸——代表一种内工心计或勇猛沉着的性格，如《鱼藏剑》的王僚、《战宛城》的典韦。

白色脸——大白粉脸，是表现工于心计，而近于阴险诡诈的性格。粉脸的勾法是，在脸上薄施铅粉，表示惨淡无血性的神气。我听见前辈说：各色脸谱，都是就一个人的本来眉目加以夸张的，而粉脸则形容这个人的虚伪程度已掩盖了他的真面目，如赵尚、司马懿、严嵩、费无极……另外还有一种油白脸，如《空城计》的马谡，《别姬》的项伯等，虽不是阴险的坏人，和大白脸有区别，但也是一种刚愎或动摇的人物。这种脸谱除了施彩以外，最主要的是眉毛、眼睛的勾法，粗细、浓淡要刻画出善恶、忠奸的性格来。总之各种白色脸（包括净角与丑角两门）大部分是代表反派人物或被批判的人物。如严嵩的儿子严世蕃勾半白粉脸，因为他的年龄和地位比严嵩差一些，眉毛上仍露出本来肉色。曹操在早期刺董卓时，也画半白粉脸，说明他当时地位不高，而在反董卓起义时，还有被肯定的成分。到后来地位高了，按照《三国演义》的正统观念，他就成了大白粉脸的"奸雄"。

三白粉脸——如《西施》中的太宰伯嚭，脸上的白粉块两旁只画到脸骨以外，这因为伯嚭不但是卖国奸臣，而且为人更卑鄙无耻，轻佻可笑！这种脸谱是属于净角而又含有丑角意味的反面人物。

小花脸——是丑角的脸谱，所勾的白粉块，比三白粉脸范围更小，只在鼻眼间涂一小方块，不得过脸骨，所以名曰"小花脸"。如蒋干、汤勤……这一种人地位低，行为比较猥琐，性格也不是爽朗的。至于有的书童和一般群众，也有在鼻间抹一点白粉的，是表示他的幽默、滑稽的性格，使观众觉得有风趣。

小尖粉脸——是武丑的专用脸谱，如水浒戏中的阮小五、阮小七,《九龙杯》中的杨香武,只在鼻尖上勾画出小枣核形的白块,表示精明干练、机智灵巧。并不代表坏人。(武丑也有画花脸的,如《巴骆和》的胡理,《盗甲》的时迁。)

神话戏中人物多勾脸谱,有种种的鸟形脸、兽形脸和其他一些象征式的,如大鹏雕、孙悟空、金钱豹等。太乙真人脑门画太极图,雷神脑门画雷鼓和金火焰,这都富有图腾的意味。采用符号来显示人物的形貌特征,也是一种艺术夸张手法,不过,其中还应当予以细致的分析,不能毫无区别的一律采用。旧戏里这种脸谱有的也夹有一种宿命味道。如赵匡胤过去的脸谱,眉心画红色跑龙,表示他是帝王之相,这就值得批判。

生角如老生、小生、武生、穷生都是本色脸;根据年龄、品质、性格和地位进行化装,但必须吊起眉毛。

旦角一般是梳大头,贴片子(即鬓角),古代妇女讲究留鬓发,这样在化装上可以根据每个人的面形加以变化。譬如圆脸的贴直一点,就可以使脸形变得长一些;长脸的贴弯一点,就可以使脸形显得圆一些。拿我个人说,在这五十年的舞台生活中,仅化装一门,就有很大的变化,如眼窝、眉毛的画法,彩色的运用,都是逐渐改进的,近年从粉彩改用油彩后,又有更大的变化。我认为化装术是每个演员极其重要的科目,净角和丑角的化装,是一种更专门的技术。需要从脸谱上突出剧中人的性格,为表演艺术提供烘托的条件。

道　具

中国戏的一切服装、道具、布景等都是为演员表演艺术服务的，因此舞台上所用的物件、器具总尽量避免用真的实物。式样、质料、轻重、大小、长短都要比生活中的实物有所不同。有的予以夸张、放大（如酒杯、印盒等），有的则予以缩小（如城、轿、车等），甚至以鞭代马，以桨代船。目的都是为了适应演员各种各样的表演动作，为不受时间、空间限制的虚拟环境提供条件，以符合舞台经济的原则。我也简单地谈几个例子：

马鞭——代表一匹马。一根短藤棍，上缀几截丝穗，样式很简单，但当演员挥起马鞭，做出上马、下马、牵马、系马以及种种骑马、跃马的动作时，就使人产生一种人在马上的真实感。因此这许多马上的表演技术都有规定的姿势，如上马多扬鞭，下马则鞭梢向下等。

船桨——样子同真桨一样，尺寸稍小一些，演员用这支船桨，要表现出整只船的部位和活动。如抛锚、解缆以及船行进中的风浪波涛。配合这只船桨，也有许多表演技术，如《打渔杀家》中萧恩和女儿桂英，《秋江》中艄翁和陈妙常都有表演行船的许多舞蹈、动作，使人好像真感觉到人在船上一样。

扇子——有折扇、团扇、羽扇……生、旦、净、丑都使用它，它不仅仅是作为纳凉之用，而是通过扇子来发挥多样舞蹈动作，借以表现人物的思想感情。因此不同人物，使用不同的扇子，做出极丰富的身段来。我在《醉酒》中就通过折扇，来表现杨贵妃醉前、醉后的内心世界。

车旗——用两块四方黄布或黄缎，上画车轮，或绣车轮，代表一辆车子。舞台上男角除诸葛亮等一二人外，很少乘车（诸葛亮是因为历史小说上描写他喜欢坐四轮车，舞台剧就根据这种说法处理的）。女子大半乘车，一人手持两块车旗，乘车者上下车,均有一定的姿势。《别姬》霸王出战时,虞姬随军乘车。《长坂坡》逃难的场面,甘糜二夫人乘车,用两面车旗复在"倒椅"两旁。这是说明她们露宿时睡在车上。

轿——官员上下轿,均系无实物的虚拟动作,在前面的两个侍役虚拟做出掀轿帘的样子,官员作俯身入轿姿势,二侍役作放下轿帘的身段,即乘轿去了。官员必须居中,四人分站两旁,从队形上使人感觉到是长方形的轿子。另有一种用实物代表的轿子,是女子所用的,系用竹竿,缀两片绣花红缎,一人举起,剧中的女子就掀开绣花轿帘走进去,表示深藏不露的意思,常作为花轿之用。

拂尘——古人用麈尾系在木杆上,用来拂拭尘土,文人清谈时也常拿在手中。戏里是用马尾制的,凡隐士、和尚、尼姑、道士、神仙、妖怪出场往往都拿拂尘。丫环亦有用来打扫窗儿。这是重要的舞蹈工具,我所演的《洛神》、《尼姑思凡》都用拂尘来美化姿势。

桌子——桌子的用途很广,如饮茶时当茶几,摆上酒杯,便是饭桌,陈列笔砚,变成书案,放上印匣,便是公案,摆出香炉,又是供桌香案,只摆一个香炉,是皇帝临朝的御案。登高、上山、上楼、跳墙……也用桌子来代表实物和环境的。

椅子——凡戏里的各种席位,皆以椅子替代,但有不同的摆法,如皇帝坐朝,官员升堂,以及写字、办公等事,就将椅子摆在桌子后面,这叫内场椅。另外如共同议事,接待宾客,家庭闲谈……就将椅子排列在桌子前面,这都叫外场椅。一人独坐时,大半都按照剧情摆正面或旁边,如表演中有坐土台,石块……就要将椅子放倒(名叫倒椅),说明这是非正常的临时座位，还有监狱门（如《窦娥冤》），窑洞（如《汾河湾》）也有用椅子代表门户的，形容这些地方的低矮狭窄。剧中人过墙、登高、汲水……也有用椅子来分别代表墙、垣、井台等。京戏里向不置备床榻，因其尺寸太大搬动不方便，人躺在上面，也不美观。剧中必须表演睡卧时，就用几张椅子接连一起，铺一斗篷或绣花床毯代表床榻。摆椅子的部位极其重要，因为和演员的表演艺术，以及利用观众的想象力，是有密切关系的。

大帐子——大帐子即绣花幔帐，它不是单纯的幔帐，也和桌子、椅子一样，代表许多环境，例如在《凤还巢》洞房里代表程雪娥的新房，《彩楼配》里代表王宝钏抛球的彩楼，《四郎探母》里代表萧太后的银安殿，《玉堂春》三堂会审里代表王金龙的法庭，《阳平关》里代表曹操的中军帐。另外又有小帐子，比大帐子的尺寸略小，往往用桌子垫高，代表将台，如《挑滑车》中的岳飞、《抗金兵》中的梁红玉，均登高台点将。

兵器——在戏里凡古代作战用的刀、枪、剑、戟、弓箭、藤牌……都是按照真的式样仿做的，尺寸比真的较小，质料不用金属钢铁而用木、藤、竹制成，涂上金银彩色，为的使用时轻便美观，有利于舞蹈。

布　景

过去传统剧目里，用"砌末"（即道具）时较多，大半都不用布景，有时在神话戏或时装戏里，偶然一用，但也都避免写实，这因为京剧的虚拟动作和写实的布景，是有一定矛盾的，不必要的布景，或单纯追求生活其实的堆积，形成庞大臃肿的现状，最容易限制演员的表演动作。一九五六年夏我参加中国访日京剧代表团在东京演出，那一次，我们除了《人面桃花》《天女散花》等戏以外，都不用布景。有一天在我的《醉酒》以前，另外两个演员演《秋江》短剧，用电光打出江景，第二天，我们和日本戏剧界的朋友开座谈会，他们说："《秋江》的江景，和前边的摇橹、行舟的动作不调和，反显得这些动作虚伪无力。"五年前，川剧在北京演《秋江》，我也曾请一位亲戚——老太太去看戏，回来后，我问她："《秋江》好不好？"她说："很好，就是看了有点头晕，因为我有晕船的毛病，我看出了神，仿佛自己也坐在船上了，不知不觉的头晕起来。"那一次是在素幕前面表演的，所以效果很好。这不过是两个例子，却已经说明京剧的表演艺术因为是在没有布景的舞台上发展起来的，它充分借助于观众的想象力把舞蹈发展为不仅能抒情，而且还能表现人在各种不同环境——室内、室外、水上、陆地等的特殊动作，并且能表现人的内心世界，我们要给它增加新的东西，主要先要考虑它和表演体系有无矛盾，用布景不是完全不好，而要和表演特点做到调和。

我在四十年前创作新戏时，大部分使用了布景，在这几十年的摸索过程中，感觉到在某些戏里，布景对表演是起了辅佐烘托的作用的，但一般的使用布景，或者堆砌过多，反而会缩小表演区域，影响动作。我排《太真外传》（杨贵妃全部故事）杨玉环舞盘的场面里，我站在一张特制的能够转动的圆桌上歌唱舞蹈，下面还有许多扮着梨园子弟的群众和我同舞。这场戏就很突出。这个戏我已经有二十年没有演出了。现在我还使用布景的戏，只有一出《洛神》。这出戏，离开了布景就无法表演，因为在编剧时就设计了布景，它与表演艺术是密切结合着的。

表演艺术

中国的观众除去要看剧中的故事内容而外，更着重看表演。这因为故事内容是要通过人来表现的。《将相和》《空城计》《秦香莲》、《拾玉镯》、《白蛇传》、《闹天宫》等传统剧目，在全国各地都普遍演出，群众的爱好程度，往往决定于演员的技术。演员不但要从幼年受到正规训练，掌握所担任的角色的全部技术——程式——达到准确灵活的程度，还必须根据剧本所规定的情节，充分表达剧中人的思想、感情，以引起观众的共鸣。

中国戏的角色，前面简单说过，分为生、旦、净、丑四门，四门当中又分出各种类型的人物，每种角色都有一定的表演法则，大致可分为五类，口、眼、手、步、身。

口——唱和说白，都要求清晰准确，包含丰富的感情和音乐性。

眼——是传达思想感情的主帅。演员出台后，观众首先看到的是演员的面部，面部当中，必先接触到眼光，一个有本领的演员往往能使全场几千只眼睛随着自己的眼睛转动。

手——运用手的姿势，表达喜、怒、哀、乐的复杂感情和各种生活动作，而成为优美的舞式。

步——戏曲界称走台步为百炼之祖，是练习身段最基本的功夫，动作的好看与否，决定于步法的是否稳重、准确。

身——包括腰、腿、肩、肘等部分，腰、腿尤为重要，凡是一个演员都知道形体的锻炼，要求肌肉松弛，但这句话极容易误解为松懈不使劲，好像一件衣服挂在衣架上那样的松弛就糟了。中国戏的形体锻炼，要求劲头在全身各部畅通无阻，能提能放。有经验的表演家常说不能使"劲"、"浊劲"而要用"巧动"，因此，必须把全身的肌肉、关节都锻炼到能够灵活操纵，具有松紧自如的弹性，才能随心所欲地、变化无穷地发挥巧妙的劲头。

以上这五项基本功夫，是每种角色都必须经过严格的锻炼，在表演时，配合音乐节奏，使全身的动作与发音，成为一个整体的东西，以准确地表达剧中人不同的思想感情，但又不是机械地拼凑，而是有机地联系起来，结合着不同的角色进行创造。

生、净、丑、旦的分行，也是中国戏曲舞台艺术传统的特点之一。

生——可以分作三类：老生、小生、武生。老生是戴胡子的，演的是中年和老年人，这类角色在过去剧本里大多数代表正面人物。从劳动人民一直到王侯将相，各阶层的人都有，如萧恩、宋江、诸葛亮、伍子胥、文天祥、李白、宋士杰、赵匡胤。唱腔、念白、台步、动作比"净"较为收敛，另有一种飘洒和凝重的气派。老生以唱工为主，从京剧奠基人程长庚先生开始，涌现出许多优秀的名演员，如张二奎、余三胜、汪桂芬、谭鑫培、杨月楼、孙菊仙、汪笑侬先生等，创造了各种流派。现在还有一种做工老生，专以念白和表情见长，与我同岁的周信芳先生演《四进士》的宋士杰，他充分的运用了念白和表情的技巧，刻画出一个久经事故而具有正义感的老人。还有一种文武老生，如《定军山》的黄忠、《战太平》的花云，他们在唱念以外更着重兵器舞蹈，一招一式都要讲究气派。与武生的专以勇猛、矫健见长，又有所不同。前辈名老生谭鑫培先生，他是文武昆乱不挡，全面发展的，他演《定军山》的黄忠，能够在紧张的战斗中，从容不迫地，举重若轻地显出久战沙场的名将风度。

小生代表青年人。分巾生、穷生、雉尾生、官生等几种，发音时真假音间用，动作较潇洒而带有轻快的意味。巾生是带软巾的小生，如《西厢记》的张君瑞，《玉簪记》的潘必正，《牡丹亭》的柳梦梅，《拾玉镯》的傅朋，要表现出风流潇洒的风度。穷生如《鸿鸾禧》的莫稽，《破窑记》的吕蒙正，表现落魄的知识分子，身段要于寒酸中露出斯文之态。雉尾生则是青年将官以及年龄较轻的武士，如周瑜、吕布、杨宗保，《八大锤》的陆文龙和《白兔记》中的咬脐郎……他们的身段要从英武中带有顾盼自喜的神情，与专以武打见长的武生不同。还有带纱帽穿官衣的青年官吏称为官生。动作、表情都要端重一些。我看过前辈名小生王楞仙先生的戏，他从《八大锤》的陆文龙一直到《奇双会》的官生赵宠，无不精工，扮谁就像谁，给后辈留下许多典型的艺术形象。

武生代表有武艺的人物，分长靠与短打两种。长靠如三国戏中的马超、赵云。短打如水浒戏里的武松、《三岔口》的任棠惠等，他们都必须具备真实的武功。通过交锋或翻跌来表现人物的勇武。工架的夸张程度仅次于净角，比老生、小生都要威武开阔。老艺人盖叫天先生就有"活武松"的称号，他的勤学苦练的精神，成为后辈的模范。更有一种以说白、表情刻画英雄气概的。已故名武生杨小楼先生，就有"活赵云"的称号。同时他对长靠短打也是兼长的。另外武生又兼演猴戏。既要突出孙悟空的机智和反抗的性格，又要表现猴王的气度，这是一种特殊的表演艺术。

净——这是在前面脸谱一节所说的各种类型的人物。表演程式是中国戏里最夸张的，其夸张的程度，要根据身份、年龄、性格以及剧本的具体情况有所不同。例如《二进宫》的徐延昭是以歌唱为主的，要表现出凝重忠诚，稳如磐石的态度，动作简练含蓄，不许轻举妄动。《秦香莲》的包拯，为了处理一件冤狱，同公主、太后、驸马作不调和的斗争，在唱念动作方面，要根据剧情的发展，时而平静，时而激动，时而沉思，时而愤怒，层次分明地表达出包拯当时的困难处境和思想斗争的过程，这里蟒袍的水袖起了很大的作用。至于眼神的运用，台步的快慢都要配合唱腔节奏，给观众以强烈的感染。《将相和》的廉颇，在悔悟后的内心表演，和前面向蔺相如挡道时的神气是要有强烈的对照的，同时要注意到廉颇是一个掌握兵权的武将，他的工架和徐延昭、包拯又是不同的。《霸王别姬》里的项羽，则要表达他的元首而兼统帅的身份，刚愎粗豪的性格，以及儿女情长的复杂感情。可是项羽在武打的场面里，却主要只显示他力敌万夫的气概，而不是去具体表现他的矫健，灵动，这和三国戏里关羽临阵的情况相似。净角中还有以工架为主的架子花脸，如张飞、牛皋、李逵、窦尔墩……有的是军中大将，有的是绿林英雄，在戏里是更富有性格的，他们刚强中带有机智，威猛中含有妩媚，因此，表演方面也是繁重而细致的。净行中，还可以表现反面人物，如前面介绍的曹操、董卓、司马懿、伯嚭——等都属于这一类。要刻画他们的阴险、奸诈、狠毒，反复的性格和行为。这类角色，除了在脸谱上显示他们的性格特征以外，还必须通过唱念做来表现他们的全部行动。

前辈名净何桂山先生演《醉打山门》的鲁智深，鲁莽、豪迈、风趣，刻画出一个英雄人物为了暂避封建统治的迫害，隐蔽在寺院，借着喝酒发泄出来的抑郁不平的心情。素有"活曹操"称誉的黄润甫先生，我和他同台很久，曾看过他演《连环套》的窦尔墩，他活生生地描绘出一个倔强、耿直、好胜而心胸善良的绿林好汉，让观众喜爱这个人物，同时更感觉到迫害他的黄天霸是那样奸诈、卑鄙、渺小。

丑——分文丑、武丑和一般的三种，有的扮演反面人物，如汤勤、蒋干……要表现斯文中的阴险和自作聪明，《窦娥冤》中的张驴儿也是坏人，《刺梁》的万家春、《棒打》的金松却是正面人物。他们的语言流利，幽默兼会各种地方方言，行动中时露轻快和滑稽。

武丑则代表具有武艺的人物，擅长跳跃，性格多表现风趣和机警，语言轻快，动作敏捷。像水浒戏里的时迁、阮小二，《三岔口》的刘利华等。武丑也可以兼演猴戏。

丑角除了上述的特点以外，在戏里还有一种特殊的讽刺和揭露的作用，譬如《打棍出箱》的樵夫，他就告诉范仲禹当地恶霸葛登云抢了范的老婆，老虎衔去范的儿子，并且指出恶霸的地址。《审头刺汤》的汤勤有两句独白："只要她心似我心，人头是假也是真。"这两句话充分揭露了汤勤本人想占取雪艳娘的阴谋和奸险丑恶的内心世界。

丑角和观众之间的关系最为密切，他们用生动、尖锐的语言，对剧中人物进行批判、讽刺、表扬，引起观众的共鸣，例如和我合作多年的萧长华先生演《审头刺汤》的汤勤，当汤勤

被雪艳刺死后,突然又以剧外人的身份站起来诙谐地对台下说:
"这一下诸位可出了气吧!"

中国丑角有时可以"抓哏"(抓哏就是即景生情,抓住一桩事,借题发挥),但不能脱离剧情。

旦——分老旦、青衣、花旦、武旦、刀马旦几种。

老旦代表老年的妇女,如窦娥的婆母,《杨家将》的佘太君,唱念近似老生,动作则比生角带有女性特点。前辈名老旦龚云甫先生,在《钓金龟》里扮演年老贫穷的康氏,《杨家将》里扮演一个调度军事的佘太君,他能够很细致地表现这两个不同的身份和性格。

青衣代表少年和中年的妇女。她们以穿黑色褶子为主,所以叫青衣;有时也扮演贵族,穿蟒或穿帔,性格多半是庄重和善良的。唱工多于做工。她们在戏里,大半是正面人物,和老生的性格相似,如秦香莲是被丈夫遗弃的悲剧人物。王宝钏是相府千金,抛弃了优越的生活,选中了一个有志气的穷书生做她的丈夫。《二进宫》的李艳妃,为了挽救幼子的王位,与两位正直的大臣定计,粉碎了奸臣的阴谋。

青衣著名演员,前辈有胡喜禄、时小福、佘紫云、陈德霖、王瑶卿先生等,百年来创造了无数优美的唱腔和凝练的身段,我继承了他们的艺术,根据本身的条件有了新的变化。

花旦代表性格比较活泼、天真或泼辣的幼年和青年的妇女,她们的服装以穿袄裤为主,表演方面着重念白和动作,这类角色可以表演善良或邪恶等不同人物。例如《西厢记》的红娘是一个热情、机智、风趣的少女,她一手促成了张君瑞和莺莺的好事,与顽固的老夫人作斗争,以辛辣、尖锐的语言,使老夫人啼笑皆非，终于屈服。《拾玉镯》的孙玉姣，对陌生的傅朋，一见钟情，没有通过她母亲，就委托刘媒婆说媒。《坐楼杀惜》的阎惜姣，为了热恋张文远，抓住一封梁山的密信，要陷害宋江，终于被宋江刺死。我祖父梅巧玲先生是早期演花旦的典范，他所创造的艺术形象，至今尤为同行所推重。现在于连泉先生掌握了花旦的表演艺术，能够细致地、深刻地刻画出各种不同性格的人物，他继承并总结了前辈的艺术而自成一派。

刀马旦是代表有武艺的妇女，以扎靠为主，动作要在英勇中表现婀娜的姿态，性格应该爽朗、热情、勇敢，富有反抗意志。例如《穆柯寨》的穆桂英，她在交战时擒住宋朝青年将官杨宗保，她爱上了他，就用团结起来、共同反抗外来侵略的恳切语言，说服了杨宗保，结为夫妇。最后她抛弃了家庭，投奔宋营，救了丈夫的性命，共同打退了侵略中国的敌人。《抗金兵》的梁红玉，为了抵抗侵略，亲自到金山顶上擂鼓助战，帮助她丈夫韩世忠击退了金人。我从早年就喜爱穆桂英这个人物，在不断演出中更和这个角色结下了深厚的感情。"七七"事变后，我为了反对日本侵略曾演出《抗金兵》的梁红玉，当我擂完鼓，下山与金兵交锋时，我仿佛到了抗日战线的前哨，为保卫祖国而投入火热的斗争。

武旦和刀马旦基本上差不多，不过不注重唱念，扎靠时也较少，专门以武打见长，在神话戏里更需要"打出手"，能将各种兵器抛起来，再用种种姿势来接住，或踢回去，如同穿花的蝴蝶一样，这是京剧表演艺术中的特技。如《无底洞》的玉鼠精，《泗州城》的水母。过去有名的武旦有阎岚秋、朱桂芳先生。

第三编 谈戏说艺

已故前辈王瑶卿先生和我感到以往青衣和花旦的分工过于严格，局限了人物的性格和表演艺术的发展，因此，根据剧情需要，尝试着将青衣、花旦的表演界限的成规打破。使青衣也兼重做工，花旦也较重唱工，更吸收了刀马旦的表演技术，创造了一种角色——花衫，使他们能更多地表现不同的妇女性格。比如，我演《宇宙锋》的赵女，《凤还巢》的程雪娥，《别姬》的虞姬，以及《醉酒》的杨贵妃，就是一种兼合众长的表演方法。后来京剧的演员们也都这样做了。

京剧里的各种身段，既然是从生活中提炼而来，当然有一定的含意，但是不能孤立地或机械地要求解释每个身段动作。有的身段可以单独表现出是什么意义，譬如上桥、下楼、开门……可以有层次地表达出来。但有的身段必须连接起来才能说明内容。有时候同样的身段在一定的情景中，可以单独说明为什么，但在另一地方就必须成为一组，才能看出所表达的思想感情。例如"转身"这个动作，本来是戏里常见的动作，在《醉酒》里，杨贵妃换了宫装，走着"醉步"倒退着出来，到了台的中心，往左转身，面向前台。这个转身的用意，为的就是转过身来才能看见左边摆的花。下面在将要走向台口假设有花盆的地方时，左手搭袖，右手翻袖，一面转身，一面随搭随翻随放下，连转两个身，就到了台口，下面才是用"卧鱼"的身段来嗅花。这两个"转身"又有什么含意呢？为什么已经看见了花又要转两个身呢？这个转身就不能孤立地去要求解释，它是从看见花开始，到蹲下身去嗅花这一组身段中的一个组成部分。这个动作的作用是为了表达角色全部的内心感情。这两个转身，也是嗅花的前奏动作，经过这种夸张的动作，就把观众的视线吸引到这一表演区域里来，以便更集中地表现全部动作。这就不能割裂式强加注解。乌兰诺娃同志有两句话最能说明这个道理，她谈到芭蕾舞时说："譬如一个字母，有什么含意呢？当然没有，但是几个字母拼成，就能够说明很多不同的意思。"

中国剧的舞台调度也是非常重要的，像《醉酒》除杨贵妃以外有八个宫女和两个太监，一共十一个人，当杨贵妃出来的时候，他们站立两旁，留出很宽的道路，当杨贵妃在中间进行表演活动时，他们必须很匀整地站在适当的地位，不能挡住观众对主要剧中人的视线，而又须随着杨贵妃台步，随时变换队形。杨贵妃坐定之后，如果在桌子前面外场椅，他们就站在两旁，坐进桌子里面，又须排成扇子形，这时只看主角的活动，他们是不能轻举妄动的。但应该和主要剧中人保持一定程度的关心，如杨贵妃走出桌子，一时失足，几乎摔倒，大家都要弯腰俯身，做出要搀扶的样子，而她却睁开醉眼，对大家摇摇头，表示没有喝醉。杨贵妃这一场下场时，宫女、太监要站立成一条胡同的样子，杨贵妃颤动手里的扇子倒退着从夹道中下去。当两个太监，怕她酒醉失态诓骗她说皇帝来了，她果然从醉梦中惊醒过来跪接皇帝，十一个人则排成一字形，像一条绳索，或一扇大屏风。

战争场面的武打与此相同，如陆战冲锋破阵，水战翻江倒海，在紧张剧烈的动作中，队形一点不能紊乱，打击乐一停，满台的人都要在适当地位，亮出稳如雕塑的形象。

《二进宫》里一个妃子、两个大臣，一坐两站，成三角形，这是一出唱工戏，动作比较少，站在固定地位的人，要整齐严肃，但又不能像两块大石头一样，必须使全身的肌肉灵活松弛，使观众没有僵硬拘束的感觉，这就要靠内心活动来操纵全身的各个部分的肌肉了。

《拾玉镯》里孙玉姣的表演区域，大部分居中，傅朋则靠左边，必须有刘媒婆在右边窥视的衬托，否则，就显得右边空虚了。

一个人或集体在台上的位置和队形，主要倚靠对称，譬如《醉酒》的卧鱼、衔杯，左边做了，还必须到右边来重复表演一次，倘使只做一面，就会感觉到另一边单调空虚，好像完整的舞台面，有一个缺口似的。但我在表演中尽量避免雷同、刻板，例如前面所讲的两个嗅花的动作，除了部位相同之外，从形体动作到思想感情，都是不同的。这是经过群众所提的意见，结合我本身的创造，不断修改、整理而渐渐达到生活和艺术的融洽地步。

《霸王别姬》的舞剑的位置，是环绕在四个犄角和中央，成为一朵梅花式的图案，假使你的舞蹈步法不够准确和严整，就会给观众一种残缺支离的感觉。

中国传统演出，后面的背景，过去用刺绣图案，解放后用素幕，目的都是使它和舞蹈动作调和相称。假使后面用了立体布景，或者接近写实的胶卷，舞台的位置和队形就必然起了变化，这些对称的身段就会感到不协调。

这样讲，是不是京剧舞蹈对称，就是简单地重复表演呢？不是的。这里面的变化是多种多样的，往往也以繁和简对称，或分高低、大小、远近来做对称，比如：《打棍出箱·问樵》一场，描写一个和妻子、儿子失散的读书人，向一个樵夫打听他们的下落。樵夫和这读书人的全部身段动作，几乎都是对称的，但有高有低，有远有近，并不是刻板的重复。这和中国其他艺术也是相同的，特别是民族形式的绘画艺术。

今天所讲的，只是概括地介绍了一些京剧表演艺术的特点，但是不够系统，也不够全面。希望各位同志在观摩中国戏曲时，对我们提出宝贵的意见，我们戏曲界从来就是欢迎任何国际朋友的批评，我们正在大规模进行"文化革命"的时候，京剧表演艺术亦将担负起时代的使命，为社会主义文化建设事业，放出美丽的花朵。

一九五八年一月二十四日，二月二十八日于友谊宾馆

关于表演艺术的讲话

同志们：今天我要说的是我在戏曲表演方面的一点经验。大家都知道我不善于讲话。很久以前，我曾经在北京国剧学会讲过课，一晃已经三十多年了，我今天重新站在讲台上，简直有点发怵，诸位别见笑，我不怕上戏台，怕上讲台。在座的各位，都是各剧种的成熟演员，其中还有许多位著名演员，你们的经验很丰富，知道的东西不会比我少，我现在用漫谈方式，想到哪里就说到哪里，有说得不对的地方，希望大家不客气地指出来！

一 戏曲是综合性的艺术

中国戏曲是一种综合性的艺术，包含着剧本、管乐、化装、服装、道具、布景等等因素。这些都要通过演员的表演，才能成为一出完整的好戏。这里面究竟哪一门是最重要的呢？我以为全部都重要。

写剧本的常话剧本重要，可是没有好演员，就不容易把剧本的精彩发挥出来。演员们往往强调表演重要，这也不对，好演员拿到坏剧本，请问你能演出好戏来吗？而且，有毒素的剧本，越是演得到家，毒素越大。

再说音乐吧，在戏里起的作用就很大。拿我的经验来说，一个很好的身段，或是一句很好的唱腔，只要在腰子里给你下一"箭子"，什么都完了。胡琴，笛子和唱的关系更密切，就是演员不唱的时候，唢呐、笛子吹个牌子，或者胡琴拉个牌子：也能马上造成舞台上的一种新的气氛。从这些方面可以看出音乐在戏里的重要性。

谈到化装，我们在舞台上要塑造出各种各样角色的面部形貌，全靠化装的技巧，不但要化得像，而且要美观。化装的妙用，能够改变本来面目。一个人的五官，总不免有缺点，通过化装，就可以补救你的缺点。拿旦角说，譬如，脸太大了，嘴太大了，眼睛太小了，都有法子补救。

多年以来，常有人问我化装的秘诀。其实，化装并没有什么秘诀，只要认清自己脸上的缺点，对着镜子一再试验，总会找到合适的化法，重要的是依靠自己找，自己试。如果人人都认为我梅兰芳的化装不错，全按照我的化法来做，由于各人的脸型不同，有些人就要上当了。我的脸型比较圆，比较大，眼睛也比较大，假定有一位脸型又长又小、眼睛也小的演员，也照我的方法化装，你们想想会好看吗？

谈到服装，从前有一句老话："宁穿破，不穿错。"这不是说要大家穿了破衣服上台，而是说明历来舞台上对服装的考究，因为服装跟剧中人的身份、年龄、性格和生活环境都有密切关系。你们看，《将相和》的廉颇，当虞卿到他家来劝他的时候，他穿的是开氅，这是舞台上给武将规定的一种家居便服，假如他因为开氅旧了，改穿一件新的帔，也跟文官家居的蔺相如一样，那就算错了。不但服装不能穿错，就连服装的颜色、花样，也应该同样被重视。例如，《宇宙锋》的《修本》一场，赵女穿的衣服，颜色就该深，花纹就该素，跟前面几场完全不同，才能显出赵女满腹幽怨的心情和刚死丈夫的悲哀，好让赵高相信匡扶是真的被杀了，免得再去捉拿。又如，《游园惊梦》里出身宦门的杜丽娘，是一个美丽的少女，她的衣服当然应该漂亮，同时她又是一个才女，所以在漂亮之中，颜色还要淡雅，才能衬托出这位能诗能画的杜丽娘。

说到道具，在戏里的作用也是很大的。《醉酒》里没有扇子，表演就没法进行。再说，如果这把描金彩扇和《打店》里孙二娘手里的小黑油纸扇对换一下，那么，两个人的身份性格就满拧了。此外，道具和实际生活里的用具也是有一定的距离的。《思凡》里如果就拿真的拂尘上场，准会显得柄太轻尘尾太短，做出来的身段是不会好看的。

我小时候演戏，北京还没有布景，用布景上海最早，后来北京也用了。我从排演古装新戏时开始用布景，最初也很简单，经过逐步发展，范围越搞越大，但不是每场都有的。我总觉得布景有局限性，有时候堆砌得过多，限制了演员的活动，我始终搞得不够满意。解放后，我演的戏里，只有《洛神》的末场还用布景，别的戏都没用。我看到其他剧团用的布景，经过一再改进，近年来搞得很好，看上去又简练又美观，今天的布景已经在戏里起了好的作用，估价很高。

从以上所谈的，可以看出，一出好戏在舞台上出现，不是单靠某一部门的力量，而是要各部门一齐努力的，因此，我们戏曲工作者应该大力发挥集体主义精神，把所有各部门的艺术质量同时提高，才能做出超过前人的成绩，更好地为光辉灿烂的社会主义事业服务！

二　几种同类型角色的分析和创造

每个戏都有它的故事，每个故事都离不开人物，每个人物，不论男女，都有身份、年龄、性格和生活环境的不同。我们演员首先要把戏里故事的历史背景了解清楚，然后再根据上面所说的四项，把自己所扮演的人物仔细分析，深入体会。提到体会，就必须联系到演员的思想认识和政治修养。我们演的角色，究竟是好人还是坏人，他做的事情是好事还是坏事，这些虽然已经由剧本规定好了，但是我们如何体验剧本，用什么表演方法把它恰当地刻画出来？这要看你的政治修养怎样了，你的思想水平越提高，刻画出来的人物越生动，对观众的教育作用越大，这个工作不简单，只有不断地加强学习，才能够做好。

京戏里角色的行当，总的来说，有生、旦、净、丑四种，每一种里面还分着许多类别，这是根据什么来划分的呢？也就是根据前面所讲的四项东西。总之，先有了这类人物，才有这种行当。譬如，一出戏里需要小孩开口唱，这就产生了"娃娃生"的名目。今天新社会里出现了许许多多的新的英雄人物，这些人物形象是前所未有的，有时候我们就不要过于受老行当的拘束，大可以在舞台上创造出新的类型。例如"白毛女"这个人物，我们既不能用青衣、闺门旦来表演她，也不能用花旦来表演她，像现在舞台上出现的"白毛女"，就是一个很好的创造。

我是演旦行的，但只演了其中的四个类型——青衣、闺门旦、花旦、刀马旦。前几天我演的《游园惊梦》，杜丽娘就是闺门旦。我先谈谈"闺门旦"：

闺门旦从字面上看，就可以知道它是表演旧社会里没有出嫁的少女和出嫁不久的少妇。像《游园惊梦》的杜丽娘，《三击掌》的王宝钏，同样叫做闺门旦，而演法不同。杜丽娘和王宝钏，她们都是为了自己的婚姻问题向封建礼教作斗争的，但杜丽娘只是思想上的斗争，王宝钏的斗争已经由思想进入行动了，所以不能用同样的手段来刻画她们。王宝钏已经接触了恋爱的对象，经过一系列的事实发展，最后对她父亲的压迫公然反抗了，我们就可以把她的斗争，用慷慨激昂的形态表现出来。杜丽娘是一个封建社会中老关在屋里的小姐，并没有接触过真正对象，她只能停留在思想反抗上，没有机会让她进入行动阶段，所以我们描写她的满腹幽怨，和王宝钏对此起来，完全是两样的。一个是含蓄在心里的，一个是发泄在外面的。从表演来讲，含蓄比发泄，好像难一点，我们要把一个封建时代的少女满肚子难以告人的心事表演出来，同时还要掌握分寸，不能让它过头，把少女的伤春演成少妇的思春，你想，这是不是一种比较细致的工作呢？

昆曲是个古老剧种，它的唱腔和做派，都是丰富优美的，但唱词却比较深奥，表演者如果不深刻理解唱词的意思，就无法体会角色的人物性格。拿我来说，这出《游园惊梦》是乔蕙兰老先生教的，陈德霖老先生又常给我指正。最初也是先生怎么教我怎么唱，对唱词的含义，并没有很好地理解，后来经过好几位精通诗词的老朋友给我一再详细讲解，对我的帮助真不小。可是，我在学习的过程中，却也费了很大的事，因为我从小就学戏，没有古典文学根底。明白了词义以后，进而深入体会人物性格，也不是短时期能够做到的。我这几十年来，对这出戏唱的次数真不算少，唱一次研究一次，一直到去年拍电影的时候，我又重新把全部唱词和几位老朋友一字一句地细细钻研，自己觉得似乎又有了新的理解，因此，在表现杜丽娘的性格方面，和过去有所不同。有句老话，"做到老学到老"，这真是经验之谈，甭瞧我年纪比你们大，我还是跟你们一样，有鼓足干劲、力争上游的勇气，要把表演质量不断提高。

上面谈的是闺门旦，现在我再谈"青衣"：

我最初开蒙是学青衣，早期在舞台上演的青衣戏比较多，我觉得，同样是青衣戏，表演的方法并不能完全一样。例如，《武家坡》的王宝钏和《汾河湾》的柳迎春，都是青衣应行，扮相大致相同，剧情也差不多，她两个人的丈夫都是出外从军，离家一十八载，又回家团圆，虽然《汾河湾》里多了一只鞋子的曲折，大体上看来，是大同小异的。过去有些演员，往往把这两个角色演成一个模样，这是不对的。王宝钏乃丞相之女，柳迎春是员外的女儿，两个人的家庭环境不同，演王宝钏的，一切动作都该比较庄重，演柳迎春就要比较洒脱。

怎样才显出庄重和洒脱的不同呢？我来举几个例：

老派青衣为了表现剧中人的庄重，很少露手，我们演柳迎春，就可以常常露手。当年时小福老先生演《汾河湾》的柳迎春最拿手，他也常露手，当时有人管他叫"露手青衣"。柳迎春在这出戏里，有许多做派要露出手来，时老先生这样做，是合乎剧情的。一般偏重保守的人给他起了这个带讽刺性的外号，是完全不对的。我没有赶上看时老先生的表演，我常看的是王瑶卿先生的柳迎春，他也演得很好，这出戏他学的是时老先生，我又学他。

手以外，脸上表情也有分别，王宝钏不能常带笑容，柳迎春就不受这个拘束。

在动作方面，柳迎春在说明了一只鞋子的误会以后，拿起剑来就要抹脖子，坐在地下哭着说："我再也不敢养儿子了。"这些做派是不能安在王宝钏身上的，就因为她们两人的家庭环境不同的缘故。只要看王宝钏一见薛平贵的"宝"，就认识这是一颗王侯印信；到了柳迎春，就把薛仁贵的虎头金印说成是块生黄铜，要拿去换柴米，这虽然是句逗哏的话，也附带说明了柳迎春没有鉴别印信的常识。

《汾河湾》是一出生、旦对儿戏，过去我常陪几位老先生演唱，他们各有长处，这里面当然要推谭鑫培老先生最为传神。闹窑一段，夫妻们久别重逢，柳迎春急于要知道薛仁贵做了什么官，而薛仁贵一上来偏不说实话，从马头军引起了马头山、凤凰山等等的争辩，这在薛仁贵，完全是一种逗趣的举动，故意造成曲折，再说出真话，好让柳迎春格外高兴。谭老先生在这段戏里演得非常轻松，这是很合乎剧中人物的心情的。薛、柳二人有两次吵嘴，薛仁贵先是假吵，后是真闹，如果头里的假吵做过了头，就和后面的真闹没有多大区别了。谭老先生的表演是把前后两个不同性质的吵闹分得很清楚的。柳迎春在这两次吵嘴里，也有两种性质，正和薛仁贵相反，先是真吵，后是假闹，我陪谭老先生演过以后，得到启发，在鞋子矛盾当中，假闹的时候，我也采用了轻松的表演手法。

我还跟谭老先生演过《探母》，在《坐宫》一场公主猜心事的时候，在我的大段唱工里，坐在对面的四郎，一般都不做戏，因为做了戏，就容易妨害公主的演唱，谭老先生也不大做戏，只是有时候用眼望望我，或者理理髯口，可是我总感觉到他好像有一种精神打过来，和我的演唱联系在一起。这并不是说，陪老前辈演戏，起了心理作用，实在是因为他虽然表面上戏不多，而他的内心里老是注意着我，始终没有离开戏，所以有精神打过来。像这种精神感染，后来我和杨小楼老先生合演时也是常有的。

我和杨小楼老先生演《霸王别姬》，舞剑一场，虞姬说完"献丑了"，就要进场拿出剑来舞，这时我往后退一步，他就向前挤我一步，瞪着两眼看我，他的意思是说，霸王知道大势已去，在这生离死别的关头，他既爱虞姬，多看一眼也是好的，他当时那种神态，感动得我心酸难忍，真可以哭得出来，我在快进场前一回头，有个显示悲痛的表情，那时候我还是真悲痛，这就是精神感染的缘故。我跟别位唱这出戏，有些演霸王的在这地方不向前挤，反而往后退一步，这样做，就把这两个人之间的又悲惨又相爱的精神打散了。

上面所举的谭、杨两个例子，一个是在做戏，一个是表面上没有做戏，而同样给了我精神感染。所以我感到，陪老辈好演员演戏，真有好处，他对人物性格的体会深，在表演上发挥出来的力量大，陪他演戏，你发出来的力量，也必然要比寻常的表演增加。我跟谭、杨两位老先生合演，每演一次得到一次的提高，这就是他们给我的精神感染起了带动作用。

下面谈"花旦"：

花旦这一行，包括许多不同类型的角色，我只演过这里面的一种——丫环。《闹学》里的春香和《拷红》里的红娘，这两个角色，看来同样是丫环，而她们的年龄、性格就不一样。写剧本的给春香规定为十三四岁的小丫环，她只是陪伴着小姐念念书、逛逛花园，所以演春香的，只要把她的天真活泼演出来就行了；红娘的事就多了，她在莺莺和张生的恋爱过程中起了推动作用，这是一个有热情、有勇气、有智谋的人物，单拿天真活泼来表现她，是不够的，要重点描写她的聪明伶俐、爽快、老练。这两出戏，最初也是乔老先生教的。在我准备演出以前，有人推荐李寿山老先生替我再排一下，他在我的剧团里演花脸。大花脸会教小春香，我听了很觉得奇怪，那位推荐人对我说，李先生最早在科班里（他是三庆班的学生），花旦是他本行，后来才改唱花脸的。他的老工底真结实，隔了多少年，拿起来地方还是准。他本人个头高大，大家叫他"大个李七"，可是那天在我家里排戏，你瞧他掐着腰出场，才走了几步，从他的眼神、手脚来看，完全变成一个天真活泼的小丫环了。一出戏排完了，把屋里看排戏的内外行朋友们，都看出了神。这可以说明，一个演员的幼年功夫结实不结实，关系极大。

我演"刀马旦"，是在上海开始的，头一出戏是《枪挑穆天王》的穆桂英，后来我还演过《穆柯寨》、《破洪州》、《延安关》、《赶三关》、《银空山》、《头本虹霓关》、《抗金兵》。

《穆柯寨》里的穆桂英与《抗金兵》里的梁红玉，同样是刀马旦，扮相差不多，都戴七星额子，插翎子，披蟒扎靠，但表演不一样。穆桂英是一个山寨大王的女儿，年纪又轻，阵前碰到了一位很满意的对象，双方就发生了一段恋爱故事，所以要描写她的天真、活泼、聪明、勇敢；梁红玉是一个抵抗外寇、保卫祖国的统兵女元帅，一出场，她的身份就和穆桂英不同，除了要刻画她的忠诚、英勇、智谋之外，尤其要着重形容她的稳重、老练，才能合乎这位女元帅的身份。

她们不都是有掏翎子的身段吗？我们就可以从这个身段里分出两个不同的人物性格来。穆桂英应该掏得快些，姿态流动些，显出她的年轻活泼；梁红玉就要掏得慢些，动作沉着些，表示她的稳如泰山。还有，像鹞子翻身那样的身段，在一位女元帅身上是使不得的。

上次在座谈会上，听到诸位同志对我最近演的几出戏，作了很细致的分析，有些地方连表演人自己说起来还不能像这样清楚，这不但给了我很大的鼓舞，而且给了我不少的启发，我应该向你们表示感谢。但是，你们都在说我的优点，而我所希望的是想知道自己的一些缺点。同志们！不要认为我是个老演员，就不好意思指出我的缺点，不对我提意见。要知道，艺术是无止境的，好了还要更好，提高了还要更提高。我过去就欢迎观众们、朋友们、同行们的意见，特别是解放以后，广大观众给我的支援、帮助，使我在艺术上的收获，远远超过了前几十年的成就。凡是给我提意见的，不论是口头也好，书面也好，我向来是先把它仔细研究一下，然后尽量接受，哪怕是只有部分对的，也使我得到帮助。总之，多给我提一次意见，就使我多一次钻研的机会，这不是照例的客套，完全是我的真心话！

那天，陈伯华同志说我扮的杜丽娘，刚出场的时候显得胖，等脱了斗篷，就不觉得胖了。这两句话对我大有用处。说实话，我近年来是比过去胖些，为什么伯华同志在我脱斗篷的前后有两种不同的感觉呢？这问题恐怕是在我的服装上。老路子，杜丽娘出场，内穿褶子，外披斗篷，梳妆时脱去斗篷，加穿一件帔。我一向也是这样演的。一九五〇年，葆玖学会了春香，陪我唱《游园》，那时他才十几岁，当场让他给我穿帔，如果穿慢了，做得不合适，不但影响了舞台形象，而且会搅乱了杜丽娘唱词里的做派。因此，我就穿着帔出场，免得当场再换，这不过是一种权宜办法，跟春香上场念的："云髻罢梳还对镜，罗衣欲换更添香"，究竟是有抵触的。伯华同志说了我一个胖字，使我得到启发，今后决定恢复老路子，我想斗篷里少穿一件帔，总可以减轻臃肿的模样。马师曾、俞振飞两位同志对我说，杜丽娘的斗篷，颜色宜于淡雅，这个意见也很对，我已经准备另做一件新的斗篷。

前天，徐凌云先生和俞振飞同志给我看了一篇文章，是俞平伯先生前几年写的有关《游园惊梦》的几个问题，说得很有道理。其中对杜丽娘换衣服的问题，他也不赞同穿帔上场，这一点我已在前面谈过了。还有，游完园回房的动机，汤显祖原著规定是由杜丽娘发起的，后来的流行曲谱给春香加了一句念白："留些余兴明日再来耍子吧。"就变成春香的主动了。他认为这一改动对剧情有损害，春香没有逛够，不会主张回去，杜丽娘游园伤感，意兴阑珊，才无心留恋。这个说法我同意，以后再演，我准备在念完了"提它怎么"之后，加念："回去罢。"删去下面春香加的那句念白，接唱（尾声）曲子，这就看出谁是回去的主动者。他还说，"遍青山啼红了杜鹃"，本来是一句，不应该把它割开来做戏。这话很对，今后我要把这句的身段都改在下场台角做。

这次研究班里，把各地区、各剧种的成熟演员聚在一起，济济一堂，各人都能把自己的经验介绍给别人，同时也吸取了别人的经验，在互相学习，共同提高之下，我想，诸位同志的收获必然很大。像这种研究方式，在旧社会里是绝对不会有的。旧社会里，要学人家的一点玩意，真是千难万难，那时候，谁有一出拿手好戏，除非你去看他的戏，暗地里去"偷"，明着请他教，他是不会轻易答应的。由于自私自利的个人主义在作怪，所以学戏很难，有好些宝贵的传统东西就这样失传了。

今天大大不同了，大家都懂得艺术是为人民服务的，谁都肯把自己的心得毫不保留地教给别人。拿这次研究班说，里面有几位老先生，各有他们的拿手好戏，你想学哪一出都行。像这种大公无私的表现，今天已经成为普遍的风气，也只有在毛泽东时代，才能够实现出来。

上面谈的还只是艺术方面，诸位这次也不是单纯地专为艺术而来的，还有比这个更重要的，就是政治学习。诸位在这里经过快三个月的学习，在思想认识和政治修养方面当然更进了一大步，我希望大家把学习到的东西贯彻到工作上去，这也就是毛主席教导我们理论要跟实践相结合的真理。

（《文汇报》，一九六二年二月二十八日）

第三编　谈戏说艺

我怎样排演《穆桂英挂帅》①

一九五九年是我们建国的十周年，为了迎接这个伟大的国庆节日，全国戏曲界掀起了如火如荼的庆祝高潮。各地剧种纷纷排演了精彩节目，有历史戏，也有现代剧，陆续来到首都作预展演出。我已看到许多好戏，有的是成熟的艺人们演的，也有戏曲学校的小学生演的。总起来说，人人鼓足干劲，认真表演，准备在国庆节日大显身手，以满足怀着欢欣鼓舞心情的广大观众的要求。在这百花齐放、万紫千红的光辉气象中，我不例外地也要为国庆献礼而努力。因此把要到西南地区作巡回演出的原定计划放弃了，在北京花了两个月的时间，排演了一出《穆桂英挂帅》。

排演新戏，本来是我青年时期的经常课程。我记得工作最紧张的一段，是在一九一五年的四月到一九一六年的九月，这十八个月当中，我曾经上演了十一出没有演过的戏，这里面包

---

① 本文原题是《再度塑造一位爱国女英雄——穆桂英》。

括时装新戏《一缕麻》等四出，我创制的古装新戏《嫦娥奔月》等三出，昆曲传统节目《思凡》等四出。事隔四十来年，还是值得回忆的。抗战期间我息影八年。自从抗战胜利后再度出台，一直到一九五九年，大部分时间重点安排在各地演出和整理剧目方面，尤其是解放后经常去各省市作巡回演出，截至现在已到过十七个省，工作繁忙，更没有时间排演新戏，这出《穆桂英挂帅》，是我解放后所排的第一出新戏。

北宋时代，有一位著名的边关守将杨业，在戏曲里叫他杨继业，也就是大家熟悉的杨老令公，他在边防上建过丰功伟绩，人民一直在怀念他，因此，民间流传了许多可歌可泣的杨家将故事。相传穆桂英是杨继业的孙媳。当她青年时期，大破天门阵，也曾为宋王朝立过不少汗马功劳。杨家将在抗敌战争中，几乎全家为国牺牲，却得不到朝廷信任，后来穆桂英也随着佘太君辞朝归田，隐居故乡。这出戏的故事发生在她退隐二十多年后，西夏又来寻衅，边关告急，宋王傅旨在校场比武，亲选帅才，穆桂英的女儿杨金花、儿子杨文广参加比武，杨文广当场劈死奸臣王强之子王伦，夺取帅印，宋王见她姊弟年幼，就命穆桂英挂帅。姊弟捧印回家，穆桂英见了帅印，触动前情，不愿出征，经过佘太君的劝勉，她才为了保卫祖国，蠲除私愤，慷慨誓师，驰往前线。

穆桂英这个角色，对我来说是不陌生的。早在四十年前，我就演过她青年时代一段恋爱故事的戏——《穆柯寨》、《枪挑穆天王》。这虽是写她恋爱故事的戏，但却表现了她的聪明、天真、勇敢而且富有爱国思想，我非常喜爱这个人物，不断演出这两出戏，因而和她结下了深厚的感情。

这个角色在京剧里由刀马旦应行。我们所谓旦行是个总名，里面还分许多类别。我幼年开蒙是学的青衣，后来兼演了闺门旦、花旦和刀马旦。如果要拿文戏武戏来区分的话，前三类纯粹是文戏，后一类就接近武戏了。以上四类角色，各有它的表演方法，可以这样说：闺门旦比较接近青衣，花旦比较接近刀马旦。我学刀马旦，第一出戏就是《穆柯寨》。

我既熟悉穆桂英的人物性格，按说这次排演过程中，应该是驾轻就熟，毫不费力了；可是，实际上事情并不这样简单。过去我只是以刀马旦的姿态塑造了她的青年形象，而这出戏里的穆桂英却是从一个饱经忧患、退隐闲居的家庭妇女，一变而为统率三军的大元帅，由思想消极而转到行动积极。从她半百年龄和抑郁心情来讲，在未挂帅以前，应该先以青衣姿态出现。像这样扮演身兼两种截然不同行当的角色，我还是初次尝试。

《穆桂英挂帅》全剧共有八场戏，我只来谈谈穆桂英的三场戏：

第一场（全剧的第二场）《乡居》，是写杨家听到西夏犯境的消息，佘太君虽已多年来不问朝政，不免还要关怀国事，她命杨金花、杨文广进京探听朝廷如何应敌的措置。穆桂英顾虑到奸臣在朝，汴京是非之地，不赞成派这两个年幼不懂事的儿女们进京。这里有四句西皮原板，说出她的意见。后经儿女们一再恳求，杨宗保又从旁解说，也就不坚持了。这场戏里穆桂英是梳大头，穿蓝帔，地道的青衣打扮。她的事情虽然不多，但一上场就应该把她二十年来一肚子的不痛快从脸上透露出来，使观众对她的苦闷情绪先有一种感觉，这样做，不但对本场的不赞同派儿女进京有了线索，而且是后面不愿挂帅的根源。

第二场（全剧的第五场）《接印》，是全剧的主要场子，这里面唱得多，动作表情多，思想转折多，有必要把穆桂英随着剧情发展而逐步深入的内心活动，分成几个阶段来详细介绍一下：

她刚出场唱的四句西皮慢板，是说她深恐儿女们在外遭到奸臣的暗算，盼望他们早回。这是"挂念"阶段。跟着儿女们回来，向她叙述他们在汴京校场比武，刀劈王伦，宋王命她挂帅的经过。她一见帅印就勾起痛心的往事，严斥杨文广不该在外闯祸，还抱印回家，一时的激动，使她竟要绑手上殿，交还帅印。这是"愤慨"阶段。下面佘太君出场，问她为何不愿挂帅？她有大段（二六），说明宋王朝平日听信谗言，把杨家将累代功勋置之脑后，一旦边防紧急，又想起用旧人，实在使她寒心，不如让朝廷另选能人吧。这是"怨诉"阶段。后来接受了佘太君的劝勉，答应挂帅，佘太君很喜欢地下了场，她正准备改换戏装，耳边听到聚将擂鼓之声，立刻振起当年奋勇杀敌的精神。这里唱一段（快板）描写她情绪高涨。这是"奋发"阶段。

这出戏的主题，是从穆桂英的不愿挂帅反映宋王朝的刻薄寡恩，又从她的愿意出征表现本人的爱国精神，剧本这样安排是完全适当的。但是穆桂英刚从不愿出征转变过来，紧跟着就是闻鼓声而振奋，这地方接得太快了，对于角色的情绪还没有培养成熟，这样制造出来的舞台气氛，好像不够饱满。同时，我体会到这位女英雄究竟有二十多年没打过仗了，骤然在她肩上落下这副千斤重担，必定有一些思想活动，这里也有必要给她加一段戏。首先，我想到在送走了佘太君，场上只剩穆桂英一个人的时候，给她的思想里加上一层由决定出征而联系到责

第三编 谈戏说艺

任重大，如何作战的事前考虑。但这一思想斗争必须结束得快，慢了又会影响后面的高潮，又因为前面的"怨诉"和后面的"奋发"各有大段唱工，这里不宜唱得太多，大段独白更安不上。这不过是初步计划，如何实现还没有思考成熟。

有一天我看到河北梆子跃进剧团一位青年演员演的《穆桂英挂帅》里《接印》一折，她在穆桂英的思想转变过程中有左右两冲的身段，启发了我，使我很快地就联想到《铁笼山》的姜维观星，《一箭仇》的史文恭战罢回营，都有低着头揉肚子的身段，何不把它运用过来呢？根据这个意图，我大胆地采取了（九锤半）的锣鼓套子，用哑剧式表演，纯粹靠舞蹈来说明她考虑些什么。

（九锤半）的打法，锣声有时强烈，有时阴沉，一般是在武戏里将领们出战以前，个人在估计敌情，作种种打算时用的，锣声有强有弱，是为了表达思潮的起落，文戏里向来少用，青衣采用则更是初次尝试。

剧本初稿在这里有六句唱词，"二十年抛甲胄宝剑生尘，一旦间配鞍马再度出征，为宋王我本当纳还帅印，怎当那老太君慈训谆谆，一家人闻边报争先上阵，穆桂英岂无有为国为民一片忠心"。我上面不是说过这里不宜多唱吗？所以我把它减为这样四句："二十年抛甲胄未临战阵，今日里为保国再度出征，一家人闻边报雄心振奋，穆桂英岂无有为国为民一片忠心。"等到我安排身段的时候，又发现了唱词和表演有了矛盾。我的目的是要把这段哑剧式表演放在第三句后面，才能用第四句结束这段思想过程，如果放在第四句唱完之后，紧接着听到鼓声，就有层次纠缠不清的毛病。因为这两个转折的层次，前者用（九锤半），后者用（急急风），节奏都非常强烈，一定要把它们隔开才对。我原意是想加强"奋发"气氛，像那样叠床架屋，是起不了作用的，而且没有机会让思想考虑得到结束，但正碰上第三句唱词是"一家人闻边报雄心振奋"，这句下面紧接着考虑动作，那就坏了，变成她考虑的是要不要打起精神来保卫祖国的问题，岂不大大损害了这位有爱国思想的女英雄吗？我只好把原词再度改动如下："一家人闻边报雄心振奋，穆桂英为保国再度出征，二十年抛甲胄未临战阵，难道说我无有为国为民一片忠心。"前两句是表明她决定出征的态度。唱完第三句"二十年抛甲胄未临战阵"，哑剧开始，我挥动水袖，迈开青衣罕用的夸大台步，从上场门斜着冲到下场门台口，先做出执戈杀敌的姿势，再用双手在眉边做揽镜自照的样子，暗示年事已长，今非昔比，再从下场门斜着冲到上场门台口，左右各指一下，暗示宿将凋零，缺乏臂助，配合场面上打击乐的强烈节奏，衬托出她在国家安危关头的激昂心情。其实，她所考虑的两个问题根本都得不到结论，所以等我转到台中间，着重念了一个"哎"字，叫起锣鼓来唱第四句"难道说我无有为国为民一片忠心"，把当时的顾虑扭转过来，这句唱是对自己说：何必多虑呢？仗着保国卫民的忠诚去消灭敌人好了。这是我在"怨诉"和"奋发"的中间加的"考虑"阶段。多此一番转折，好让观众先嗅到一点战争气味，为后面的高潮造成有利条件。

按照文气来看，现在的三、四两句好像不甚衔接，这是因为我的哑剧里包含着不少无声语言，"哎"字一转，结束上文，下句是可以另起的。

下面，我背着手，脸朝里，听到鼓角齐鸣的声音，先向后退两步，然后冲到上场门口，把双袖一齐扔出去，转过身来，脸上顿时换了一种振奋的神情，仿佛回到了当年大破天门阵百战百胜的境地，走半个圆场到了下场门口，转身搭袖，朝里亮住，这时场面上又加了战马声嘶的效果，更增强了气氛，转身接唱（快板）后，跨进门，得意扬扬地捧着帅印唱出"我不挂帅谁挂帅，我不领兵谁领兵"的豪语。末两句："叫侍儿快与我把戎装端整，抱帅印到校场指挥三军"，从军字行腔里走一个圆场，回到台的正中，再对着上场门台口上一步，亮住了相，威风凛凛地转身捧印进场。

穆桂英在她的第一场里穿帔，第三场里扎靠，都有成规可循，惟独第二场的后半截最难处理，她还是穿的青衣服装，怎样才能显出英武气概呢？这两种行当和表演方法根本矛盾，的确是个难题。我从哑剧开始一直到捧印进场，一切动作，比青衣放大些，比刀马旦文气些，用这种方法把两类行当融化在一起，还要使观众看了不感到不调和，这只能说是我在摸索中的大胆尝试，做得不够满意，还有待于不断的加工。

我常演的《宇宙锋》里装疯的赵女念到"我要上天"、"我要入地"两句时，也有左右两冲的身段，表现的是疯子模样，只比一般青衣的步子走得快些，动作放大些。穆桂英是员武将，她的两冲要显出作战精神，我加上了蹉步，走得比赵女更快些，动作也更夸大些。从表面上来看，这两个角色都是夸大青衣的表演，而骨子里有程度深浅的不同，如何做得恰如其分？全靠舞台实践，火候到了，自然就会掌握。

我从前看过孙菊仙老先生演的《浣纱记》。这戏里的伍子胥，头戴高方巾，身穿蓝褶子，是老生扮相，老生应行，因此，一般演员都按老生表演，和祢衡、陈宫没有多大差别。孙老先生塑造的伍子胥形象，却不是这样，他一出场就把马鞭子扬得高高的，身上的架子，脚下的台步，都放大了老生的动作，加上他那种高亢宏大的嗓子，英武愤激的神态，气派真不小，使人一望而知是那位临潼斗宝的英雄人物。这种塑造人物的方法，对我今天处理第二场的穆桂英是起着借镜作用的，所不同的地方，他只是放大动作，而文戏的锣鼓节奏没有变动，我这次采用了武戏的锣鼓套子，进一步要具体地做出临阵交锋的姿势，换句话说，文戏打扮，武戏节奏，比他更为费事。

我的老伙伴李春林先生对我说，这场戏的穆桂英，又是青衣，又是刀马旦，京戏里从来没有见过，您安身段，千万注意别"拉山膀"。他的意思是怕我安的身段和服装扮相不调和，这种想法很高明。李先生大我两岁，他过去常陪着杨小楼、余叔岩先生等演戏，见得多，知道得多，有丰富的实践经验，给我把场多年，他在后台常提醒我：哪里身段重复了，哪里部位不够准确，哪里表演不够明显，哪地方多啦，哪地方少啦。三十年来，我得到他的帮助非常之大。我常对青年演员们说：多向老前辈请教，要请他们不客气地指出缺点来，能教的请他们教一教，不能教的请他们谈谈表演经验也是好的。因为我就是从这条道路走过来的。

这场戏里穆桂英上场，最初剧本的规定是，念完两句诗，就上杨金花、杨文广。我感到前一场他们刚在校场比武，打得很热闹，这里有必要使舞台气氛沉静一下；同时，这出戏里没有（慢板）唱工，缺乏主曲，总觉得不够完整，我把念两句诗改为唱四句（西皮慢板），说出穆桂英的盼儿心切。唱词用的是人辰辙，好像《汾河湾》的柳迎春在挂念丁山，但柳迎春只是单纯的慈母盼儿心肠，穆桂英却含有两种顾虑，一是急于要知道朝廷如何应敌的消息，二是怕奸臣对小孩们进行迫害。两个人盼望的心情不同，就不能用同样办法来处理。现在，我唱这四句的时候，是按照后一种心情来表演的。

第三场（全剧的末场）《发兵》，是写穆桂英在出征以前，检阅队伍和教训儿子的两桩事情。她在幕内唱完（西皮倒板），八个男兵，八个女兵，四个靠将和一个捧印官先在（急急风）里快步上场，这地方最初想按一般演法"站门"上，后来考虑到我在队伍当中要唱十句，时间较长，我的活动范围会受到拘束，因此改用了"斜一字"上，分三行在下场门边站齐，然后穆桂英披蟒扎靠，戴帅盔，插翎子，抱着令旗宝剑，背后高举着"穆"字大纛旗，在（慢长锤）里扬鞭出场，接唱三句（西皮原板），是说军容的整齐。唱完了，队伍又扯到上场门边，同时，杨宗保、杨金花、杨文广全从下场门出场，就站在下场门边，穆桂英转到台的中间，见了丈夫和儿女们一个个全身披挂，雄赳赳，气昂昂，站在面前，立刻使她回忆到少年光景，这里有六句唱词："见夫君气轩昂军前站定，全不减少年时勇冠三军；金花女换戎装婀娜刚劲，好一似当年的穆桂英；小文广雄赳赳执戈待命，此儿任性忒娇生。"我从第二句起改唱了三句（南梆子）。（南梆子）曲调比较悠扬宛转，容易抒写儿女亲切缠绵的情感，用来表达穆桂英的青春思潮，跟我那时脸上兴奋愉快的神态相结合，是再适宜也没有的了。对杨文广唱的两句，指责他有任性的缺点，那就不能再用这个曲调了，所以又转回（西皮原板），这两种曲调的板眼尺寸本来接近，来回倒着唱，听了是不会感到生硬的。

角色在戏里换调创腔，让观众耳音为之一新，只要不是无原则的编造，不是一味标新立异耍花腔，掌握了腔调里的情感，那是好的。程砚秋同志在祝英台《抗婚》里创造了一个哭头下干唱的新腔，台词是："老爹爹你好狠的心肠。"从声腔里充分地传出了祝英台有说不出来的一肚子怨气。这的确是个深合剧情的好腔。它的特点是刻画封建社会的女儿，不敢当面骂父亲，但被顽固的老头儿压迫过甚，逼得她无路可走，终于不能不透露出一点痛苦之声。再说京剧里角色干唱一句，习惯上往往用在遇到左右为难的时候，正合乎祝英台不敢说又不能不说的两难心理，所以砚秋同志不是孤立地创制新腔，妙在既好听，又充满了情感，用的场合更十分恰当，而且还不离开传统法则。近来有些青年演员常常采用这个好腔，我希望大家注意到这一点：如果剧中人不受祝英台那种环境的束缚，而是可以尽量发泄自己的悲痛的场合，也使用了它，恐怕说服力就不大了。

穆桂英进了校场，拜印，坐帐，跟着奉旨犒军的寇准上场，对杨文广大加夸奖，引起了这位杨家小将藐视敌人的言论，穆桂英借此要给儿子一个严厉的儆戒，传令问斩。杨宗保和众将一再求情，全不答应，最后接受寇准的讲情，才饶恕了他。当众将求情时，按照传统表演方法，一般都在（乱锤）里掏双翎，两手抖着向两旁将士们看。我这次小有变化，掏着双翎，向外亮住，先不抖双手，用眼偷看寇准，然后抖右手看右边，转过脸来再抖左手着左边。我的意思是说，穆桂英首先想窥探寇准的态度，他究竟识破我的用意没有？等看到寇准若无其事地坐在一旁，知道这位老于世故的寇天官已经懂得我的作用，他必然会来讲情的，那就不妨放开手来做，坚决拒绝众将的请求，加重对儿子的打击。《群英会》周瑜打黄盖时，也有偷看诸葛亮的做派，当年程继仙先生演得最传神，我就拿来借给了穆桂英。同样都是偷看，目的却大相悬殊，周瑜是惟恐诸葛亮识破他的巧计，穆桂英是希望寇准了解她的苦心。

下面，佘太君到校场送行，勉励了后辈们几句话，穆桂英就告别佘太君、寇天官，率领全军，浩浩荡荡地向战地出发，全剧到此结束。

从寇准上场以后，围绕着教育杨文广做戏，虽然也有一些内容，我总觉得不够丰富，但校场里可能发生的事情，无不与军令、军事有关，要穿插些别的故事，并不容易，我们还没有想出更好的办法来，希望大家看了，多给我们出些主意。

关于结尾应否与敌军会阵的问题，我们曾经反复讨论多次，有人认为全剧高潮已过，再加开打场子，只是交代故事，不能增加精彩，况且，杨家将的威名，人民对它早已抱有百倍信心，此番出征，定然胜算在握，没有必要再用明场细说了。我赞同这个意见。剧名《穆桂英挂帅》，到此为止，也还是名副其实的。

这样演出了十几次，第二场的效果比较好，观众说我在这场戏里的几个捧印姿势，使人看了有雕塑美的感觉。这和我平时喜爱美术，多少有点关系。前年我去洛阳演出，看到了当地名迹——龙门石刻，整座山上刻满了无法统计的庄严佛像，尤其是刻在山上奉先寺的几尊大佛，中座一尊身高十几丈，它的一只耳朵的高度比人还高，雕刻得细致，从庄严中透出秀丽之气，真够得上说是壮观了。我去年又到太原演出，游览了晋祠名胜，看见圣母殿里两旁塑着几十个宫廷妇女，经过考据，这还是宋代雕塑家的手笔。这些塑像，有的手拿器具，有的笑容可掬，有的面带愁容，个个都能从当时的现实生活中表现出妩媚生动的姿态，没有一个是同样的。我在它们旁边一再徘徊，感到美不胜收，舍不得离开。这许多优秀的美术作品，对一个演员来说，平日看在眼里，记在心头，在丰富创造生活上是有极大的益处的。我幼年常看三位老艺人合演的一出神话戏《青石山》：李顺亭先生扮关羽，杨小楼先生扮关平，钱金福先生扮周仓。关羽端坐中间，周仓拿着青龙偃月刀，关平捧着印，侍立两旁。这幅壮丽画面，活脱是古庙神龛里的精美塑像，给了我很深的印像。这次恰巧有捧印的表演，我不知不觉地把上面的种种印像运用进来了。你问我究竟像哪一个具体的塑像？我也说不上来，因为我根本没有打算模仿哪一个塑像。我们知道，不论哪一种艺术，都应该广泛地吸取营养来丰富自己，但如果生搬硬套，只知追求形式，不懂得艺术作品的神韵，貌合而神离，那就谈不上真正的艺术了。

《穆桂英挂帅》是豫剧的老剧目，京剧中原来没有。四年前我在上海第一次看到豫剧马金凤同志演的《穆桂英挂帅》，引起了我的注意，因为我虽然和穆桂英做了四十年的朋友，还不知道她的晚年有重新挂帅的故事。她那老当益壮的精神，使我深深感动，我们有着情感上的共鸣，因此，今年我就决计把这株豫剧名花移植到京剧中来。

我们现在有着三百多个地方剧种，发掘出五万多个传统剧目，这笔丰富多彩的遗产，保存在各剧种里，向来是可以彼此移植的，但各剧种的风格不一样，移植的时候，不要忘记了自己的本来面貌。我演的《穆桂英挂帅》，有些变动豫剧的地方，就是为了风格关系。例如：《乡居》一场；豫剧是杨宗保、杨思乡（宗保之弟）、穆桂英先后上场，各唱一段（慢二八），穆桂英唱的最多，有二十句唱词，每人进门参见佘太君后默默地坐在一旁，大家见面都没有一句念白。这是豫剧的传统表演方法，着重多唱，并且以唱代白（这三个角色的最末两句唱词里都有问太君好，向太君请安的话）。京剧就不能这样处理了。我们是杨宗保上唱两句，穆桂英上念两句，进门见了佘太君都有对白。《发兵》一场，豫剧的穆桂英出场有几十句唱，台下听得十分痛快，认为是个主要场子。放到京剧来又不合适了，所以我只唱十句，这不是说我年纪大了，怕多唱，即便让有嗓子的青年演员来演，也不可能连唱几十句。从上面两个简单例子来看，已经能够说明不同剧种必然会有不同的表演方法。

近年来戏曲界有了一种倾向，道白和锣鼓点喜欢学京剧，旦角的化装和服装喜欢学越剧。学习兄弟剧种的好东西，谁都不会反对，如果因而丢掉了自己的特点，破坏了原有的风格，也是值得考虑的。

现在的越剧旦角除演老剧以外，多数是梳古装头，穿古装衣服。我当年为了演神话戏，创造古装，第一个戏是《嫦娥奔月》。嫦娥的形象是我们从古画里找到一些材料，加以提炼、剪裁而塑造出来的。后来又引伸塑造其他神话里的仙子和红楼人物。这不过是为舞台上添了一种美化古代女子的类型，现在大家又把它的应用范围扩大了，当然是可以的，倘若照这样发展下去，各剧种全拿它来代替梳大头的老扮相，把优良传统的东西抛掉，那我就不敢赞同了。舞台艺术不是讲究多样化的吗？我觉得这两者可以并存，尤其是古老剧种要多加注意，什么戏该用老扮相，什么戏适宜扮古装？最好根据人物性格做恰当的安排，像挂帅的穆桂英年已半百，就不宜于古装打扮，这也是一个例子。

拿我最近排演《穆桂英挂帅》和二十年前排新戏的情况对比一下，工作方法显然是大大改进了。从前一出新戏的出现，经过找题材、打提纲、写总本、抄单本几个阶段以后，每个演员先把单本背熟了，大家凑在一起说一说，再响排几次，就搬上舞台和观众见面了。如何创造角色，全靠演员自己的体会，但他们看不到总本，对剧情不够全面了解，因此体会上就不容易深入。这种老的排戏方法，只有个人的思考，没有集体的研究和总结的效能。现在我们建立了导演制度，起着很大的作用。导演是了解全剧内容的，他可以先对每个演员作一番分析人物性格的工作，这一点已经给了演员不少的帮助。我排新戏有导演，还是第一次。这次的经验告诉我：导演要做全剧的表演设计，应该有他自己的主张，但主观不宜太深，最好是在重视传统、熟悉传统的基础上进行创造，也让演员有发挥本能的机会，发现了问题，及时帮助解决，有时候演员并不按照导演的意思去做而做得很好，导演不妨放弃原有的企图，这样就能形成导演和演员之间的相互启发，集体的力量，比个人的智慧大得多。我们得到了中国京剧院导演郑亦秋同志的协助，他是属于熟悉传统表演，又能让演员们发挥本能的导演。

这个剧本是陆静岩、袁韵宜两位同志执笔的，它的内容和豫剧本基本相同，豫剧本只有五场戏——《乡居》、《进京》、《比武》、《接印》、《发兵》。京剧本在《乡居》的前面加了一场《报警》，把寇准进宫报告边关危急，宋王和寇准、王强商量御敌策略，决定比武选帅等过程用明场交代；又在《接印》后面加了一场

第三编 谈戏说艺

· 255 ·

《述旧》，杨宗保在到校场以前，给他的儿女们述说当年穆桂英的破敌威风和军令森严，为下面教育杨文广伏一条线索；另外还加一个众将驰赴大营的过场戏——《听点》。这样，京剧本就成为八场戏。个别场子里比豫剧本也有所增减，例如《进京》一场，杨金花、杨文广到了汴京，作者给他们加了一段戏，让他们找到了昔年杨家故居——天波府，现在已经变成了奸臣王强的府第，姊弟二人就在门前徘徊不已，感愤交加。这个穿插能够反映宋王朝薄待功臣的事实，并且激发了两个杨家小将继承祖先勋业的志气，思想性是好的。

还有，徐兰沅先生帮我安腔，田汉同志给我改词，文艺界朋友们提供许多宝贵意见。所有以上种种，都是热爱艺术事业的表现，对我们的演出给了很大的鼓舞，使我们更清楚地认识到群众力量的伟大！

一九五九年九月

赣湘鄂旅行演出手记

一九五六年九月间开始，我在苏、浙、赣、湘、鄂等省的主要城市作了旅行演出。当地文化局事先都组织了各剧团的主要演员来看我们的戏，我和剧团的同志也抽空观摩了各种地方戏。彼此看过戏以后，还开了座谈会，互相交流经验，增长了不少知识。因此，这一次的旅行演出，我感到收获是不小的。现在我先综合在南昌、长沙、武汉三个座谈会上的发言，稍加整理补充，写供大家参考。

一 观摩几个地方戏的优秀表演

江西是革命的发源地，也是高腔戏的发源地。现在全国各地所唱的高腔，都是从江西的弋阳腔发展开来的。弋阳腔的兴起，还在昆曲之前。以我在南昌看过的两个赣剧高腔剧目来说，就可以说明它是具有悠久的历史传统的。

一是《书馆相会》（《珍珠记》的一折）：故事是说高文举

进京赶考，在夫妻分别时，把一颗珍珠剖开，各执一半。后来经过许多波折，就凭这两个半颗珠子，夫妻才得重圆。所以又名《合珍珠》。各剧种里都有这出戏，大半是根据高腔的《合珍珠》改成《合玉环》，故事虽相同，但其中的穿插和表演手法，都有了很多差别。我听说《珍珠记》的剧本，最近经过文艺工作者与演员的紧密合作，加工整理以后，由老艺人把传统艺术教给青年演员，再根据人物性格进行了新的创造，像这种办法是好的。童庆礽同志扮演高文举，郑苏岚同志扮演王金真，都演得相当细致、生动而富有情感。这两位青年演员是有前途的。但我希望他们赶快向前辈学习更多的东西。第二出戏《犒军夜访》，是全部《金貂记》中的两折，由老艺人李福冬先生主演。两年前赣剧团到北京汇报演出，我看过李先生主演的《江边会友》(《敬德钓鱼》)，这次又看到了他的戏，更感觉亲切。演张士贵的徐双林同志，演薛仁贵的郑水琛同志，都是仅存的高腔老艺人。从这个戏里，不但在表演动作上看出古老剧种的特点，就从服装上也看到了早期的朴素形象。还有，尉迟敬德的脸谱也和京剧现在的勾法不尽相同，而与我所藏的明代脸谱是比较接近的。这一次的观摩，我获得了不少的益处。

湖南省的地方戏曲，流派最多，而且都有丰富、优秀的传统剧目，这是久已闻名的。就拿下面三个戏来说，它们就各有不同的风格。

第一出是祁阳戏《借赵云》。祁阳戏拥有许多老节目，并且对广东、江西等邻省影响很大，我记得有这么一句老话，叫做"祁阳子弟满天下"。可以说明这个剧种流布的地区是多么广阔。《借赵云》的关目、场子和京剧大致相同，但演得非常精彩。扮刘备的唐福耀同志，唱、念咬字都很清楚，身上边式、利落，看出"幼工"是结实的。扮赵云的曹艳达同志，腰腿也有功夫，是一个受过正式训练的青年演员。这出戏里，赵云的靠旗好像扎得太低；刘备、赵云都穿的是薄底靴子，对剧中人物的身份是不大相称的；后面张飞、典韦出场，靠旗扎得高，靴子穿的是厚底，看着就显得有气派。我建议：赵云的靠旗扎高些，靴子都改穿厚底。我也想到，改穿厚底以后，还照这样做，可能在动作上有些不便，不妨把重复的身段加以精简。

　　第二出邵阳花鼓戏《打鸟》。描写农村里青年男女相爱的生活，这出戏的内容是健康的。演三毛箭和毛姑娘的两位青年演员，演得非常活泼轻松。毛姑娘在窗口看到三毛箭的时候，那种又喜爱又害臊的神态，表演得很合剧中人的身份。这两位青年演员的前途是很有希望的。这里面有些舞蹈动作，最好在邵阳花鼓戏原来的基础上提高。我们把别个剧种的精华吸收过来以后，必须加以融化，才更能丰富自己的地方色彩，戏也就更完整了。当然，这出戏里扮母亲的王佑生同志是位成熟的演员，更为出色，他把这位母亲演得非常风趣。我很欣赏全剧的收场，当老母亲自言自语地回忆自己少年时期的恋爱情景，讲到也想拥抱她爱人的时候，用手一比，她的女儿恰恰从母亲的胁下钻了出来，母亲在这种尴尬的神情里，搂着女儿走下场去，给观众留下一个轻松、幽默的印象。自然，这跟剧本写得好是分不开的。

　　第三出《祭头巾》是常德高腔。这是一出讽刺剧，有人看它是喜剧，我看是出悲剧。以八股取士，是统治阶级对付知识分子统一思想的手段，他们怕老百姓造反，尤其怕不得志的读

书人带头造反，因此想法子把这些读书人的聪明才力束缚在科
场考试里面，使得应考的士子，即使今科不中，还有下科，科
科不中，也只可归咎于自己的命运不济，或者自怨文章做得不
好，再不然就埋怨考官瞎了眼，而绝不敢诽谤制度。他们迷恋
着这种制度，希望一举成名，平步青云，这就上了统治阶级的
圈套，从小到老，全部精神、脑力都消耗在八股和帖括里，他
们的整个思想被这个干燥而乏味的东西像锁链一般地锁住。有
些人下场不中，受尽了亲友的嘲讽和白眼，在旧时代有成千上
万的读书人葬送在这个黯淡的岁月里，我当年来往的老朋友就
有这样的人。"祭头巾"当中丘吉彩同志扮演的石灏，正是一
个典型的例子，他一上场就在我们面前活生生地塑造出一个久
困场屋的老书生的形象，他脸上的表情，身上的动作，都和这
位老书生的内心感情结合得很紧，自始至终没有离开角色。

　　关于创造石灏这个人物的过程，丘吉彩同志对我这样说：
"我的老师是演生角的，我常陪他演《祭头巾》的书童，学习
了前辈的表演艺术，但感到他的精神举止偏于庄重，似乎缺少
一些丑角的风韵，我曾细心揣摩如何把这个角色演得生动而又
保持丑角的特点。我学过各种类型的老人走路的样子，结果都
不像石灏，最后结交了一位失意的举子杨铁孚先生，已经七十
多岁了，杨先生不但常看我师父的戏，并且还看过我师爷爷的
这出戏，他把这两位前辈的表演特点，都仔细地告诉了我。我
还从杨老先生身上吸取了老儒的神态和读书人的习惯。"我们
从戏里面看出这些生活上的模仿，不是直接硬搬，而是通过艺
术技巧的加工创造出来的，与高胜的传统表演法则能够巧妙地
结合在一起，看了没有不调和的感觉。譬如，捻须的手势，是

文人构思时常有的动作，下颌的微微颤动，也是老年人的特征，尤其是遇到兴奋或着急的时候，更显得频繁。从这些动作里，都能把石灏内心的高兴和失望真实地表现出来。在祭这顶头巾的时候，就剧情来说，是含有闹剧的意味的，但丘吉彩同志在这里却演得非常之冷，其妙处也正在于冷，一种迂痴、牢骚、萧条、悲观的气氛，笼罩着整个舞台。

丘吉彩同志念到最后一句台词："我的儿你也中了。"他浑身颤动，两眼发直，使人感觉到石灏在绝望之中突然遇到过度的兴奋，他那经过长期的抑郁、熬煎的身体，终于支持不住而倒了下去。这里的表演，与《儒林外史》的作者吴敬梓先生以惊心动魄的笔锋描写范进的中举发疯，有异曲同工之妙。照小说和剧本的事实来说，范进是中年人，所以发疯以后，还能恢复正常，石灏已到了风烛残年，倒了下去就起不来了，这两个人都是以悲剧性格反映了古代儒生的惨痛生活。在看了这个戏的精彩演出之后，我有两点意见，提出来供剧团参考：（一）那天的音乐场面，摆在舞台前面的乐池里，石灏的话白有几处受了音乐的影响，我们听不清楚。是否可以少加音乐或者把音乐的声响放低？（二）石灏祭的那顶头巾，是秀才用的，在明清两代的科举制度里，秀才不可能一下子就中了探花。同时石灏如果是中过举人的，就不至于如此牢骚而祭起头巾来，这对科举制度来说，是有点脱节的。

上面两出戏，曾在北京演出，得到很高的评价。我当时正在日本访问，回国后又因为事情很忙，没能看着，这次来长沙，得到观摩的机会，我是很高兴的。

在武汉，使我痛快的是看了几出汉剧。汉剧和京剧是有血缘关系的，因此，我们在欣赏艺术之外，别有一种亲切的感觉。

李春森老先生就是南北闻名的大和尚。我看了他和李四立同志合演了《白罗衫》的《详状》和《审陶》。这个故事出在《警世通言》里面。我们看到大和尚老先生扮演的陶大，仿佛这个奸猾的大盗从《警世通言》这部书里走了出来，在舞台上立体化了。陶大出来的过场，台词只有一个"走"字，而那种在舞台上不常看到的阴森难测的人物形象，就吸引了全场观众。他的扮相从华丽的红色开氅来看，似乎是一个养尊处优的老封君。勾的脸谱非常之妙，黑色的三角眼，配合着白色的老纹，腮上的两块圆形红彩，鲜明地突出了陶大的特殊性格。在《审陶》一场，几乎全部使用了腰腿的劲头，那种矫健灵活的优美舞蹈，令人难信是一位年近八十的老人。等到打坐向前，说明黄天荡杀官劫财的大段道白，台词比京剧《连环套》的黄天霸还要多，一边念，一边做，同时又要窥测问官徐继祖的神情，这些都描绘了陶大的复杂矛盾的心理状态。李四立扮演的徐继祖，沉着稳练，细致深刻，审问陶大时因为案情牵涉到自己的切身利害关系，又急于了解本身父母的真实情况，所以有时声色俱厉，有时词气温和，使用眼神，经济而准确，在有意无意之间体察陶大的内心活动，恰如其分地表现出一个有才干的官吏。从这出戏里，我们看出李春森老先生继承了前辈的艺术传统，多少年来不断创造发展，才达到这种高度集中的境界，使我们看了非常佩服。

李罗克同志的《做文章》，有力地讽刺了一个官僚家庭的纨绔子弟，许多方巾丑的身段，潇洒好看而节奏鲜明，语汇丰富，并不感到庸俗，同时在这个戏里，通过优美的舞蹈，还可以闻到浓厚的生活气息。我想李罗克同志将来可以继承大和尚老先生的表演艺术的。

《烹蒯彻》是汉剧有名的传统节目，韩信被吕后、萧何骗进宫去，杀死在"长乐钟室"，他临刑的时候说道："吾悔不用蒯彻之计，乃为尔女子所诈，岂非天哉？"随后刘邦听见蒯彻曾经劝韩信背汉，就把他抓上殿来，当着满朝文武，要把他烹死在油鼎里。蒯彻是个最善于辞令的人，一点也不怕，侃侃而谈地说服了刘邦，终于把他释放了。这出戏就是根据这个历史故事编写的。剧本的思想性和艺术性都好，而且剧作者又用了一种新颖的手法来说明问题。例如：蒯彻听到萧何说韩信是有罪该斩的，他并不正面替韩信呼冤，他也历数韩信有十大罪状，相反地正是韩信的十大功劳。萧何又说韩信有谋反之心，他又不是正面替韩信辩白，却把韩信说成有三愚一痴，他笑韩信当兵权在握、举足轻重的时候，可反而不反，等到汉业已定，自己手无寸柄的时候，倒想造反，这还不算是个最笨的人吗？这些话表面上听了好像顺著对方说，骨子里却处处是含有讽刺性的反话。剧本里像这样用"以子之矛攻子之盾"的反话来辩明是非，说服对方，倒是不多见的。金殿一场，要演四十分钟，全是蒯彻一个人的戏，虽然唱、念、做如此繁重，但自始至终一线贯串到底，给观众以酣畅饱满的形象。

陈伯华同志我早就认识了，十多年前在上海常常见面，那时她已离开舞台，解放后得到党的培养和文化部门的支持，使她恢复了新的舞台生命。在一九五二年全国会演时得到好评。这次我们看到她的《断桥》，在唱做方面又有显著的进步，她的发音，用嗓的方法是正确而健康的，可以看出幼年学艺时候曾经受过老师父们的严格训练，从她钻研艺术的精神来看，前途是未可限量的。

我在武汉看了汉剧，不禁使我回想到去年夏天访问日本路过广州时看到的广东汉剧团一出《百里奚认妻》。

据广东省文化局的同志向我介绍说：汉剧在清代乾隆年间流入广东，受到欢迎，生了根并逐渐发展，曾经有过一个繁荣时期，流传至今已有二百多年的历史。在解放前，由于抗日战争时期的流离失所和反动统治的轻视艺术遗产，广东汉剧许多艺人饥寒病苦，死亡相继。解放后，在"百花齐放、推陈出新"的方针下，奄奄一息的广东汉剧得到复苏，现在的汉剧团团长黄桂珠、黄粦传两位同志，就是复兴广东汉剧的主要演员。《百里奚认妻》，就是由这两位同志表演的。这出戏给我深刻的印象，现在我愿乘此机会谈一谈，希望引起爱好汉剧和汉剧界各位同志的注意。

这出戏的剧情是极其简单的，百里奚官居宰相，思念他久已失散的妻子，闷闷不乐，家院找来一个沿街卖唱的贫妇给他解闷，这位贫妇从一段琵琶调和一段琴曲里说明了她就是百里奚的妻子杜氏，夫妻才得相认。黄粦传同志扮百里奚，上场先唱四句，咬字清楚，喷口有劲，调门似乎比我在武汉听的汉剧稍低，行腔简练而有味，表情身段稳重而含有一种抑郁的意态。从这段唱、念、做工方面，先勾画出百里奚的身份和他当时的心情环境。老家院到街上找来贫妇，带进相府，百里奚就赐她一个矮座，这个贫妇就弹唱起来。黄桂珠同志扮演的杜氏，从扮相、嗓音、身段上看，都符合青衣的身份。琵琶调是长短句，我现在把这段唱词节录出来：

忆当年……奴和他形双影对好比鸳鸯。

今日里只落得形单影只嗟叹凄凉。

屈指数流年似水三十余载漂泊他乡。

嗳唷！嗳唷！

想夫君重义多情，既天赐姻缘，姻缘何快尽。

嗳唷天！嗳唷天！怨苍天，缘快尽，当初何为相亲相近。

似有缘，似无缘，咫尺天涯远，天涯远。

含泪人，嗳唷人，到如今问苍天，人海茫茫何处寻。

嗳唷薄情人，别久变心，累得我似浪打浮萍，线断风筝，飘飘荡荡何处寻。

    这段唱词朴素而含有古代民歌的意味。黄桂珠同志以清亮圆润的嗓音，婉转凄凉的声调，感动了观众的心。她不用花巧的行腔来吸引观众，而是着重在表达剧中人千里寻夫地哀怨心情。当贫妇弹唱的时候，百里奚始终是拿一本书看着，但我们清楚地看出他在凝神细听，中间曾几次站起来在台的大边，很缓慢地走几步，淡淡地看那贫妇一眼，这种表演，都是深刻而耐人寻味的。

    在今天"百花齐放、百家争鸣"的日子里，我希望这个具有传统历史的广东汉剧也能够出来转一下，我想一定会引起大家注意的。

    这次我们观摩了不少好戏，各地演员也看了我们的戏，像这样相互学习，交流艺术经验，这是很好的。不过，吸收别人的东西，必须经过一番溶化，使它很调和、很适当地用到自己剧种里来。我们要知道，每一个剧种都有它独特的风格，我们所期望的是每一个剧种都从原基础上发扬光大，不要在吸取别人的东西的同时，丢掉了自己传统的风格。毛主席指示我们要百花齐放。我们不要变成一花独放。

二 传统剧目的发掘整理与改编

经过全国剧目工作会议以后,各地都在大力发掘传统剧目。许多老艺人兴致勃勃地翻出他们的箱底，文化部门也发动了演员，举办了讲习班或举行会演，有的偏僻地区的剧团，也得到了交流经验的机会。并且还发现了可贵的遗产。有许多久未上演的好戏都和观众见面了。总之，在过去一年中，戏剧界出现了欣欣向荣的新气象，各地的戏院上座率都得到普遍的提高，演员的生活有了改善，同时，中央对各地发放的补助金也大大鼓舞了戏曲界的从业人员,特别是有些老艺人的生活得到照顾，对于发掘传统剧目，培养下一代的工作，都起着显著的作用。但是，我们在打破清规戒律，大力发掘传统剧目的同时，也要注意有一些既不是传统剧目而又充满毒素的戏。最好别让它经常和观众见面。有些发掘出来准备上演的传统剧目里面，如果实在有不健康的地方,大家也不用害怕。我们可以先整理一番，演出后再听取观众的反映，边演边改。我想，这样做是比较妥当的办法。总之，使各种琪花瑶草都开得辉煌灿烂，这才是我们对观众应尽的责任。

在旅行演出中，沿途看到各地报纸上发表的戏曲评论，有对于传统剧目的推荐和对改编剧目的赞许，也有对连台本戏指出缺点的批评。在我接触的各界戏剧爱好者的舆论当中，对此也有个别不同的看法，我想提出来大家讨论。

我国古典戏曲的演出方式，大约不出下面三种：（一）每场演出几个单折戏；（二）每场只演一个从头到尾的故事；（三）连台本戏。这三种方式的本身并无好坏之分。譬如人们的服装，目前就有三种样子：长袍、制服、西装。我们决不能从服装上来断定穿长袍的是地主，穿制服的是干部，穿西装的是资产阶级。我们鉴别一个人的品质，要观察他的思想和行动。看戏要细看它的内容，才能判定它的优劣。总而言之，这三种演出方式，都应该以剧本主题、表演艺术为主；服装、布景、道具、装置……也应该在烘托剧情而不妨碍表演的原则下来设计的；如果专用离奇怪诞、脱离实际的方法来号召观众，结果是站不住脚的。上面讲的三种演出方式，现在都同样受到观众的欢迎。我这一次旅行演出中，没有看过连台本戏，按理说，我没有发言权。但我却愿意提出一些建议。

我知道，在程长庚老先生领导的三庆班里，会演出连台《三国志》。我的祖父梅巧玲领导的四喜班曾演出连台《雁门关》《梅玉配》……我本身就演过这类老的连台本戏，并且还亲自排演过一、二、三、四本《太真外传》。以上所说的连台本戏，虽然也有个别使用砌末布景的，但主要是以演员的表演艺术为中心。当年的观众所津津乐道的活鲁肃、活曹操、活周瑜、活张飞、活诸葛亮等等称号，就产生在连台《三国志》里面。后来我在上海住家的时候，曾看过以机关布景来吸引观众的连台本戏；也有如《狸猫换太子》里面就包括《打寇》、《断后》、《铡美案》……传统剧目在内的。

今天，我们的戏剧事业正在百花齐放、美景当前的时候。我希望戏曲界的同志们要耳聪目明地辨别精粗美恶，倾听群众的意见，虚心检查自己的工作，哪些是有成就的，哪些是要不得的、需要改正的。同时，也希望批评家们要平心静气地提出善意的批评。我回京以后，有人告诉我，最近上海的两部连台本戏，《封神榜》就比《欧阳德》好。在剧本方面，《封神榜》是照着原书《封神演义》回目顺序编写的，演员的表演也都很严肃。《欧阳德》里面有好多情节是虚无缥缈，毫无根据的。在布景方面，这两出戏都采用了机关布景。《封神榜》有狐狸精吃掉妲己的一场，妲己正睡在床上，忽然，轰的一声响，从她床前放出一团白烟，紧接着走下床来的妲己，已经不是刚才那个人，而是狐狸精的人形。这两个旦角的服装完全一样，台下观众须要仔细辨认，才能看出人是换过了。这虽然像是要戏法，却没有离开剧情。《欧阳德》里有一场开打，欧阳德就在这时跑上了一座有楼梯的更楼。他把帘子拉得严严的，好像还躲在里面。等到敌人赶上更楼，打开帘子一看，人已不知去向。正在四处搜索的时候，欧阳德忽然又从前台观众中间走上了台。像这样变戏法，跟剧情有什么关系呢？

我们从事戏剧工作的人，最重要的资本是艺术，要知道人是会老的，艺术是不老的。像那天我看到大和尚老先生的表演，是青年人所望尘莫及的，如果当年没有勤学苦练的功底，现在就不可能还有这样精彩的表演。老话说得好："少壮不努力，老大徒伤悲。"因此我联想到各地刮起了连台本戏的一阵风，我们的青年演员千万不能认为连台本戏有叫座能力，就发生一种依赖思想，因而忽略了艺术的锻炼和进修，错过了向传统艺术学习的机会。同时，希望主持排演连台本戏的同志们，也要尊重演员的表演艺术，不能依靠商业化的噱头号召观众。我过去看见连台本戏的全盛时代，也看到它衰落下去。如果老没有真东西给观众欣赏咀嚼，那么这阵风就会刮过去的。我不是在这里扫大家的兴，只是就我所知提出来，供大家参考讨论。

我们的艺术，必须"货真价实"，颠扑不破，才能流传永久。像《西厢记》、《琵琶记》、《拜月记》、《白兔记》、《牡丹亭》、《雷峰塔》等许多传奇名作，有的已经演了几百年，至今还在上演。又如以《三国演义》《水浒》等小说为题材的许多好戏，至今也仍然受到群众的普遍欢迎。另外，各剧种还拥有数量不小、具有代表性的保留剧目。这些都是祖先们给我们留下的遗产，我们必须好好地继承下来，使它们发扬光大。但我们还必须要有新的创作。同时在发掘、整理、改编工作中，大家要集中力量来共同创造，也给下一代留下些像样的东西。

有些戏的传统表演，也不是一点不能改动的。我这次沿路看到的地方戏，如汉剧《详状》里面老院子的关门身段，关了头门，绕个圈子又关二门，我觉得关一次就够了，因为舞台上的表演，虽然要有生活，如果把日常生活细节全部搬到台上，那就太琐碎了，赣剧《犒军夜访》中，尉迟恭犒军一场，有两个军士张贴榜文的表演，先刷糨糊，再贴榜，贴完了再刷一次墙，翻来覆去地有许多动作，占的时间太久，像这样与剧情关系不大的地方，只要有了交代就够了，不必在这上头大做文章：因为这样做会使观众看了反而感到噜苏的。祁阳戏《借赵云》里面，赵云有些动作如踢腿、踢靠肚等，也显得重复，这可能是传统的演法。我们对待整理传统表演，固然应该保留原有的

第三编 谈戏说艺

风格，如果遇到不必要的琐碎而重复的身段，不妨加以精简，但有些结合剧情而又能增加气氛的重复身段，那就不能一概而论了。像汉剧《烹蒯彻》里面，蒯彻直扑油鼎的动作，前后达三四次之多；一次比一次紧张，观众一点都不嫌它烦琐，原因是：油鼎这个杀人的刑具是戏里的关键，蒯彻又是被烹人物，这与前面所说的重复身段，性质是不同的。哪些可改，哪些不应当改，这就需要经过认真分析，仔细研究才能决定。

一个戏能够吸引住观众，这不是少数人的力量，而是整体的劳动成果。可以拿去年轰动全国的《十五贯》为例。我这次到杭州，听到文艺界的朋友告诉我一些关于这个戏的改编、创作的情况，使我深刻体会到一个优秀的艺术作品，必须在集体创作、水乳交融的精神上完成的。他们的工作，从选定《十五贯》为整理对象开始，就成立了一个整理小组，新文艺工作者就和演员、音乐工作者以及其他舞台工作人员密切联系在一起，他们是各尽所长，群策群力，才真正达到了推陈出新的目的。在改编工作进行中，他们吸取了广大群众的正确意见。在音韵的规律方面，还向文艺界老先生不断请教，再三讨论，几经修改。演员们在掌握人物性格方面，也是倾听了文艺界有经验的同志们的意见，然后毫无拘束的、正确地发挥了各人的艺术才能，创造了出色的人物形象。我们今天看到《十五贯》的成功，应该研究他们所以成功的道理，吸取他们的经验。中央号召大家向《十五贯》学习，不是希望各剧种都上演这个戏，而是要求大家学习他们的工作方法和团结精神。《十五贯》的故事是很引人入胜的，但我们在发掘传统剧目或另排新戏的时候，却不必局限在这个范围以内。古往今来，社会上有形形色色许许多多的人物故事可以拿来作为歌颂、咏叹、批判、讽刺的对象，我们要扩大自己的眼界，创造出多种多样的艺术作品，才能符合"百花齐放"的方针。

三　我学戏、改戏和表演的经验

这次我在各地座谈会上，许多演员同志都要我谈谈学戏、改戏和表演的经验。

其实，我学戏的过程，也和大家没有什么两样。我以为，一个演员的成就，第一，要靠"幼工"结实。动作部分应该练好腰腿，唱念部分应该练好发音咬字。这些基本的技术，大家都是内行，也无须我细讲。第二，要靠舞台实践。我的经验是：戏唱得越熟，理解力越强，正如俗语所说"熟能生巧"，这句话是一点都不错的。可是，还应当注意：戏唱熟了，往往会"油"。戏唱油了，是要不得的。第三，是要多看前辈们的表演。什么行当的戏都看，什么剧种的戏都看。但是，看戏必须具备一种鉴别能力，才能分出好坏来。看到好戏，固然能够丰富我们的表演；看到坏戏，也不要失望，这对我们也有益处，因为我们能看出他走错了路，就可以不再犯他同样的错误。这种鉴别能力，也是要经过一番锻炼，才能具备的。只要我们肯多看前辈们好的表演，多听行内行外一些良师益友的经验之谈和正确的意见，再加上自己的琢磨钻研，久而久之，我们的眼睛亮了，耳朵也灵了，心里也明白了，到那时候，我们就能够分清哪是精华，哪是糟粕，那么，在表演方面就一定可以进入角色，自然就会有许多的创造，我就是从这样一条路上走过来的。

第三编　谈戏说艺

我这一次到武汉，由于火车里温度高，过江时受了点风，嗓子哑了，在休养期间，有许多观众写信来慰问我，有的观众拿着当天的戏票到人民剧院，听到这个消息，都托剧院的同志带口信劝我安心养病，各界的朋友特别是戏剧界的朋友都在百忙中来慰问我。这种种亲切的关心和温暖，使我感动，对我精神上起了鼓舞作用，因此，我的嗓子在估计恢复期间以内就好了。当然，这和几位中西医务工作同志对我的细心诊疗是分不开的。嗓子是演员的第二生命，我在《舞台生活四十年》里面，介绍过一些关于保护嗓子的粗浅常识。这次因为嗓子哑了，有一位耳鼻喉科专家袁大夫给我检查，他说："你的声带充血，肿了，并不拢，所以发不出高音。"他把发声的道理详细讲给我听。当我服用中药以后，声带充血的现象逐渐消除，有了好转的时候，他郑重对我说："你现在可以试试嗓音了。但必须由低音逐渐提高，不可一上来就喊高音，以免使声带受到突然的激烈振动。因为这个器官是非常娇嫩的。"他说到这里，我想起一桩往事来。二十年前，有一位享有国际声誉的低音大王夏里亚平先生到上海游历。我们举行了一个茶会欢迎他。席还未终，我向他道歉，因为晚上有演出，要先走。他听了大为惊讶说："怎么？今天你有演出，还来参加这个茶会！"那神情和语气大有责备我的意思。夏里亚平先生又告诉我说："我的习惯，演出的前夕，就不参加宴会，连说话都尽量减少。这样到了歌唱时，可以保证精神饱满，发音清亮。"这位老友虽已逝世多年，但他的话却给我深刻的印象。我们今天生活在伟大的新中国，我们都有着为人民服务的志愿，并且我们都有了克服困难，坚持工作的习惯，这种精神是好的。但更重要的是：必须保护我们的嗓子。如果自己不小心，把嗓子毁坏了，就失去为人民服务的重要条件，这是追悔不及而又使群众惋惜的一件事。因此我们在坚持工作之外，还必须养成坚持休息的习惯。据我的经验，多睡是一个最有效的休息方法，尤其像我们已经上了岁数的人，更为需要。

这十几年当中，我没有编演新戏，只是做了些整理、改编的工作，我在这里简单地介绍一些经验：

首先，我觉得文艺工作者和我们戏曲演员合作是重要的。我有几位文艺界的老朋友，同我合作了好多年，他们经常作为观众，在前台听戏，看出了什么问题，譬如某几句台词存在着不好的意思，或者与剧情不能紧密结合，还有在音韵上不够和谐，某一个身段表情的目的性不够明确，或者姿势不够好看，就马上给我提意见。也有我自己发现的问题，和他们一起研究如何解决。总之，我们用的是互相启发的方法，多少年来是收到效果的。有些常演的戏，台词有所变更，唱起来必须格外注意，免得新词与老词互串。有些唱腔是观众向来熟悉的，如果把他们认为好的腔轻易改掉，就不容易被接受，遇到这些地方，我们还得要改字不改腔，所以这也不是一件简单的事情。身段表情的改进，比变更台词更难一些，这要和人物的思想感情结合在一起，不可能一下子就做得恰到好处，必须在一次又一次的实践中积累经验，才能达到越改越好的地步。

上面说的，还是指部分修改而言，如果戏里的主题应该变更，或者人物性格前后不统一，那就需要大拆大改。像《贵妃醉酒》、《生死恨》、《宇宙锋》等戏，到目前为止，不知经过我们多少次的小修、大改。大改的工作，第一步也是先跟文艺界的老朋友进行讨论，这时候往往会引起一些争辩；等到意见一致，然后动笔，边写边研究，在拿到台上演出时，还要听取观众的意见，观众认为改得好的，我们保留下去，说改得不好的，我们再往好里改。但我们必须自己心中有数，辨清精粗美恶，慎重做这一工作，倘若东听一句，西听一句，不经过仔细的分析、考虑，就动手更改，结果只有造成混乱，没有什么好处。

我自己整理修改剧目的方法，要分两部分来讲。首先是确定剧本的主题。第二步是如何结合我的表演。我不喜欢把一个流传很久而观众已经熟悉的老戏，一下子就大刀阔斧地改得面目全非，让观众看了不像那出戏。这样做，观众是不容易接受的。我采取逐步修改的方法，等到积累了许多次的修改，实际上已跟当年的老样子不大相同了。可是观众呢？在我逐步修改的过程中，无形地也就看习惯了。我为什么这样做呢？因为一出戏要把它改好演好，不是一桩容易的事。拿我的经验来讲，改了一个时期，又会看出问题；甚至有时还会改回来，总之，这件工作是需要很细致，很耐心，步步深入的。

《贵妃醉酒》是一出舞蹈性很强的戏，前辈老艺人们给我们留下许多优美的表演。可是其中有部分黄色的东西。如《诓驾》以后，和两个太监调笑当中，有一些暗示性的动作和表情。我改的时候，首先变动了主题。我现在的演法，是通过杨贵妃来描绘古代宫廷贵妇人的抑郁、苦闷心情。主题有了变化，所有全部的表演风格，也随着起了变化，剧中人物身份就和从前不同了。后面的唱词，如："安禄山卿家在哪里……"那四句，以及"色不迷人人自迷"，等等，含意都不好，我都把它们改掉了。至于身段部分，经过一再整理，修改的地方很多。就拿"卧鱼"来说吧，最初，我只知道老师怎么教，我就怎么演，它的目的性何在呢？我也说不上来。后来，先确定它的目的性是为了嗅花。嗅花的姿态，我变了好多回，先是单手捧着闻，双手捧着闻，由不露手加上一种露手，由捧着闻又加上折枝的手势。总之，两个卧鱼是对称的。但是小动作里面是有区别的。

《生死恨》里过去没有彻底解决的是韩玉娘和程鹏举两个人物的性格不够统一的问题。我最早的演出本，由于程鹏举有了三次告发他的妻子韩玉娘劝他逃回祖国，所以后来程鹏举做了襄阳太守，派家人赵寻访着了韩玉娘要接她到任所，而被她拒绝。这样写法，是对程鹏举的性格大大地有所损害；这就会影响韩玉娘对程鹏举的热爱和她多少年中为他受尽折磨、坚贞不移的精神。我们初步的修改，把三次告发改为两次，随后又改成一次，夫妻之间的误会，就不难经过解释而消除。照这样演了一个时期，我觉得程鹏举的性格是完整了。但韩玉娘在后半部戏里，从她的思想感情中很难看出她希望有破镜重圆的一天。如当她流落在李妈妈家中，在一个深夜里所唱的台词有："我也曾劝郎君高飞远扬，又谁知一旦间改变心肠，到如今害得我异乡漂荡，……"夹白中有："想我韩玉娘，苦劝程郎逃回故国，谁想他反复无常，害得我这般光景！……"这些唱白里，说明韩玉娘对丈夫有多么强烈的怨恨。梦中相会的时候，她的动作表情也全是对丈夫不满的表示，再加上后面拒绝赵寻的迎接，这就显得韩玉娘的性格前后矛盾了。近年来我们针对着上面所说的那些问题，又大改一次。现在我的儿子葆玖常演的《生死恨》，就是修改的本子。

上面不过随便举几个例子，至于唱词、话白、身段、表情，个别修改的地方还很多，这里就不细谈了。

（《戏剧论丛》，一九五七年第二辑）

与西安戏曲界谈艺①

西安是周秦汉唐的古都，也是具有悠久历史的古老剧种秦腔的发源地。秦腔跟京剧有密切的关系，有人说过京剧的主要曲调"西皮"就受秦腔的影响很大，此外，剧本表演等方面，也都有相似的地方，可以看出在很早的时候，就已经有交流经验，互相学习的痕迹。

这次我到西北来，在兰州、西安都看到秦腔的表演，所有腔调、动作、音乐和全部舞台的形象还保持着原有的风格，这一点我是很满意的。我不是说秦腔就这样停留在原有的基础上不要提高。我希望在提高和发展的时候，不要破坏原有的风格。秦腔的历史比京剧要远得多，更不要以为这个剧种古老了，就把它看成是落后了。它在社会主义文化高潮的影响下，正走向返老还童的道路，散放着青春的火花。

我现在谈一谈这次来西安所看到的四出精彩的秦腔节目，

① 这是作者在西安戏曲界座谈会上的报告。原题为《谈表演艺术》。

从这些优美动人的表演里，我们学习了不少东西。

第一出《杀裴生》。演李慧娘的马兰鱼、演裴生的李继祖虽然是两位青年演员，我看出他们腰腿的功底很深，也会做戏。在李慧娘救出裴生的几个追赶场面里，他们都能够把那种紧张的气氛充分表达出来。尤其是李慧娘许多次"吹火"的演技也十分纯熟。有人告诉我这出戏的"吹火"是秦腔传统的表演特技，观众是常常拿来测验演员的本领的。我希望他们两个人多多向老前辈学些东西来丰富自己的艺术。

第二出《杀狗劝妻》。演焦氏的宋上华是一个很有才能的好演员。可以说他在台上的一哭一笑、一举一动都在戏里。焦氏并不是一个不可救药的坏人，她的毛病是在"欺软怕硬"，她虐待婆婆是因为婆婆年老可欺；她对待丈夫也是这个方法，曹庄对她和蔼一点，她就狠起来了；曹庄生气了，她又改为笑脸相迎。宋上华在这些地方，脸上的表情变换得非常之快，而又自然，恰如其分地掌握了这个角色的心理活动，给人的印象是真实、开朗而且是有说服力的。

第三出《激友》。这是秦腔《和氏璧》剧中的一折。剧情是说张仪在落魄时受了他好友苏秦一番假的讽刺，冷淡的刺激之后，毅然到秦国献策，终于做了宰相。演张仪的苏育民那天只演了《见苏秦》和《回店》两场。他把一个有作为的书生在不得志的时候内心里复杂的心情刻画得非常细致。这个戏难演在什么地方呢？它虽然是出穷生戏，但不能演得过份寒酸，因为张仪马上就要做秦国的宰相了，所以在穷途落魄里面还要有气度身份。在这一点上，苏育民的表演是有独到之处的。他的动作干净利落，表情深刻动人，我肯定地说，他在艺术上已经有了极大的成就。

第四出《烙碗计》。情节跟京剧《铁莲花》一样。是描写一个没有爹娘的孤儿，受尽伯母的虐待，大雪天逃出门去，后来他的伯父终于把他找了回来。演伯父——刻子明的刘毓中，在追赶侄儿的两场戏里，活生生地刻画出一位慈祥可爱的老人，在大风大雪里四处找寻他那可怜的侄儿，那种又着急又疼爱的心情，我看了很感动。他的表演沉着到家，特别是浑身肌肉的颤动劲头和滑跌的身段，使人有寒冷的感觉。这种唱做并重的衰派老生戏，是要看工夫火候的，刘毓中继承了他父亲刘立杰先生以及其他名师的优秀传统，才能演得那么出色。

从上面所谈的几个戏的表演里，看得出秦腔这个剧种里蕴藏着许多宝贵的东西，并且我们知道在党政领导同志的重视和关怀下，秦腔正向前稳步地发展着，这种现象是可喜的，前途是可以乐观的。

下面我把怎么样创造角色的问题谈一谈：每一个戏都有它的主题，自然就有各种不同的人物性格。问题是在我们应该怎样去体会角色，并且把他表现出来。我就拿《宇宙锋》作个例子：《宇宙锋》的主题是描写赵女不甘心屈服在她父亲赵高和秦二世的淫威之下，站起来与险恶的环境斗争到底。她在这个戏中共有六场，我现在分场来讲：

第一场《议婚》，赵女对匡赵联姻虽不同意，但在封建时代里都是这种摸彩式的婚姻，她不可能过分违背了父亲的意思，所以我在这场戏里只微露一点不满的情绪，同时这样做更能突出后面坚决不愿进宫的斗争。

第二场《洞房》，赵女是以新嫁娘的姿态出场的，须要格外稳重。所以我在这里唱四句慢板描写她婚后的感想。因为在慢的节奏中，边唱边做，比较容易显出她的稳重来，同时在赵女的内心里，两家如此光景，终生变乱的隐忧，必然会淡淡地反映到脸上来，因此这场洞房里，虽然表现出新婚夫妻的和谐亲爱，却又笼罩着一种愁闷的气氛。

第三、四两场《盗剑》《抄拿》，由于发生了两桩突然的事故，情绪不免紧张，但在紧张中还要显出她沉着和机智的地方，否则，就不像后面那个会装疯弄险的赵女了。

最后，《修本》和《金殿》两场，是全剧的高潮，也是说明主题的关键。我把《修本》里赵女的心情，分为三个层次：先是抱着满腹怨恨来见赵高；等赵高接受了她的请求，愿意为她修本，马上又转忧为喜；再听到赵高要把她送进宫去，这时候就掀起了她压不住的心头愤怒，紧跟着从三个"叫头"开始来进行这一场尖锐的斗争。

这三次"叫头"里的话白分量不同，第一次只是听到她要被选进宫去的消息；第二次是父命的威逼；第三次是圣旨的压迫。一次比一次沉重，压力愈大，她的内心反抗力就愈加强烈。所以念完了"慢说是圣旨，就是钢刀将儿的头斩了下来，也是断断不能依从的呀"以后，我用双袖向赵高有力地抖出。仿佛这样做更能显出这几句话白的力量。等到装疯以后的心理活动更复杂了，有人说，我在揪赵高胡子的时候，脸上好像笑又好像哭，问我是怎么样表演出来的。我在台上演戏，无法看见那时候自己脸上的表情，这可能是因为我心里交织着两种极端矛盾的感情，一方面想用装疯逃避这险恶的环境；同时，把父亲硬叫成"儿子"也是极不愿意做的事情，所以不自觉地流露出这种似笑似哭的感情来。

装疯和真疯的表演方法是截然不同的,如果赵女真的疯了,只要做成一个疯子样子就行了;装疯是要让赵高看了信以为真而观众感觉到是装的。由于这场戏赵女的心情这样复杂,演员才有戏可做。我在四十年前就选择了它作为我体会角色的试金石,就是这个缘故。至于我在这出戏里的动作、表情方面的加工,是随着体会角色的深化而逐步推进的,不是一下子就能演成这样的。

《金殿》一场,赵女的环境更加紧迫了,原想在父亲面前借装疯逃避皇上的召选,但是秦二世还要召她上殿,她知道这次的危险性更大了,这件事情的后果如何无法估计,所以我上了金殿,内心里先把赵女的生死置之度外,这样可能让赵女的思想更加集中,使得她在金殿上的嬉笑怒骂也毫无任何顾虑,反而会有利于这场斗争。我是这样理解的,对不对请大家指教。

这场戏的身段采用男子的动作居多,这种传统的安排方法很巧妙。一来与《修本》里的装疯姿态不雷同;二来从空间上说,由于动作放大了,显得金殿的高大广阔。还有,这场戏从前不上哑奴,我为了想加强赵女下场的悲痛,让哑奴上场,在殿角下再见一次面,使观众感到一个人刚从极危险的关头闯了出来,见到了她唯一的同情者以后,会有怎样的一种悲痛心情啊!

一个演员对角色性格有了钻研和体会,应当怎样表达出来呢?这就关系到你的表演艺术是否丰富。前辈老艺人给我们留下了多种多样的传统表演方法,只要我们肯踏踏实实去学,这一座艺术宝库是取之不尽,用之不竭的。但是在运用方面,一定要结合我们的内心活动。譬如《醉酒》里的"卧鱼"这个身段本来没有目的，我把它改成蹲下去，是为了闻花。可是所有闻花、掐花、看花等姿态动作还是传统的东西。要点是在当时我的心中、目中都有那朵花。这样才会给观众一种真实的感觉。

演员在表演时都知道，要通过歌唱舞蹈来传达角色的感情，至于如何做得恰到好处，那就不是一件容易的事情了，往往不是过头，便是不足。这两种毛病看着好像一样，实际大有区别。拿我的经验来说，情愿由不足走上去，不愿走过了头返回来。因为把戏演过头的危险性很大，有一些比较外行的观众会来喜爱这种过火的表演。最初或许你还能感觉到自己的表演过火了，久而久之，你就会被台下的掌声所陶醉，只能向这条歪路挺进，那就愈走愈远回不来了。

我现在常演的戏里，除了《洛神》之外，其他都不用布景。我不是反对用布景，从前我在排演新戏时也常用布景，在我四十多年的舞台生活过程中，用布景还占着比较长的一段时间。从我这一段摸索的过程当中，我感觉到只是摆几张景片，也起不了什么作用，有时布景设计偏重写实，或者堆砌过多，还会影响表演。我现在只保留《洛神》的布景，就是因为它跟表演有密切关系的缘故。这段设计经过我简单地说一说：

《洛神》的高潮是《川上相会》一场，当剧本开始创作的时候，我们首先注意到应该怎样设计一种特殊风格的布景。为了要突出表演区域，我们就在舞台上搭出一个象征着仙岛的高台，高低三层，由上而下，由窄而宽。洛神在这个台上的舞蹈，是每层、每个角落都要走到的。我们往常在平面舞台上活动的范围，以台毯为标准，是四方形的，而这个仙岛上的活动范围，就大为不同了，所以我创造出一套新的舞蹈姿势，来适应这新的环境。

洛神先在幕内唱倒板，拉开了幕，她已经坐在最高一层的岩石上，十个云童，两个仙女，或坐或立，分布在岛的三层，都有固定的岗位，构成一幅立体彩色洛神图的画面。云童穿的服装，手里拿的伞、扇、采旄、旌旗等仪仗，都是参考古画上的式样、图案，结合舞台上的需要，配合布景的条件而定制的。

这场戏一共要演二十几分钟，唱的方面，从（西皮倒板）、（慢板）、（原板）、（二六）逐步由慢的节奏一直唱到（快板）为止。舞蹈方面我是随着唱腔的快慢创造出许多新的姿势。音乐部分，在（原板）的过门中，也巧妙地运用了各种老的曲牌来衬托我的舞蹈，观众听了都说悠扬悦耳，对我的舞蹈帮助不小，而且没有生搬硬套的毛病。他们还说我设计这一布景没有浪费的地方，居然让它全部为我的表演来服务。我也承认布景是在《洛神》里起了作用，没有它我就不能演这出戏。

我为什么要在《洛神》里设计这样一堂布景呢？因为这是一出很美丽而含有诗意的神话戏，里面有神女在仙岛上歌舞的场面。

剧本是根据曹植所写的《洛神赋》来编写的，内容是描写曹植路过洛川驿，夜梦仙女约他川上相会。等他们在洛川见了面，洛神才说明她就是曹植早就思慕的甄后。彼此追念前情，互道珍重，惆怅而别。

演洛神这个角色，先要细细揣摩《洛神赋》原作的精神，和剧本台词的含义。多看古代有关神仙故事的名画和雕塑，再从想象中去体会洛神的性格，把她的惆怅、怀恋、寂寞、凌空的心理状态表达出来。特别是眉目之间的传神，表面上好像淡淡地，内心里却是极其凄楚激动的。在唱腔方面，我使用了传统的老腔，略加变化，主要是表达婉转长吟、哀厉永慕的感情。舞蹈方面，要使观众感觉到有"神光离合"、"乍阴乍阳"、"翩若惊鸿"、"宛若游龙"的意境。这样才能符合神仙的恋爱心情和这段故事的悲剧性格。

我使用布景的时间将近二十年，也只有在《洛神》这出戏里用的比较恰当，这也可以说明在古典戏曲里运用布景，实在不是一件简单的事情。

我们的剧团到各地旅行演出，是想通过表演和观摩，互相学习，交流艺术经验。不过，吸收别人好的东西，必须经过一番溶化，使它很调和、很适当地用到自己剧种里来。

每一个剧种都有它独特的风格，我们所期望的是每一个剧种都从原有基础上发扬光大，不要在吸取别人的东西的同时，丢掉了自己传统的风格。毛主席给我们指示，是要我们"百花齐放"，不要我们变成一花独放。

这次我们在西安，受到各有关单位的大力支持，和观众的热烈欢迎，使我十分感动。但是演期很短，不能满足大家的要求。我实在抱歉之至。

（《陕西日报》，一九五七年十月十六日）

与安徽戏曲界谈艺①

安徽的戏曲事业，是有辉煌成就的，谁都知道京剧是从四大徽班发展起来的，所以我们剧团的同志到了安徽，好像回到老家一样，感到分外亲切。现在把我这次在安徽看到各种戏曲的印象谈一谈。

泗州戏花鼓灯：

我在蚌埠看了泗州戏传统剧目《走娘家》，这是一出好戏，情节很简单，但能够生动地表现出农村少妇的纯朴感情。

李宝琴同志扮演张三的妻子桂花，她的表演是继承并发展了泗州戏的传统艺术。脚步走得严密匀整，全身的肌肉却又非常松弛，眉目传情之处，还给观众一种活泼健康的美感。演张三的吴之兴同志俊扮，但仍保留了丑角的风趣。看得出他对于这个角色的创造，也是经过一番慎重加工的。因此，出现在我们面前的是一对天真可爱、气质高尚的农民形象。

---

① 这是作者在合肥戏曲界座谈会上的报告。原题为《在合肥同安徽戏曲界座谈时的讲话》。

剧中主要写桂花骑驴子回娘家，张三步行送她，沿路买了食物，孝敬她的父母。张三怕误了田里工作，几次想回来，但又不放心妻子，终于送下去。一路上两人歌唱，对白，即景生情，趣味横生。李宝琴的步法，有快，有慢，前俯，后仰，既表现出骑驴的特点，又形容出农村中道路有时平坦，有时崎岖的情景；身段与音乐的结合，也紧密合拍。当她走过一座小桥时，驴子一惊，桂花身子斜侧，摔了下来，一筐食物掉到河里，这里所用的虚拟动作，使人感到如同有实物那样的紧张、逼真。桂花懊丧地说："东西都丢了，空手回娘家，多么不好意思。"最后又转忧为喜说："只要张三陪我回去，丈母娘看见女婿，比食物更高兴。"就在双双携手进场的时候，结束了这个喜剧。整个戏的结构，是生活化、舞蹈化，使观众在艺术上有舒服的享受。

泗州戏《花厅会》是《珍珠记》当中的一折，故事内容是描写高文举、张美容夫妻相会。霍桂霞同志扮演张美容，她的嗓音圆润，唱腔宛转，在泗州戏里以擅长歌唱为群众所欢迎，果然名不虚传。近年我曾看到赣剧《珍珠记》和潮剧《扫窗会》，张美容都是青衣的扮相，而《花厅会》里则以花旦的扮相出现，这样似乎减弱了张美容千里寻夫的悲怨气氛。我希望泗州剧团的编导同志对这个剧本再进行一次整理改编，那就更能发挥演员的才能，同时也能使内容与形式统一起来。

花鼓灯的《抢手帕》是冯国佩、石经礼两位同志扮演的哑剧，手、眼、身、步、扇子、手帕的功夫都非常到家，这种为农民所喜爱的民间舞蹈，与淮河流域的地方戏曲有密切关系，可以看出冯国佩的表演，是经过不断的加工，创造成为优美的舞蹈艺术的。据说这种舞蹈，最见功夫，有些年轻人，如果没有经过严格锻炼，表演几分钟就汗流浃背了。农民在田里干活休息时，就练习功夫，虽然是业余性质，但跌扑跟斗都不简单。文化局的同志对我说：冯国佩曾应中央舞蹈学校的邀请，到北京教练民间舞蹈。因此，像抢手帕、抢板凳等的节目，我曾从歌舞团的表演中看到过，所以并不感到生疏。

还有泗州戏老艺人李桂花同志表演的《压花场》，也是富有表演身段的哑剧，性质似乎跟花鼓灯相近，据她对我说，当年泗州戏在农村流动演出时，每到一处，开场第一个节目就是《压花场》，为的是叫观众看看这个班社里演员的功夫。

黄梅戏：

在合肥，看到了黄梅戏《蓝桥会》。在各种地方戏里都有这一折，剧情是描写一对青年男女婚姻不自由，在互相倾诉苦痛身世的同情下，约定中秋日相会。严凤英、王少舫两位分饰蓝玉莲、魏魁元，他们的表演艺术早已达到了成熟的阶段，我们在舞台和银幕上都看过他们的《天仙配》，这次在《蓝桥会》里，更觉得感情的交流，舞蹈动作的融洽，都比以前又有了提高。这种对儿戏，同台演员合作的时间愈久，生活气息愈丰富，技术也就更精炼了，他们在动作和表情里面，吸收了一些京剧和昆剧的表演艺术，使人看了并不感觉生硬。严凤英用一条白绸子来代替扁担和水桶的实物道具。不晓得是黄梅戏的传统，还是她自己想出来的，我认为这个法子不错。

我们还看了安徽省艺术学校学员演出的黄梅戏《打焦赞》。这是一出刀马旦应工的喜剧，饰杨排风的小姑娘——孙怀仁，她的鲜明、活泼、顽皮、可爱的形象，一出场就抓住了观众，有时拉一个云手，亮一个相，一种英武之气都在眉宇间透露出来，使观众相信她的本领一定能够打退韩昌，这位小姑娘才十六岁，学戏的时间，又只有一年多，我们剧团里的人都喜欢她的聪明秀丽，认为她是有前途的。但是，千万不可听了我们的赞扬，就骄傲自满起来，这样，会堵住各方面对你的批评，结果会脱离群众，使你的艺术走向衰退没落的道路。过去戏曲界许多有天才的青年演员，犯了这个毛病，都断送了美好的前程。这是应该注意的。

庐剧：

《打芦花》是庐剧的传统节目，我想，这出戏在旧社会里是曾感动过不少偏心的后母的，就在今天看来也还是一出好戏。登场演员有闵子骞夫妻、两个儿子、岳父母。大家的表演艺术，都在一定的水平以上，没有夸张过火的地方，就像真人真事一样，亲切的做出来，使观众受到感动。尤其是扮演闵妻的鲍志远在她的虐待阴谋被揭穿以后，能把剧中人羞愧悔悟的思想过程很细致地表达出来，这位青年演员是有前途的。演岳父的那位老艺人孙锦如一出台，我们就看出他的火候，如果，没有长期的舞台实践和生活体会，不会演得这样恰当、到家。这次可惜我没看到丁玉兰的戏，因为她新近动过手术，还在休养中。她到北京汇报演出，我看过她的《借罗衣》，功夫很结实，并且有丰富的生活体验，给我留下很深刻的印象。庐剧的青年演员应该向她多多学习。

我们看了安徽的几种地方戏以后，感觉到它们除了表演古代历史以外，还适宜于表演现代生活。因为像泗州戏、黄梅戏、庐剧等等本都是从农村小戏发展起来的，因此，在曲调、语言、动作各方面都比较生动、活泼，先天上就具备了表演现代戏的条件，假使从原有的传统基础上再创作一些表现现代生活的剧本，一定可以出色当行的。

徽剧：

我们观摩了安徽省徽剧团儿童学员的实习演出和老艺人的示范演出。

《审乌盆》在徽剧里是以高腔形式演出的。故事内容与京剧的《乌盆记》基本相同，但角色的行当分配颇有出入，在京剧里是以刘世昌为主的老生唱工戏，而在徽剧里刘世昌则用小生扮演，刘升也不是由丑角扮的书童，而是挂胡子的家院。对钟馗的处理方法也有所不同，徽剧是包公邀钟馗同审此案，最后由钟馗斩了赵大夫妻终场。京剧的钟馗因为赵大挖去画上钟馗的双目，才一怒而跳下凳子，指示刘世昌到包公那里去申冤。徽剧《审乌盆》是以小花脸为主，张别古的戏最多，赵大的戏也不少，刘世昌并不重要。《公堂》一场上两个门神，架起刀门，拦住刘世昌，这一穿插，也是京剧所没有的。我们从这些地方看到徽剧古老的表演形式，同时也可以看出京剧演变的源流，所以，很感兴趣。这出戏是由儿童学员演出的，演得都很好。

徽剧儿童学员曹尚礼演出的《秦琼逃关》，是三挡杨林的故事，京剧里又叫《麒麟阁》，是当年杨小楼先生的拿手戏。这出戏不容易演，手里拿着枪、马鞭，身上挟双铜（按我们看见杨小楼先生演出时扎硬靠，背双铜，与徽剧的软靠挟铜不同），腰插令旗，三场走边，都有繁重的身段，听说这位小弟弟学了还不到一年，能够表演这样一出唱做并重、讲究工架的武戏，而且稳练扎实，是令人可喜的。我想他的艺术，必定与年俱进，希望他认真地向老师们学习。

儿童学员演出的昆腔《断桥》，在表演方面，与今天的昆剧对照，却有不同之处，譬如青蛇威胁许仙时口吐舌头，象征着蛇吐芯的样子，面部表情和夸张的身段，都有花脸的痕迹，许仙跑步时手的动作和几步一回头的身段，也接近现实生活，这些都可以看出早期的表演形式。关于唱腔、出字、收音三方面，如果再更多地吸取一些昆曲的传统经验，我想是更有好处的。

徽剧老艺人程松顺表演的《龙虎斗》，是一出唱做并重的戏，这个戏的特点是以红生扮演赵匡胤，唱大段（唢呐二黄）。演员如果没有足够的嗓音，是很难见长的。京剧里也有这个剧目，从前有几位嗓音高亢的老先生，像李顺亭等就唱过这出戏，在科班里有些学生也拿它来练习唱工，台词与徽剧相仿，曲调略有出入。京剧是先用唢呐唱（二黄原板），末场转（西皮），徽剧也唱（二黄），但听上去似乎有一点（反二黄）的意味。那天只唱了一场，不晓得下面的场子是否相同。老先生高年唱唢呐调，并不吃力，可见幼工深厚，上高台的时候，桌上加椅，椅子前面好像加了一个垫子，上来下去，我很替他担心。在京剧里遇到上高台的场面，有时是用两张桌子，摆成丁字形，椅子放在上面就比较稳当，以后老先生再演这出戏，可以改用这种摆法。

几位老艺人合演的《打龙棚》，是徽剧的（拨子）。演郑子明的程发全同志，在极其繁重的唱做下，始终保持着饱满强烈的舞台气氛，突出了郑子明粗鲁豪爽的性格。程松顺同志饰赵匡胤，王正同饰柴五，都演得好。这个剧本含有浓厚的农民气息。剧作者对柴子耀、赵匡胤、郑子明三个人物性格的描写，都是根据农民的想象创造出来的。故事是这样：赵匡胤的妹夫高怀德打垮了南唐仓子李霸所摆的擂台，上殿讨封，柴王想起杀父之仇（高怀德的父亲曾杀了柴王之父），不但不封，反要问斩，赵匡胤煽动郑子明打上龙棚与柴王辩理，使柴王软化，赦了高怀德。所有台词、身段、表情，都生动地刻画了郑、赵两人的性格，看出他们的一粗一细，一浅一深，在舞台上也形成了鲜明的对照。《打龙棚》从剧本到表演，都保存了徽剧的特殊风格，是一个值得推荐的好戏。

以上讲的是我看了你们的戏以后的一点体会。下面我再来介绍我自己在表演上的一些经验。

每个戏都有它的主题，必然就有各种不同的人物性格，问题是在我们应该怎样去体会角色，并且把它表现出来。我拿《霸王别姬》来作个例子，这出戏是我在一九二一年开始编写的，大家都知道项羽是一位古代英雄，由于战略上的错误，终于被围垓下，自刎乌江。剧本批判他的刚愎自用，有勇无谋。我们的企图是想说明：在战场上冲锋陷阵，虽然需要勇猛，但如果只凭勇气，不懂战略，即使打了许多次胜仗，最后还会被敌人打垮的。虞姬是一个善良、有见识、富有感情、坚贞不屈的女子，她厌恶战争，向往和平，她对项羽的爱是无微不至的，为了爱情，甚至于牺牲自己的生命。她一出场，在定场白里就用了这几句："自从随定大王，东征西战，艰难辛苦，不知何日方得太平也！"概括地描写了她厌战的心情。《回营》一场，她又有这样一段道白："月色虽好，只是四野俱是悲秋之声，令人可惨，只因秦王无道，兵戈四起，涂炭生灵，使那些无罪黎民，远别爹娘，抛妻弃子，怎的教人不恨！正是，千古英雄争何事？

赢得沙场战骨寒！"这就进一步说明了她的厌战心情是从善良性格上来的。

我演虞姬，就是掌握了上面所分析的人物性格，随着剧情的发展而逐步深入的，大概可以分为五个阶段：

（一）从上场到虞子期进宫以前，还没有接触到戏剧的矛盾，这是平静阶段，所以她的情绪比较从容、安闲。

（二）从虞子期进宫报告出兵不利的消息，到虞姬一再谏阻项羽发兵无效，这一段戏里她好像有一块石头压在心上，可以说是忧虑阶段。

（三）从项羽被困垓下，战败回营，到她出帐散步，由于她所忧虑的出兵不利已成事实，除了安慰项羽之外，别无良策，这是苦闷阶段。

（四）从太监的探报中，证实了楚国歌声俱是败军所唱，到她舞剑为止，这时虞姬已经知道大势已去，难以挽回，进入紧急阶段。

（五）最后，八千子弟兵俱已散尽，敌兵又四路进攻，虞姬到了生死关头的绝望阶段，再也压不住自己的悲痛，全部感情尽量发泄出来，直到悲壮自刎。

上面五个阶段中，以第四段比较难演。虞姬在这种紧急情势之下，她还是压住了自己的悲痛，先用话来安慰项羽，再用劝酒、舞剑等方式为他解愁。她既有这样一个矛盾的心理，我就必须用两种方法来表演：（一）面对项羽时强为欢笑。（二）背着项羽时暗自悲伤。我有没有对着项羽流露伤感的表情呢？有的。一处是项羽念到："啊呀，妃子呀！看此情形，就是你我分别之日了！"我压不住自己的情感而哭了。

一处是项羽掷杯起歌，念到："虞兮虞兮奈若何！"我不但哭了，而且把头伏在他的臂上，表示虞姬的沉痛已达于极点了。还有一处是，我念到："大王慷慨悲歌，使人泪下"，我也擦了一下眼泪，可是紧接着我念："待妾歌舞一回，聊以解忧如何？"的时候，马上又转了笑容。

虞姬为了使项羽暂时消愁解闷，在她最心爱的人的面前最后的一次舞剑，如何处理，确实不很容易。我是抓住"悲壮"二字，利用了"抱剑上场"和"舞毕收剑"两个背对项羽的机会，向观众表达了虞姬内心的悲痛。讲到这里，我顺便谈谈创造这套剑的过程。首先我学会了"太极剑"，假使原封不动地搬上舞台，会有舞蹈性和节奏感不强的缺点，所以我拿"太极剑"的功底作为基础，运用了一些传统的表演方法来进行创造，这样才跟节奏符合。至于舞剑的技巧，只要懂得节奏方面是由慢转快，把部位学准确了，再要求熟练，自然会找到窍门的。

关于修改剧本的几个实例：

大家都说我演的戏常常改动。不错，我承认这一点。这次我带来的六个戏，虽然都是常演的节目，假如有一位多年不看我的戏的老观众今天再来看看，从剧本到表演，都会感到跟以前是大有区别了。我为什么要改？改的又是哪些东西呢？我先举几个关于修改剧本的例子：

（一）大凡遇到剧情过于复杂，使观众看不清戏里究竟想说些什么问题，这就需要加以精简了。最初，我改编的全本《宇宙锋》，要演四个钟头，就犯了这个毛病，我把它压缩成三个多钟头的戏，还是觉得太长，从《金殿》的高潮以后，到匡赵夫妻重圆，这中间还有许多都是交代故事的场子，没有什么精彩，我又把它改演到《金殿》为止，因为观众已经看见匡扶逃出城去，赵女也安然渡过金殿这重难关，他们后来的重圆，是可以理解得到的了。解放后，我又感到《放粮》等场子没有必要，又删掉几场，可是前后的场子删得太多了，故事就有点不接气。前年，我们在北京又把它整个地重新整理了一下，放弃了原来赵高想篡位的情节，专写一个权奸为了自己的专横弄权，不惜牺牲他的亲生女儿。这样，赵女的一切斗争的主题，比较集中起来，那就是现在的演法。诸位听了，就知道我对这出戏的本子，改的次数不算少啦。

这许多年的经验告诉我，如果一出长篇故事的戏要在一晚演完，情节尽管可以有曲折，但线索不宜太多。像《十五贯》里本来是写熊友兰、熊友蕙兄弟二人两件冤枉案子，苏昆剧团改编时，把弟弟熊友蕙这条线掐掉了，反而使这出戏的主题更为明确和集中。这就是一个很好的例子。

（二）剧中人物有不统一的地方，也是我们要改的对象。老实说，从前我演的《宇宙锋》，赵女的性格前后就不统一。她在出嫁之前，已经知道匡赵两家结怨很深，嫁后发生盗剑的事情，老本子里赵女并不疑心是她父亲的阴谋，还写信给赵高，请他帮着找回宝剑。还有匡洪下狱后，家人赵忠回府报信，赵女对丈夫表示，她要回去请求赵高设法营救，被她丈夫谴责了几句。这两个地方都把赵女写得太愚蠢了，和后面装疯的赵女具有机智、坚强斗争的性格判若两人。现在，我们改为赵女对她父亲有所怀疑，因而派哑奴送信回家，察看赵高的动静。又在赵忠报信后，把赵女的思想改为她已经看出是赵高下的毒手，马上就要回家与父亲争论，希望有所挽回。这样，赵女的人物性格才统一起来。又如，《霸王别姬》中项羽的性格，过去也有不统一的地方。当汉兵围攻紧急时，他对虞姬说："不能与妃子同行……"想把虞姬托付给刘邦，认为刘邦不至于杀害虞姬。这几句话是很不符合项羽的性格的，现在，我们改为项羽见军情紧急，要拉虞姬一同杀出重围，虞姬恐怕牵累项羽，因此拔剑自刎。

（三）剧中如有迷信、黄色等糟粕，那也应该剔除。如《奇双会》中《哭监》一场，李桂枝的父亲李奇在监中啼哭，从前有一个鸦神上场，把李奇的哭声传到桂枝的耳边，这是迷信，我把鸦神去掉了。还有，李奇向桂枝叩头时，桂枝会头晕起来，这也是迷信，我把它改为桂枝见老犯人棒伤疼痛，起了怜悯之心，才叫他面向外垫跪回话。

我们对待传统节目的态度，不是说只能原封不动地拿上台去演，必须经过仔细的分析，发现它是香花，还要检查它有没有毒草，如果是香花毒草并存的话，那我们就该做拔草护花的工作，把毒草拔尽，使香花更鲜艳地呈现在大家的面前。

从《别姬》谈我在表演上的改革：

前面谈了剧本的修改，我再以《别姬》为例，来介绍我在表演上的改革：

（一）虞姬有两次迎接项羽，过去我在表演上是差不多的。现在，第一次闻报"大王回宫"，我先整整鬓发，理理服装，表现是从容地出去接驾。第二次项羽从战地回营，情形就不同了，我一听他回来，马上抢着去接，并且扶着项羽仔细地上下察看他身上是否受伤。这样做有两个好处：一来可以说明虞姬人在营中，心在阵前，时刻挂念项羽的胜败安危，二来又变动了两次接驾的重复样子。

（二）《巡营》一场，项羽在帐中休息，更夫在营外巡更，过去我在这里是睡着的，这就不太好了，因为项羽在临休息前嘱咐虞姬说："妃子，你要惊醒了！"虞姬怎么还能睡觉呢？现在我不睡了，改为坐在那里守卫着项羽。由于睡和醒的表演不同，所以我在四个更夫下场后的身段，改为先听敲几更，再用手整整鬓，冲着项羽睡的方向看一眼，比以前搓搓手，揉揉眼，表示刚醒的样子，似乎要合理得多，并且跟我接念的那句："看大王睡卧帐中"也有了紧密的联系。

（三）过去四个更夫第二次上场，嘴里明明在说听见楚歌，而场内并没有歌声，这会使观众不了解更夫的话。现在场内也唱楚歌啦，可是问题又来了，在更夫上场前，只有虞姬一人在场，假如是在听楚歌吧，后面还要听一次，未免重复了，假如不听吧，明明场内在唱，怎说听不见呢？经过几次的尝试，现在我是这样处理的：虞姬听到歌声，正要走过去，更夫上场了，她只好退下一步，表示没有听清楚，所以没有引起注意。这样，并不影响她第二次听楚歌，楚歌在这场戏里是个重要的关键，有必要把它突出来。

（四）听完楚歌以后，项羽知道大势已去，这时他恋恋难舍的，除了虞姬之外，还有一匹乌骓马。先前的表演是，项羽听到马叫，问别人这是什么声音，太监在旁告诉他乌骓在叫。自己最心爱的马的声音都听不出来，这就损害了这位英雄的性格。现在改为项羽听到乌骓在咆哮声嘶，马上叫人把它牵了上来。过去牵马的是太监，现在改用马童，通过马童的表演，容易显出乌骓的烈性，也就更衬托出项羽的刚强性格。项羽见马伤感时，有两句唱词："乌骓马它竟知大势去矣，因此上在槽下咆哮声嘶。"这不是迷信，而是反映了当时项羽的心理状态，假如打了胜仗回来，听到马叫，就会认为马是在为他庆贺而叫呢。

总之，戏要不怕改，一改再改，甚至有个别地方改掉了觉得不合适，再改回来，也是可以的，主要是应该多听取别人的意见，通过舞台上的实践，不断地研究，边演边改。我的经验，改一次总比较精炼一些，更符合剧情一些。

（《梅兰芳戏剧散论》）